比较文字学研究

Journal of Comparative Grammatology

第 一 辑

西南大学汉语言文献研究所　编

人 民 出 版 社

编辑前言

邓章应

比较文字学是采用比较方法对两种或两种以上的文字进行研究，发现它们的共性规律、个性差异以及相互关系的文字学新兴分支学科。比较文字学注重于多种文字材料和比较方法的使用。

不同文字间的比较不仅能加深对具体文字的理解，而且能发现文字间的共性、差异和联系，所以比较文字学不仅能推动具体文字的研究，还能推进普通文字学的研究。

自1997年周有光先生《比较文字学初探》和2001年王元鹿先生《比较文字学》两部通论性专著出版以来，比较文字学正茁壮成长。在各级社科规划中经常有比较文字学的选题，以比较文字学为主题的全国博士生学术论坛亦已举办四届，由同仁组成的校际间"比较文字学工作坊"定期召开，有高校招收比较文字学方向硕博士研究生，人民出版社推出《比较文字学丛书》，有刊物推出比较文字学栏目，显示了比较文字学的蓬勃发展态势。

为了进一步推动比较文字学的发展，特出版此《比较文字学研究》，主要发表深沉厚重的长文章。初步的栏目设置为：文字理论与文字学史，具体文字比较研究，经典重刊，研究资料，书评。经典重刊刊发过去学者发表，但因为时代久远，很难获得或因各种原因被学界忽视的文章。以后我们为因应稿件推出其他栏目，亦可能组织各种专题论文辑。

比较文字学是介于具体文字研究与普通文字学之间的纽带，既有材料分析的因子，也有理论总结的因子。所以本论集欢迎任何以文字学为主题的精深研究。多种文字材料的比较研究之外，带有理论分析的具体文字研究和在材料基础上的文字理论探讨，均在欢迎之列。

目 录

文字理论与文字学史：

具体文字比较研究：

经典重刊：

研究资料：

书评：

比较文字学撷谈*

邓章应　黄德宽

提要：比较文字学是采用比较方法对两种或两种以上的文字进行研究，发现它们的共性规律、个性差异以及相互关系，以特定研究方法命名的文字学研究重要分支学科。比较文字学依赖于具体文字材料的广泛收集和细致描写，但具体文字特征的归纳也需要与其他文字进行比较。比较文字学不能等同于普通文字学，二者研究各有侧重。比较文字学的学科理论基础主要有系统观、发展观和传播观，其研究内容相应的有：文字系统比较、起源演变及历史层次比较、文字的传播接触比较。比较文字学不仅有助于释读未知文种，还能发现文字发生发展过程中的共同规律、个性差异和相互关系，并且有助于具体文字研究的深入。目前比较文字学还存在诸多不足，应该给予更多的关注，使之能够迅速成长，发挥更大的作用。

关键词：比较文字学；文字传播；研究范围

著名文字学家周有光先生说过："研究文字的发展规律，必须从比较各种文字做起。"[①]为了探索文字的发展演变规律，过去学者在研究中曾自觉不自觉地在不同文字间进行比较实践，但最早提出"比较文字学"名称的是林枳敢先生，他 1937 年发表《比

---

* 本文系 2011 年国家社科重大项目"汉字发展通史"（项目批准号：11&ZD126）、中央高校基本科研业务费重大项目"汉字在民族地区的传播和影响"（项目批准号：SWU1409109）阶段性成果。本文写作过程中，王元鹿教授、喻遂生教授、唐均博士、朱建军博士、陈永生博士曾提出过宝贵意见，特致谢忱。

① 周有光：《关于比较文字学的研究》，《中国语文》2000 年第 5 期。

较文字学浅识》一文，^①又翻译法国著名人类学家葛劳德（Clodd）所著《字母的故事》（*The Story of the Alphabet*），中文题名改为《比较文字学概论》。^②比较文字学的正式形成，以 1997 年周有光先生《比较文字学初探》和 2001 年王元鹿先生《比较文字学》两部通论性专著的出版为标志。^③所以可以说比较文字学是近年发展起来的文字学新兴分支学科。正因为其草创未久，关于比较文字学的学科定义和研究内容尚有不同的理解，对于其作用也未有深刻的认识。为了比较文字学学科的进一步发展，我们试对比较文字学的定义、理论基础、研究内容、比较文字学的作用以及学科现状等方面作进一步的说明。

一、文字比较研究与比较文字学

（一）文字研究中的比较方法

方法在人类活动中占有重要地位，过去人们已注意总结语言研究方法，出版了数本专门探讨语言学方法的著作。^④虽然语言学中的多数方法也能被运用到文字学研究中，如描写法、定量统计法、定性研究法、结构分析法，但专门讨论文字研究方法的还不多，少数的方法讨论也仅限于单种具体文字的研究方法，特别是古文字的考释方法。^⑤近来王元鹿先生总结了普通文字学与比较文字学研究中的综合、比较与联系方法。^⑥

比较是认识事物的基本方法，各学科都在使用，如比较文学、比较神话学、比较宗教学、比较教育学、比较心理学等等。不同事物的分类是在比较基础上完成的，同

---

① 林枫敔：《比较文字学浅识》，《东方杂志》1937 年第 34 卷第 8 号。
② ［法］葛劳德：《比较文字学概论》，林枫敔译，商务印书馆 1937 年版。葛劳德的书介绍了当时所知道的世界范围内各种文字体系的基本面貌，是当时西方有代表性的文字史研究著作，说不上是比较文字学通论性著作，但林先生将其中文名称译作《比较文字学概论》，说明林先生当时已经具有建立比较文字学学科的意识。
③ 邓章应：《中国比较文字学研究的回顾与展望》，王铁琨等编：《一生有光——周有光先生百年寿辰纪念文集》，语文出版社 2007 年版，第 156—166 页。
④ 桂诗春：《语言学方法论》，外语教学与研究出版社 1997 年版；陈保亚：《20 世纪中国语言学方法论》，山东教育出版社 1999 年版；金立鑫：《语言研究方法导论》，上海外语教育出版社 2007 年版。
⑤ 如《古语文的释读》（［德］Johannes Friedrich 著，高慧敏译，文字改革出版社 1966 年版）列出了几种国外古文字的释读方法；《古文字学纲要》（陈炜湛、唐钰明著，中山大学出版社 1988 年初版，2009 年第二版）专门列一节"考释古文字的基本方法"，列出了诸如"形体分析法"、"假借读破法"、"辞例推勘法"、"历史比较法"、"文献比较法"；《古文字考释方法综论》（黄德宽著，原载《文物研究》第六辑，黄山书社 1990 年版）列出了"字形比较法"、"偏旁分析法"、"辞例归纳法"、"综合论证法"。
⑥ 王元鹿：《比较文字学》，广西教育出版社 2001 年版，第 17—22 页。

类事物的不同特征也是通过比较发现的。认识事物的性质仅研究其自身是不够的，还必须将其同相关事物进行比较。

吕叔湘先生指出："只有比较才能看出各种语文表现法的共同之点和特殊之点。"①王士元先生："两个人群虽然原本说的是同一个语言，可是因为迁居而分开后，久而久之，他们的语言就会因变迁的方向而变得越来越不相像。18 世纪末的 William Jones 就是观察到这一点，才把欧洲的语言和远在印度的梵文归纳为同一个印欧语系，接着又有一些非常杰出的语言学家，用所谓的比较方法，历时一百多年，把这个语系里几百个语言的谱系关系细心地研究出来，这些成就不愧为现代语言学的开端。"②道出了在语言学研究中使用比较方法的功用。

在语言学领域，由于历史原因形成了"比较语言学"、"对比语言学"两个不同的概念。比较语言学指 19 世纪欧洲发端的历史比较语言学，其主要任务是进行历时研究，为亲属语言建立共同母语。而对比语言学则主要进行共时研究，比较不同语言间在语法、词汇、语音等方面异同，寻求语言的对应、变换及干扰等关系，为语际翻译、语言教学及本族语研究服务。

文字学之"比较"与语言学之"比较"存在不同。文字研究中的比较包含了语言学上的"比较"和"对比"，指的是用对比、类比等比较学方法研究文字系统间的异同之处和相互影响、相互联系。③

（二）文字间的比较研究实践

随着人们对自己文化以外异文化的接触，认识到文化间的差异，这其中也包括语言文字。《礼记·王制》记载："中国、夷、蛮、戎、狄，……五方之民，言语不通，嗜欲不同。达其志，通其欲，东方曰寄，南方曰象，西方曰狄鞮，北方曰译。"④针对各地言语不同当时已出现专职翻译人员，最早可能是口译。自汉代起不断有中国僧人西行求取佛经，还把梵文佛经翻译成汉文。他们的西行见闻记述中有对西域各国语言文字的描述，如东晋法显过鄯善国时，"国国胡话不同，然同家人皆习天竺书、天竺语。"⑤唐玄奘《大唐西域记》介绍了西域各国的文字情况："（阿耆尼）文字取则印度，微有

---

① 吕叔湘：《中国文法要略》，商务印书馆 1942 年版，"例言"，第 1 页。
② 见王士元为汪锋《汉藏语言比较的方法与实践》（北京大学出版社 2013 年版）所作的序，第 1 页。
③ 现代文字学研究已经明确区分了文字系统与文字字符，本文所指文字比较，仅限于文字系统间的比较，不包括文字系统内部字符间的比较。
④ 郑玄注，孔颖达疏：《礼记正义》卷 12《王制》，阮元校刻本《十三经注疏》，中华书局 1980 年版，第 1338 页。
⑤ 法显著，章巽校注：《法显传校注》，中华书局 2012 年版，第 7 页。

增损。""（屈支国）文字取则印度，粗有改变。""（跋禄迦国）文字法则，同屈支国，语言少异。""（佉沙国）而其文字，取则印度。虽有删讹，颇存体势。""（揭盘陀国）文字语言大同佉沙国。""（乌鎩国）文字语言少同佉沙国。""（瞿萨旦那国）文字宪章，聿遵印度。微改体势，粗有沿革。语异诸国。""（斫句迦国）文字同瞿萨旦那国，言语有异。"①在翻译佛经过程中还认识到中梵文字之不同，促进了对汉语语音的分析。宋代开始又有了对北方民族文字西夏、女真、契丹文的了解，明清时期专门编纂了各种《华夷译语》。后来又有拉丁字母的传入，人们将其与汉字作比较，进而思考汉字的发展和改革。

　　古希腊罗马时代历史学家希罗多德（Herodotus）、迪奥多罗斯（Diodorus）已经对埃及文字"碑铭体"进行了命名，并有了对这种文字直接同事物或概念相连的"表意"性质的认识。约公元 4 世纪前后赫拉婆罗（Horapollo）《象形文字集》（Hieroglyphics）整理了将近两百个埃及象形文字。1602 年修道士德·古维阿（Antonio de Gouvea）首次发现楔形文字，1616 年意大利旅行家彼得罗·戴拉·瓦莱把在巴比伦城遗址及乌尔遗址发现的刻有文字的砖块带回欧洲。其后英国的赫伯特（T.Herbert）、法国夏尔丹（J.Chardin）、东印度公司费劳尔均临摹过波斯楔形文字铭文，牛津大学海德将费劳尔用英文发表的楔形文字收入他的《古波斯宗教史》，并首次用楔形（Cuneiform）描述这种符号。②近代以来对苏美尔楔形文字、古代埃及文字、原始伽南铭文、第 3—4 世纪东斯拉夫的历法符号、9 世纪末期保加利亚文字、乌加里特楔形文字、原始比布洛斯文字、克里特线形文字都有了发现和研究。随着地理大发现，欧洲人与美洲、东亚也发生了联系，接触到印第安人的符号、玛雅文、汉字、假名、谚文等。周有光先生《关于比较文字学的研究》："西方在释读丁头字和圣书字之后，进行相互比较，并跟汉字比较，这样就事实上开创了比较文字学。"③

　　中国在接触到国内民族文字和国外文字后，也有意识将汉字与其它文字进行比较，《清稗类钞·文学类》有一条"中外文字之比较"，对中国文字（实为汉字）字少而西方文字（实为词）字多这一现象进行比较。④1926 年李天根撰著《中西文字异同考》对汉字与外国文字结构进行比较。⑤1930 年蒋善国先生撰著《中国文字之原始及

---

　　① 玄奘、辩机著，季羡林等校注：《大唐西域记校注》，中华书局 1985 年版，第 48、54、66、995、983、990、1002、998 页。

　　② 拱玉书：《西亚考古史（1842—1939）》，文物出版社 2002 年版，第 33—38 页。

　　③ 周有光：《关于比较文字学的研究》，《中国语文》2000 年第 5 期。

　　④ 郑延国：《读〈中外文字之比较〉札记》，《书屋》2000 年第 7 期。

　　⑤ 王元鹿：《比较文字学》，广西教育出版社 2001 年版，第 4 页。

其构造》，以北美印第安文字为参考对象，对汉字起源及其形态进行了研究。[①]到 1937 年林枛敔先生发表《比较文字学浅识》并翻译《比较文字学概论》。

（三）比较文字学的定义

比较文字学的学科定义是在以前文字比较研究实践的基础上总结的。

1. 前人定义

周有光先生《比较文字学初探》："比较文字学主要比较各种文字的历史演变、应用功能、形体和结构、传播和发展。比较的目的不仅是了解相互之间的差异性，更重要的是了解相互之间的共同性。"[②]描述了比较文字学的研究内容和研究目的。

王元鹿先生《比较文字学》："比较文字学是在世界上古今民族所有的文字系统或文字之间，进行多个角度或某一个角度的比较，从而发现它们的共性和共同规律，发现它们的个性差异和个别规律差异，并进而对这些发现进行深入的理论研究的学科。"[③]王先生除了增加对发现的共性和个性进行深入的理论研究外，还着重强调了进行多个角度或一个角度的比较。王先生认为"虽则比较文字学在比较'异性'的同时也会发现共性，但是由于比较而得的共性往往早已在普通文字学中被发现，所以比较文字学的目的更偏重于'寻求异性'。"[④]

沙宗元《文字学术语规范研究》"比较文字学"条对其作了概括："对不同文字体系的各个方面进行比较研究，从而认识文字发展一般规律及特殊规律的一门学问。"[⑤]《语言学名词》（2011）也采用了这一术语定义。[⑥]

综合上述定义，我们提出以下疑问：首先，比较文字学的比较材料是否一定要比较各种文字或世界上古今民族所有的文字系统；其次，比较文字学的目的发现文字间差异性和共同性间是否有所偏重；最后，比较文字学除了发现文字间共性和个性外，是否还能发现其他内容。

2. 我们的定义

我们认为比较文字学的比较材料只要基于两种或两种以上文字材料即可，有的可能是两种文字间的比较，有的可能是多种文字间的比较。但并不刻意要求对各种文字或世界上古今民族所有的文字系统进行比较。而在文字材料的使用上要求尽可能全面

---

① 蒋善国：《中国文字之原始及其构造》，武汉古籍书店 1987 年版。
② 周有光：《比较文字学初探》，语文出版社 1998 年版，第 16 页。
③ 王元鹿：《比较文字学》，广西教育出版社 2001 年版，第 8 页。
④ 王元鹿：《比较文字学》，广西教育出版社 2001 年版，第 8 页。
⑤ 沙宗元：《文字学术语规范研究》，安徽大学出版社 2008 年版，第 110 页。
⑥ 语言学名词审定委员会：《语言学名词》，商务印书馆 2011 年版，第 20 页。

主要是普通文字学的做法，因为普通文字学是在全面材料基础上进行的宏观理论研究，故而对材料的要求会更加全面。比较文字学更多的是在两种或两种以上的部分文字间的比较。

比较文字学的研究目的既发现文字间的差异性，又发现共同性，不管是如周有光先生认为比较文字学的主要目的是发现文字间的共性，还是如王元鹿先生将比较文字学的研究目的与普通文字学的研究目的相对，认为普通文字学的研究目的是寻找共同规律，比较文字学的研究目的更偏重于寻找个性差异。这其实都是对比较文字学与普通文字学间的关系认识模糊导致的。我们认为，比较文字学的研究目的既可能是发现文字间的共性，也可能是发现文字间的差异，一切皆决定于比较的结果实际，是共性多还是差异多，不用人为设限。

比较文字学在比较过程中，除了发现文字间的共性特征与个性差异外，还可能发现其他相关内容，至少如文字间的接触传播关系。借源文字间的字符和文字规则借用关系经过比较后就能发现。

比较文字学是采用比较方法对两种或两种以上的文字进行研究，发现它们的共性规律、个性差异以及相互关系，以特定研究方法命名的文字学研究分支学科。

3. 比较文字学与文字学相关学科的关系

文字学宏观层面可以分成文字理论研究、具体文字研究以及文字学史三个部分。文字理论研究和个别文字的具体研究是相对而言的。具体文字研究不是专门的学科，而是各具体文字研究的总称，现在形成的往往是以各具体文字名称命名的如汉字学、彝文文字学、东巴文文字学等学科。同样文字理论研究也没有形成专门的学科，属于这方面研究内容的普通文字学和比较文字学已经形成了专门学科。[①]

（1）比较文字学与具体文字研究的关系

具体文字研究专门研究一种具体的文字（如汉字、东巴文等）。具体文字研究可以从横向即共时角度进行该种文字的现状描写，从纵向即历时角度研究该种文字的发展历史。具体文字研究有时也会得出一些理论性的结论，但其立论的材料往往基于单种的具体文字材料。

比较文字学是运用比较的方法，寻找两种或两种以上的文字系统的差异和共同点。所以比较文字学依赖于具体文字材料的广泛收集和细致描写，但具体文字特征的科学归纳也离不开与其他文字进行比较。正是因为比较文字学建立在文字间的比较基础上，故比较文字学研究还往往起着沟通互相隔阂的具体文字研究的作用。

---

① 邓章应：《文字学的学科地位和学科体系再思考》，《宁夏大学学报》2013 年第 2 期。

（2）比较文字学与普通文字学的关系

普通文字学主要研究文字的性质、文字学的体系、文字的类型、文字系统、文字单位的性质及构成、文字系统和文字单位的形成与演变、文字间的接触与传播、文字学资料与方法等。普通文字学使用的文字材料更为广阔，可能综合使用各具体文字研究的材料。普通文字学的目的是探讨较为宏观的人类文字发生发展的规律，研究的结论更具宏观适用性。

比较文字学采用比较方法研究文字间的异同，比较的内容会涉及到文字系统、发生演变及传播等方面，但比较文字学不探讨诸如文字的本质、文字的单位、文字的规则、文字的发展规律、文字的历史分期等带有共同性质的问题，以及超越具体文字或文字谱系的文字类型等研究。林杦敢《比较文字学浅识》："比较文字学不必研究各地文字的本质，因其为普通文字学的一部，前面已讲过。"沙宗元《文字学术语规范研究》："需要注意的是，有人将'比较文字学'等同于'普通文字学'，这种做法是不妥的。因为二者无论在研究对象、研究内容，还是在研究目的上，都有明显区别，不可混为一谈。"①

但比较文字学和普通文字学存在联系，如果比较的文字种类越多，越接近普通文字学的研究。所以我们建议，运用各种文字材料，以宏观的人类文字规律探讨为目的的研究归为普通文字学研究；而运用两种或多种文字材料，以探讨这些文字间的共性和差异为目的的研究归为比较文字学研究。

二、比较文字学的学科理论基础及研究内容

（一）比较文字学的学科理论基础

周有光先生曾经提到："建设'比较文字学'要两个奠基石，就是两个观点。第一个观点叫做'系统观'，系统观就是说所有人类的文字是一个大的系统。从前人家都以为我们用汉字、别的国家用字母，两者是毫无关系的，或者说我们有我们的系统，他们有他们的系统，相互没有关系的。现在看法改变了，认为我们的系统和他们的系统都属于一个大系统。……第二个观点叫做'发展观'，文字不是一成不变的，而是不断变化的，可是有时候变化得非常慢，甚至几百年也看不出有多大的变化，但是你从整个历史来看，文字是不断变化的，这个变化不是乱七八糟的，而是有规律的，有

---

① 沙宗元：《文字学术语规范研究》，安徽大学出版社 2008 年版，第 110 页。

规律的变化就是发展。"①

　　除了周先生说到的系统观和发展观以外，还有一个很重要的理论基础是传播观。即人类文字除了通过类型相似进行分类以外，还通过相互之间的接触传播形成系统。某种文字字符集被借用来书写其他语言，从源文字角度来看，可视之为文字的扩散，文字扩散，会形成使用共同字符集的文字圈，并引申指称文字所承载的文化圈。但需要特别指出的是，一种字符集被借用来表示其他语言，已经是另外的一种文字，只是两种文字的字符集相同。周有光先生："'汉字'有二义。一、书写汉语的传统文字。二、这种文字符号用于书写不同的语言，例如日本汉字。汉字曾是东亚的国际文字。"②所指即第二种意义。

　　苏美尔楔形文字的传播，影响所及包括了近东、伊朗、埃及、印度河流域、土耳其的安那托利亚，也间接地对西方文明起源有很大的影响。楔形文字被许多古代文明用来书写其语言，但这些语言之间并不一定属于相同关联的语系。目前世界上经过文字扩散形成五大文字文化圈：汉字文化圈、拉丁字母文化圈、斯拉夫字母文化圈、阿拉伯字母文化圈、印度字母文化圈。

　　文字学的系统观、发展观、传播观对应着比较文字学关于文字本体的研究内容：系统观要求比较研究文字的文字单位、文字规则以及结构层次；发展观要求比较研究文字的形成发展演变及历史层次；传播观要求比较研究文字的相互接触及影响。

　　（二）比较文字学的研究内容

　　1. 文字系统与文字单位比较

　　要了解一种文字系统，就要弄清楚它是用何种符号系统采取何种方式记录何种语言，文字系统作为整体有不同的性质。文字所用的符号系统包含字符集和文字规则两部分：字符集由一个个的文字单位组成；文字规则包括文字组合规则、文字表达规则、字符构字规则，组合和表达规则作用于字的组合和运用层面，构字规则作用于字符内部。所以这部分的比较内容既包含比较文字单位，又包含比较文字规则，还可以比较整体的文字系统。

　　2. 文字起源的比较

　　每一种文字都有一个起源过程，按照这个过程中是否受到其他文字影响，可以分成自源文字（未受其他文字影响）、借源文字（主要是借用其他文字系统的符号或规则）、杂糅文字（既有自源部分又有借源部分）。过去的文字起源研究较为注重自源文

---

① 周有光：《浅说"比较文字学"》，《中国教育报》2005 年 4 月 24 日第 4 版。
② 周有光：《汉字文化圈文字的文字演变》，《民族语文》1989 年第 1 期。

字的起源研究，当然这部分的研究也十分重要的，因为这些文字产生于各自特定的社会、文化与语言背景之中，所承载的功用也各不相同，因此从起源时代开始，就表现出相当的异质特征。但也要关注另外两类文字的起源过程，以及不同起源类型文字之间的异同。另外寻找在具有发生学关系的文字谱系的源文字也是文字起源研究的重要内容。

3. 文字发展演变的比较

文字的发展演变体现在文字系统体系性的变化和文字系统中字符集的发展及文字规则变化两方面。

文字系统体系性的变化，一种是自源文字由不成熟到成熟；一种是被借用表示其他民族语言；一种是消亡；一种是发展出新文字。

字符集总体的变化既有字符集中字符数量的变化，如乌鲁克时期的楔形文字字符多到两千。三四百年后，在法拉发现的字符已减少成八百，再经过三四百年的变化淘汰，到拉格什时期（约公元前二千九百年），字符就不到六百了。也有字符集中常用字数量不变，而发生字符的替换。

文字规则体现在字符组合表达规则与字符的构字规则上，意音文字的整理规范、拼音文字的正字法改革都体现了文字规则的发展。

4. 文字传播接触的比较

交往密切、联系紧密的民族之间或民族内部支系之间，文字总是在相互影响。文字传播指有文字民族文字流向无文字民族，原无文字的民族接受文字的文字现象。如基诺族主要聚居在西双版纳傣族自治州景洪县基诺乡，人口有一万八千余人，主要使用母语基诺语，同时普遍兼用汉语汉字。以前独龙族也是没有文字的民族，后来随着基督教的传入，传教士创制的拉丁字母形式文字被广泛接受。文字接触指不同文种之间由于接触而导致文字的性质、结构、形体等方面发生变化的文字现象，如藏文和东巴文、水文和汉字等发生过文字接触。按照文字影响程度的不同，可以把文字接触和传播的方式大致分为文字渗透、文字兼用、文字转用和混合文字四种。

5. 文字命名与文字功能比较

（1）文字命名比较：文字产生时或产生后，创制者、使用者或发现者、研究者会赋予名称以指称该文字。人们赋予名称常有所考虑，意即有理据。比较文字学可以比较不同文字命名的理据，探索文字命名规律。

（2）文字功能比较：文字产生以后，在使用群体内部承担交际和记录职能，随着社会发展，有些文字的使用群体和使用范围会发生一些变化。比较文字学要比较不同文字的功能及其变迁。

6. 研究史比较

从文字研究史的角度，把对同一对象作过研究的不同学者的研究结论、方法和背景进行比较，以相互借鉴与促进。如唐均《从亚述学的得失看西夏学的进展》从亚述学的研究经验观照西夏学的研究进展；[①]邓章应《从东巴文研究看水文研究》将研究成果较为丰硕的东巴文研究情况提供给急需发展的水文研究借鉴。[②]

前四点是文字本体的比较内容，第五点是文字与外部关系的比较，第六点是研究史的比较。文字间比较的内容可以是某一方面的，如文字表达法的比较、文字结构的比较、文字起源和发展的比较，也可以是更为全面的文字系统间的综合比较。

三、比较文字学的作用

林枫敌先生 1937 年在《比较文字学浅识》中归纳了几点研究比较文字学的用途：（1）知道历史。（2）知道文字的策源。（3）可以抛砖引玉。研究比较文字学可从别的文字中得到自己文字的概念，利用这概念，使自己文字更易整理，更易改良。（4）可知各民族往来交通的情况。（5）改进世界文字。将来总有一天，大家为兄弟，要一个自然的世界语，这也要从比较文字学或语言学中搜求共通的文字。（6）他如人种学、社会学、考古学、艺术、文化史等，多少有补益。[③]林先生所谈太过简略，未引起太多重视。

1. 有助于释读未知文种

很多文字的释读是在比较中取得突破的，如著名的罗塞塔石碑记录了公元前 196 年托勒密五世颁布的一条赦免埃及寺庙僧侣税收的政令，由上至下用三种文字刻着同一段诏书，分别是埃及象形文、埃及草书、古希腊文。它独特的三语对照写法成为解码的关键，因为古希腊文是近代人可以阅读的，利用这关键来比对分析碑上其它两种语言的内容，就了解了这些失传语言的文字与文法结构。

（1）西夏文的发现和识读

晚清史学家张澍（1776—1847）于 1804 年回家乡凉州府武威县养病，在附近清应寺游玩时看到一个被砖砌封的亭子，拆开封砖后发现一块黑色石碑。碑身正面刻满

---

①　唐均：《从亚述学的得失看西夏学的进展》，周明甫主编：《中国少数民族古籍论》第 5 辑，四川民族出版社 2004 年版，第 92—113 页。

②　邓章应：《从东巴文研究看水文研究》，潘朝霖、唐建荣主编：《水书文化研究》第 5 辑，中国戏剧出版社 2013 年版，第 10—22 页。

③　林枫敌：《比较文字学浅识》，《东方杂志》1937 年第 34 卷第 8 号。

工整楷体字，但仔细看无一字认识。碑身反面刻有汉字，内容大致是：凉州城内护国寺一座佛塔，前凉时期就显灵瑞，西夏时灵瑞更多。特别是西夏天祐民安三年（1092）武威地震，佛塔被震倾斜，正要派人维修时，竟又自行恢复了原状。于是西夏皇太后、皇帝下诏对塔重新修建装饰，并立碑记功，以颂扬佛的灵瑞和西夏皇朝的功德。建碑年款为"天祐民安五年岁次甲戌十五日戊子建"。"天祐民安"正是西夏年号，张澍由此断定碑身正面那些奇怪的文字就是已死亡了几百年的西夏文字。

这块石碑就是《重修凉州护国寺感应塔碑》（即"西夏碑"），刻于西夏天祐民安五年（1094），碑身高2.5米，宽0.9米，厚0.3米，正面以西夏文篆字题名"敕感应塔之碑文"。正文为西夏文楷字，计28行，每行65字，第一行意为"大白上国境凉州感应塔之碑文"。背面碑头有汉文小篆题名"凉州重修护国寺感应塔碑铭"，正文为汉文楷字，计26行，每行70字。第一行和第二行的上半段残缺，原碑现存甘肃省武威西夏博物馆。

张澍是西夏文消亡后第一个识别出它的学者，他把这一重要发现记在《书西夏天祐民安碑后》一文中，于1837年收入《养素堂文集》刊出，可惜未引起国内外学术界的充分注意，以致英法学者为识别北京居庸关云台门洞内六体文字之一的西夏文争论不休，官司打了二十年才有结论。[①]

（2）汤姆森解读突厥鲁纳文（Turkic Runic）

类似突厥鲁纳文字的铭刻早在18世纪初期，就有人在南西伯利亚叶尼塞河上游一带有所发现，但都是一些碎片，无人能够解读。1887年至1888年，芬兰学者先后两次到西伯利亚调查，1889年把调查结果编成碑铭汇编，芬兰学者还就其中内容整理出一个词汇索引，但是每个词代表什么意思，无人能够解释。这一年在鄂尔浑河附近，距离古蒙古故都喀喇和林废墟不远，发现了两块石碑，每块三面都刻上了与上述相类似的文字，只第四面有汉字说明：其中一块是732年为了纪念一位于前一年死去的突厥王子而建立的，另一块是735年为了纪念于731年死去的这位王子的哥哥、突厥人的盟主毗伽可汗而建立的。1893年，丹麦语言学家汤姆森从汉文里找出专有名词与这些符号对比，逐渐找出了kül-tigin（阙特勤）一词，这是那位于731年死去的王子的名字，再找出了türk（突厥），这是那王子所属部落的名称，再又找到突厥语表示"天"的意思的tängri（腾格里），一步一步就把两块碑铭解读出来了。[②]

---

① 参见杨蕤：《破译天书》，宁夏人民出版社2008年版，第4—7页。
② 参见岑麒祥：《丹麦语言学家汤姆森》，载《普通语言学人物志》，世界图书出版社公司2008年版，第35—36页。

2. 发现文字发生发展过程中的共同规律

通过文字比较可以形成文字发生发展过程中的规律性认识。周有光："比较引起分类，分类形成系统，比较、分类、系统化是进入科学领域的重要门径。只知道一种语言是不可能产生语言学的。两种或更多语言相接触，就会进行比较，发现规律，逐步向科学的道路前进。语言学是从比较开始而发展的，文字学也只有从比较开始而发展。"[①]

（1）各种文字系统的字符均采用分层造字机制造成

各种文字系统的字符集中的字符，都是分层形成的。一种文字系统按其造字的参照类型可以分为初造字和新造字，初造字是未参照该文字系统中任何已有字形造出的字符，存在三种造字机制：仿拟机制、吸纳机制和引进机制；新造字则是在已有字符基础上构造新字，新造字往往依据参照机制造字。

大多数文字的初造字采取仿拟机制，仿拟机制是指按照仿拟方式进行造字的方法和原则，如纳西东巴文[2][②] 太阳、[3] 月亮、[105] 岩、[359] 水牛、[363] 山羊、[365] 狗、[0382] 象、[170] 树、[972] 屋。汉甲骨文[10398][③] 兕、[10222] 象、[19910] 兔、[10260] 麋、[21474] 虎、[10347] 麇、[19957] 鹿、[14353] 它（蛇）、[11205] 犬、[5588] 豕、[10076] 马、[19622] 虫、[22377] 鸟、[5280] 燕、[5270] 鸡、[137 正] 凤。原始楔形文字[④] 蛇、鱼、蟹或龟、燕子、猪、狮、驴、公驴、狐狸、公牛、野猪。

新造字参照机制指新造字参照已有字符造字时所采用的原则和方法。参照机制可以分成三种情况：一是参照基字变形；二是参照基字加非成字部件；三是参照基字组合。东巴文 "熄灭" 是在 "火炬" 字符基础上变换方位而成，甲骨文 "臣" 是在 "目" 字符基础上变换方位而成，原始楔形文字 "晚上" 是在 "早晨" 字符基础上变换方位而成； 日蚀、 月蚀是在东巴文 太阳和 月亮字符基础上的残缺。以上所举为参照基字变形的例子；东巴文 "黑太阳" 是在 "太阳"字符上加黑点形成， "黑石岩" 是在 "岩" 字符基础上加黑点形成。甲骨文[15884] →[10964] 生，横线标示长出草的地面。[8236] 日→[20984] 晕。

---

① 周有光：《比较文字学初探》，语文出版社 1998 年版，"前言"，第 1 页。
② 此编号为《纳西象形文字谱》（方国瑜、和志武编，云南人民出版社 1995 年版）的字头编号，下同。
③ 此编号为《甲骨文合集》（郭沫若主编：中华书局 1978—1982 年版）的片号。
④ 原始楔形文字引自白小丽：《殷商甲骨文与两河流域原始楔形文字造字机制比较研究》，西南大学硕士学位论文 2010 年。下同。

原始楔形文字 🐦鸟→ 🐦彩色羽毛的鸟，绵羊 ⊕→肥尾绵羊 ⊞。这是参照基字加非成字部件的例子。东巴文 🐦"睛"由"天"和"光线"符号组合而成。甲骨文[13017] 🐦止（义）+[1402 正] 🐦辰（音）→[17364 正] 🐦震。原始楔形文字 🐐野生山羊（表义）+ 🐦MA（部分表音）→ 🐐ALIM 一种野牛， 🐐表示野生动物，MA 表示词尾语音，该词实际语音为 ALIM^ma。这是参照基字组合的例子。

西夏文字的衍生过程也是很好的例证：西夏文首先选取一些常用的汉字和偏旁，通过增笔、减笔或变笔的方式加以改造，形成西夏文的一批基本字，然后用各种方式把这些基本字组合起来造出一个个新字。①选取汉字及偏旁是采用引进机制造的初造字，采取增笔、减笔、变笔的方式是采取参照机制中的参照基字变形和参照基字加非成字部件方式造出新造字，再采用组合是采取参照机制中的参照基字组合方式造新造字。

拱玉书先生通过对苏美尔、埃及及中国古文字的比较发现，早期文字都是象形字以及在象形字的基础上，通过其时历史文化的种种关联而孳乳繁衍出的派生文字。②早期象形字是采取仿拟机制造的初造字，在此基础上派生的字则是采取参照机制造的新造字。

我们以前采取分层造字机制分析过东巴文、哥巴文、水文、傈僳竹书、女书、假名、谚文的字符形成情况，③发现各种文字系统的字符集中的字符，都是按照这些造字机制分层形成的。

（2）原始文字中字的音义附着灵活

理想的符号系统是形式（字）与内容（语言单位的音义）一一对应，文字系统越发达，就越接近于理想的符号系统。而原始文字的字，形式与内容的对应并不严格，普遍存在一字异读和同义换读的现象。

纳西东巴文一字异读的现象比较普遍。如象形字"竹绳" 🎋读[mɯˡⁿiˡhərˡ]，又

---

① 西夏文字的衍生过程描述详见龚煌城：《西夏文字衍生过程的重建》，载《西夏语言文字研究论文集》，民族出版社 2005 年版，第 305—320 页。

② 拱玉书：《苏美尔、埃及及中国古文字比较研究》，科学出版社 2009 年版，"序"，第 2 页。

③ 邓章应：《纳西东巴文新造字机制试析》，和自兴等主编：《第二届国际东巴艺术节学术研讨会会议论文集》，云南民族出版社 2005 年版；邓章应：《纳西东巴文初造字仿拟机制试析》，世界人类学民族学联合会第 16 届大会会议论文，昆明，2009 年 8 月；邓章应：《水书造字机制探索》，《黔南民族师范学院学报》2005 年第 2 期；邓章应：《哥巴文造字机制研究》，载《中国文字研究》第 11 辑，大象出版社 2008 年版；白小丽：《殷商甲骨文与两河流域原始楔形文字造字机制比较研究》，西南大学硕士学位论文 2010 年；刘红妤：《傈僳竹书与纳西东巴文造字机制比较》，西南大学硕士学位论文 2011 年；李俊娜：《女书、假名及谚文比较研究》，西南大学硕士学位论文 2011 年。

读[muˈˠərˋ]，形声字"盗" ⚡ 读[ɕiˈkhvˈ]，又读[khvˈ]。喻遂生先生曾在《纳西东巴文的异读和纳汉文字的比较研究》一文中列举过东巴文的古今异读、方言异读、借词异读、构词异读 4 类，并对构词异读作了比较深入的研究。[①]方言异读属于不同的语言系统，古今异读、借词异读、构词异读属于同一语言系统，但不是同一个词，有的甚至所指都不相同。

原始文字还较多地存在同义换读现象，即字写作 A，而实际上读作与 A 意义相同或相近的 B。水族水文借用的汉字地支字同义换读读法繁多，可以读成生肖、八卦或地支与生肖、八卦的组合。如："字符 Ⓩ 对应的是地支'子'，表示地支'子'的意义，也可以换读成与之对应的生肖'鼠'的音[su³]或八卦'坎'的音[gha:m³]，甚或'子鼠'[ɕi³su³]、'鼠子'[su³ɕi³]或者'子坎'[ɕi³gha:m³]等音。但即使变读成了'鼠'或'坎'的音，表达的意义仍是地支'子'的意义。"[②]纳西东巴文 ⬤ [n̩iˋ]二，在经书中除读作"[duˈdz̩ˋ]一对"外，还可以读作"[n̩i³³ly³³duˈ³³dz̩²¹]两颗一对"。[③]

我们据此提出，原始文字的字符的音义附着灵活，音义附着是我们提出的一个新术语，指一个字符所对应的意义和读音。[④]成熟意音文字系统中的字符，一般对应语言中的一个词，少数对应多个词。原始文字中的字符所对应的读音和意义则较为灵活，有的对应一个语段，有的对应一个词组，有的对应一个词，有的对应音节。甚至有时候一个字符既可以表示一个词，也可以表示一个词组，如纳西东巴文中的 ☺ [mboˈ]表示"亮"；也可以读为[n̩iˈmeˈheˈmeˈmboˈdʉˈrvˈlɑˈ]表示"日月光明照耀"。[⑤]

3．发现文字发生发展中的差异

（1）自源文字与借源文字初造字的造字机制存在差别

各种文字系统的字符集中的字符，都是按照这些造字机制分层形成的。但具体到不同文字，采取仿拟机制、引进机制、吸纳机制生成初造字以及采取参照机制生成新造字的比例是不一样的，特别是自源文字与借源文字的初造字往往采取不同的造字机制。

自源文字的初造字更多采取仿拟机制，古代中国、埃及、两河流域、中美洲的文字都如此，现在仍存世的纳西族东巴文字亦如此。而借源文字更多的采取引进机制，如纳西族的哥巴文，大量引进东巴文字符；贵州水族的水文，大量引进汉字字符；各

① 喻遂生：《纳西东巴文的异读和纳汉文字的比较研究》，载《纳西东巴文研究丛稿》，巴蜀书社 2004 年版，第 42—54 页。
② 白小丽：《水书〈正七卷〉纪时地支的文字异读》，《贵州民族学院学报》2010 年第 5 期。
③ 喻遂生：《纳西东巴文同义换读初探》，《中国文字博物馆》2011 年第 1 期。
④ 邓章应：《西南少数民族原始文字的产生与发展》，人民出版社 2012 年版，第 7 页。
⑤ 李霖灿：《么些象形文字字典》，国立中央博物院筹备处 1944 年版，第 4 页。

种拉丁字母系文字，引进拉丁字母。

（2）意音文字到表音文字的不同途径

过去认为文字的发展规律是从表形、表意到表音，但人们又没有找到一种文字是从表意发展为表音。汉字系统虽然也发展出了表音文字，但汉字在中国，只有形声化，没有音节化。传到日本，才从语词符号发展出音节符号。楔形文字有完整的从原始文字到意音文字到表音文字的发展历史。但实际上，这是楔形文字用于书写不同语言时发生的变化，虽然字符相同，但其对应的语言音义和文字表达规则均与原来不同，已经成为另外一种文字，不能视为一种文字的自然演变。故现在学者仍然认为没有任何一种意音文字是在内部自然演变成为表音文字的，只有到了民族以外，受到书写外民族语言的需要刺激，才发生性质的改变，如假名的形成。进而有学者认为过去的文字演变三阶段论不能成立，应该是不成熟的原始文字分两线发展，一线发展成为成熟的意音文字，一线发展成为成熟的表音文字。①

中国西南少数民族纳西族给我们提供了一个案例：纳西族东巴除了使用东巴文以外，还有部分地区东巴使用一种表音的哥巴文。根据哥巴文的字源分析，大部分哥巴文的字符来源于东巴文。哥巴文从东巴文借用字符，除了表达最初的借用义以外，很快用来表达相同音节，其字符功能便成为纯粹的表音，而哥巴文也由此成为一种音节文字。纳西族的东巴文是表意体系的文字，在其民族内部自然发展出了表音体系的哥巴文，这让人们不得不重新认识文字发生演变的多样化过程。表意体系的文字传播到民族外部能产生出表音体系的文字，在民族内部也有产生的可能。

4．有助于发现文字间的关系

（1）贵州布依族白摩书与柏格理苗文的关系

20世纪90年代中期贵州省六盘水市民委曾在水城县发现一套布依族摩教经书，当地布依族称为"白摩书"，记录经文的符号一直是一个未能解开的谜团，过去都把它视为一种古老的文字符号，民间甚至传说这种符号是从多少代远祖遗留下来，更增加了这种符号的神秘感。

经周国炎教授将其与柏格理苗文比较，发现其所使用的符号与柏格理苗文符号相近。认为这种用来记录布依族"白摩经"文字并不是什么古老的神秘文字，而是受基督教文化传播影响，借用了柏格里苗文来记录布依语。②

柏格理苗文是英国传教士柏格理在贵州威宁石门坎传教时为记录川黔滇方言滇

---

① 何丹：《图画文字说与人类文字的起源》，中国社会科学出版社2003年版，第413页。

② 周国炎：《贵州省水城县布依族"白摩书"文字释读》，邓章应主编：《华西语文学刊》（比较文字学专辑），四川文艺出版社2011年版，第59—71页。

东北次方言而创制的，随着宗教的传播，曾扩散到其他苗族地区和彝族、傈僳族地区，形成记写多种语言的柏格理文字。[①]当时以威宁为中心的传教活动也扩散到黔西北地区，柏格理文字可能也随之传布到了该地的布依族信教群众中。

（2）契丹小字的表达规则受到回鹘文的影响

契丹小字是受回鹘文字的启发而创制的，"回鹘使至，无能通其语者，太后谓太祖曰：'迭剌聪敏可使。'遣诒之。相从二旬，能习其言与书，因制契丹小字，数少而该贯。"（《辽史·皇子表》）但学界一般认为契丹小字只是受到了回鹘文的拼音文字性质的影响，但傅林博士将契丹小字与回鹘文进行比较，发现契丹小字的很多设计原则也受到回鹘文的影响。如契丹语的[t]、[th]在前期的文献中一般用同一个符号**今**表示，而在后期则改进了这一设计，用符号**仝**代表[t]，而**今**只用来代表[th]。契丹小字中[tʃ]/[tʃh]、[k]/[kh]、[p]/[ph]的字符表达也有同样的变化情况，早期文献中只有同一个字符，而在晚期文献中则改进为分别用不同的字符表示。比较回鹘文即可发现，这种对同部位不同发音方法的辅音不在文字上进行区分的文字规则在回鹘文中特别普遍，回鹘文[b]/[p]、[g]/[k]、[d]/[t]三组辅音都用相同的符号。契丹小字在借用改造汉字字符作为字符形体时，设计其表达规则时受回鹘文的影响很大，也采用类似的规则，虽然对于契丹语的表达而言，这种设计本身是一种缺陷。[②]

5. 有助于具体文字研究深入

（1）汉古文字一种异词同字现象的实质

汉古文字中存在这样一种异词同字的现象：如甲骨文"毓""后"同字，"月""夕"同字，"音""言"同字，"帚"用为"妇"，金文"立""位"同字，《说文》"墉"古文**𩫖**与"郭"的初文同字。过去人们认为一般认为同字必同音，并以此作为系联推测古音的依据。但到了周秦，"毓"觉部喻母，"后"侯部匣母，"月"月部疑母，"夕"铎部邪母，"音"侵部影母，"月"月部疑母，"帚"幽部章母，"妇"之部并母，"立"缉部来母，"位"物部匣母，"庸"东部喻母，"郭"铎部见母，何以分化如此，很难解释。

王筠《说文释例》："积古斋颂鼎、颂壶、颂敦皆曰'王各大室，即立'，是'位'字；又曰'颂入门立中廷'，是'立'字。一器而两义皆见焉，盖人不行谓之立，因而所立之处亦谓之立，以动字为静字也。后乃读于备切以别其音，遂加人旁以别其形耳。"指出了两字的意义联系，但没有跳出同源字字音分化的樊篱，未能触及问题的

①　邓章应：《柏格理文字的创制与传播》，《中西文化交流学报》2009 年第 1 期。
②　傅林：《契丹语和辽代汉语及其接触研究》，北京大学博士学位论文 2013 年，第 15—16 页。

实质。近世学者黄侃先生提出"一字或有数音""同形异字"的观点，沈兼士先生则称之为"义通换用"："盖古象形字含义宽缓，……若就形体而言，一形可表众意"，"初期意符字形音义之不固定，在形非字书所云重文或体之谓，在义非训诂家所云引申假借之谓，在音非古音家所云声韵通转之谓。而其形其音其义率皆后世认为断断乎不相干者。"他特别指出对这类字"既不应武断为讹误，复不宜勉强牵合音转之说以相文饰"。①

这其实是义借现象，义借在东巴文中大量被发现，如东巴文 本义是领扣，读为[z̩˧]；因其是用金做的，所以又用作"金"字，读为[hæ˥]；又因为金是黄色的，所以又用作"黄"字，读为[ʂ̩˥]。本义是火，读为[mi˧]；因其颜色是红色的，所以又表示"红"字，读为[hy˥]。义借是借字表义，本义和借义的联系多是词义系统之外的事理关系，其读音也没有必然的联系。

中国古代以生育为部族之大事，便以生育字"毓"作表君王的"后"字，甲骨文"立"像人正面站立之形，但金文中"位"均作"立"，如元年师兑簋："王在周，各康庙，即立。同中右师兑入门立中廷。""即立"就是"即位"。通过和纳西东巴字等文字进行比较研究，可以更好理解汉古文字中这种异词同字的性质。

（2）东巴文中比较随意的注音式形声字的认识

形态古朴的东巴文中存在多种类型的形声字，其中大量注音式形声字体现了形声字产生的过程，具有重要研究价值。喻遂生先生研究了东巴文注音式形声字的产生原因及流变情况②，但将一部分声符可加可不加或可多加或少加的字解释为东巴写经的随意性和不规范造成，总感觉未及根本，并且会产生喻遂生先生这样的疑惑："大量的形声字出现在连环画式的图画文字的经典中，连环画式的图画文字，可能还算不上成熟的象形文字，但其中居然有这么多形声字，其原因何在？"③

其实东巴文中喻先生所谓注音式形声字应该分成两个部分：一部分是固定化的注音式形声字；一部分是临时性的音补。音补是指一个语音符号附加在一个字符上，音补现象是人们在研究阿卡德楔形文字时发现的，因为阿卡德楔形文字大量采用音补的形式以与苏美尔楔形文字相区别，后来研究者发现在古埃及象形文字、玛雅文、契丹

---

① 参看喻遂生：《纳西东巴字、汉古文字中的"转意字"和殷商古音研究》，载《纳西东巴文研究丛稿》，巴蜀书社 2003 年版，第 68—82 页。

② 喻遂生：《汉古文字、纳西东巴字注音式形声字比较研究》，载《纳西东巴文研究丛稿》，巴蜀书社 2003 年版，第 242—251 页。

③ 喻遂生：《纳西东巴文多音节形声字研究》，载《纳西东巴文研究丛稿》，巴蜀书社 2003 年版，第 199 页。

文、女真文等文字中也大量存在。①为了辨形、辨义、辨音以及调节字符与音节的对应关系，字与词、字与音节不完全对应的文字就会附加上语音补充符号。音补的特征是较为随意，不仅可补可不补，补的成分也有变化，补的位置也不固定。而如果音补符号与所依附字符进一步凝固，朝一个字符方向发展，则成为注音式形声字。东巴文大量使用较为随意的音补正是不成熟文字的重要特征。②

另外通过比较可以确定具体文字在人类文字发展史中的位置，对具体文字的性质理解会更加准确。牛汝极、程雪飞《维吾尔文字学发凡》："比如要研究现代维吾尔文字的性质，除了要联系现代维吾尔语的情况外，还要联系古代文字和语言发展史的情况进行全面的分析，否则，就会影响认识的科学性。空间研究包括对各种文字之间的关系进行比较。要把维吾尔文字放在人类文字的总体中进行比较研究。维吾尔文字的特性是同拉丁文、汉文等作了比较才认识的。比较增进了对维吾尔文字性质的理解，比较引起了改进维吾尔文字的要求。"③

四、比较文字学的现状及展望

比较文字学在国内外已经引起不少学者重视，有一些学校招收比较文字学方向的博硕士研究生，开设《比较文字学》或相关课程，④在中国文字学会以及中国民族古文字研究会的年会上也逐渐地有一些关于比较文字学的论文，还出版了一些论著。⑤但这门

---

① 陈永生：《古汉字与古埃及圣书字中的音补现象》，邓章应主编：《华西语文学刊》（比较文字学专辑），四川文艺出版社 2011 年版，第 184—188 页；张春凤：《玛雅文与纳西东巴文音补的比较研究》，西南大学硕士学位论文 2011 年；唐均：《楔形文字和女真文字中音补结构比较研究》，《中国海洋大学学报》2011 年第 3 期；唐均：《女真文中的音补结构》，《汉字研究》2009 年第 1 期。

② 邓章应：《东巴文音补初探》，傅勇林主编：《华西语文学刊》（第四辑），四川文艺出版社 2011 年版，第 26—31 页；邓章应：《东巴文从音补到注音式形声字的演变》，詹七一、冉隆中主编：《西南学刊》（第二辑），云南人民出版社 2011 年版，第 236—245 页。

③ 牛汝极、程雪飞：《维吾尔文字学发凡》，《语言与翻译》1995 年第 3 期。

④ 目前招收比较文字学方向博硕士研究生的单位有华东师范大学、西南大学和中国海洋大学。开设《比较文字学》或相关课程的学校除了以上学校外，可能还有其他高校。

⑤ 如王元鹿：《汉古文字与纳西东巴文字比较研究》，华东师范大学出版社 1988 年版；拱玉书、颜海英、葛英会：《苏美尔、埃及及中国古文字比较研究》，科学出版社 2009 年版；孔祥卿、史建伟：《汉字与彝文的比较研究》，南开大学出版社 2010 年版；陈永生：《汉字与圣书字表词方式比较研究》，人民出版社 2013 年版；邓章应：《纳西东巴文与水族水文比较研究》，人民出版社 2014 年版。

学科的发展还存在一些不足。①

（一）比较文字学研究的不足

1. 比较文字研究的材料基础不深厚

具体文字研究是文字比较研究的基础，缺乏材料，比较则无法进行。现在虽然多数文字都有专门研究，但研究投入及成果极不平衡。汉字系文字研究要多一些，其它系文字要少一些；汉字系文字中北方系文字研究成果相对要多，南方系文字则要少一些。自源文字的研究则更不平衡，研究较多的如东巴文，而其它文字如水书、尔苏沙巴文则研究得不够。另外对国外文字研究成果的译介太少和不及时限制了我们对国外文字研究的了解。

2. 文字比较的种类不广

具体文字研究往往只专注于一种文字，少于与其它文字进行比较。而以往的文字比较研究，比较的对象不多，多与汉字进行比较，而没有与其类型或性质更为接近的文字进行比较。这一方面是材料的不足，二可能是研究的视野有限。

比较研究中亟须进行的是多种文字进行比较，特别是进行成系列比较，因为多数文字不是零散的，不管是从发生学、类型学还是地域影响，各种文字都会从属于一定系列。同系列文字可能不止一种，那就要突破二者对比，而进行多方比较，可能更容易发现各具体文字的细微差别和在文字发展序列中的准确位置。

3. 文字比较的角度不多

以往的比较研究重在文字结构的比较，而其它方面如文字系统、文字性质、文字起源背景和过程、文字使用环境、文字发展演变、文字传播与影响方面的比较不多。可以在具体文字研究的深入基础上，在普通文字学理论的指导下探索多角度的比较研究。

4. 比较文字学的学科理论尚需充实

周有光先生《比较文字学初探》和王元鹿师《比较文字学》虽然初步创立了比较文字学的学科基础，但关于此学科的理论还需要进一步充实，如比较文字学的学科体系、学科性质、学科研究方法、与相关学科的关系等。正如周有光先生所言："比较文字学也是在 19 世纪开始的，可是还停留在初步阶段。"②

---

① 关于比较文字学更详细的发展历程可参看邓章应：《中国比较文字学研究的回顾与展望》，王铁琨等主编：《一生有光——周有光先生百年寿辰纪念文集》，语文出版社 2007 年版，第 156—166 页；邓章应：《中国比较文字学研究的新进展》，《华西语文学刊》（比较文字学专辑），四川文艺出版社 2011 年版，第 39—52 页。

② 周有光：《比较文字学初探》，语文出版社 1998 年版，"前言"，第 1 页。

（二）比较文字学研究展望

针对目前比较文字学研究中的不足，我们觉得以后应该加强以下几方面工作：

1.具体文字资料的收集与研究

现在不少文字都收集了相当丰富的资料，有的编辑了译注全集，同时也编纂了不少的字典。但还有一些文字这方面的工作开展得不够，应尽快译注文献，同时编纂相应字典。

在此基础上，单种具体文字的文字学研究也应该全面展开，如《汉字学》《彝文文字学》《东巴文文字学》的单种文字学概论性著作应该每种文字都有。[①]另外，还要加强国外文字资料及研究成果的及时译介。[②]只有奠定了坚实的材料基础，比较文字学才会得到顺利的发展。

2.文字研究方法的更新

文字研究是实证科学，应在大量资料整理的基础上进行，在全面收集资料的基础上，运用计算机信息化手段，采用先进的储存、检索、分析资料的方法。对于各种文字，要建立相应字库、资料库，把大量重复工作交给计算机自动进行，提高分析的准确度和效率。

3.比较文字学理论的加强

比较文字学有自己的理论体系，如比较文字学的学科理论基础、比较材料的收集、选择与分析、比较范围及比较点的选择、比较研究的实施过程等，这些方面我们过去只有比较少的举例性探讨，还需要在比较文字学的理论体系上多做一些研究。

比较文字学还要更多吸引普通文字学研究成果，因为文字的比较研究离不开文字理论的指导，普通文字学理论的不断深入，可以为比较研究提供更多的比较视角，提供更多的比较标准。所以在以后的比较文字学研究中要突破材料的简单比附，要用普通文字理论作为参照系，进行深入和广泛的比较研究。

五、小结

1. 比较文字学是采用比较方法对两种或两种以上的文字进行研究，发现它们的共性规律、个性差异以及相互关系，以特定研究方法命名的文字学研究重要分支学科。

---

① 目前汉字学的概论性著作最多，埃及象形文字、苏美尔楔形文字、玛雅文字、西夏文、彝文、东巴文等文字也都有了精粗不一的概论性著作，但大量的文字还没有概论性著作。

② 最近由中国海洋大学黄亚平教授主编的"文字与文明译丛"将陆续推出，或可以部分弥补这一不足。

　　比较文字学依赖于具体文字材料的广泛收集和细致描写，但具体文字特征的归纳也需要与其他文字进行比较；比较文字学也不能等于普通文字学，二者研究各有侧重，普通文字学的目的是探讨较为宏观的人类文字发生发展的规律，而比较文字学主要比较两种或两种以上文字间的异同。

　　2. 比较文字学的学科理论基础主要有系统观、发展观和传播观，其研究内容相应的有：文字系统与文字单位比较；文字起源的比较、文字发展演变的比较；文字传播接触的比较以及文字命名与文字功能比较、研究史比较。

　　3. 比较文字学不仅有助于释读未知文种，还能发现文字发生发展过程中的共同规律、个性差异和相互关系，并且有助于具体文字学研究的深入。

　　4. 目前比较文字学还存在诸多不足，应该加强具体文字资料的收集与研究，文字研究方法的更新以及加强比较文字学理论的探讨。文字学界应给予比较文字学更多的关注，使之能够迅速成长，发挥更大的作用。

（邓章应，西南大学汉语言文献研究所、西南大学民族古文字研究中心、安徽大学汉字发展与应用研究中心，dzhy77@163.com）

（黄德宽，安徽大学汉字发展与应用研究中心）

收稿日期：2014-2-12

比较文字学的诞生、运用与展望*

王元鹿

提要：比较文字学这门学科的诞生，有其多方面的条件。比较文字学之所以萌芽并诞生在 20 世纪的中国，也有其客观原因。20 世纪以来，许多学者的努力使得比较文字学得以诞生。在比较文字学理论的指导下，此门学科的研究实践有了新的发展。此门学科还有若干不足之处与发展空间。

关键词：比较文字学；四大古典文字；纳西东巴文字；拼盘文字；同义比较

比较文字学是文字学研究中的一门新兴学科。比较文字学这门学科诞生至今，已有多年的历史。蒙喻遂生与邓章应二位先生邀约，嘱我写一篇对比较文字学的看法的文章。其实，对这门学科的产生与发展历史的回顾与将来发展方向的展望的文章，已有多篇。然而却之不恭，权且应命为之，写一写对这门学科的一些个人看法，或略有可提供参考之见。如与此前发表的材料和观点有重复之处，请相关学者及读者多多谅解。

一、比较文字学诞生的条件

比较文字学这门学科的诞生，是有其多方面的条件的。

* 基金项目：国家社科基金重点项目"'世界记忆遗产'东巴文字研究体系数字化国际共享平台建设研究"（12AZD119）、教育部重大项目"中华民族早期文字资料库与《中华民族早期文字同义字典》"（11JJD740015）、国家社会科学基金项目"汉字与南方民族古文字关系研究"（10BYY049）、上海市重点学科华东师范大学"汉语言文字学"（B403）。

就学科的主要方法与其主要目的来看，由于一些学者在文字学研究中熟悉了两门或两门以上的文字，而他们又自觉或不自觉地把这些文字进行内容与形式等多方面的比较，且这些比较又使某些在他们以往对一些文字作孤立研究时不能解决的难题得到解决，如此的经验的积累使得文字系统之间的比较成为需要与可能，于是，才催生了比较文字学这门学科的建立。

在国外，虽然较早就有一些文字学论著较多涉及了各个文字系统之间的现象、性质与历史的比较研究，但是还没有形成以此项工作为主题的专门的学科。而且，这些论著往往与普通文字学、文字学概论及文字学史等主题混在一起。真正意义上的比较文字学这门学科于 20 世纪在中国得到萌芽并诞生，有其客观原因。在此分述于下：

（一）中国汉字及其研究为比较文字学研究提供了宝贵的经验与丰富的资料

世界上成系统的而且高度发达的意音文字系统有苏美尔文字、埃及圣书文字、马亚文字与汉字 4 种。周有光先生所说的"三大古典文字"，即指苏美尔文、埃及圣书文字与汉字，后来又加入了马亚文字，都属于文字学研究最应关心的文字系统。这四种文字中，除汉字外，其他文字已经不被使用，仅有汉字是流传至今继续被使用的"活文字"。而且，关于汉字的大量传世文献与出土文物数量是极多的。中国学者也自古以来有研究汉字的良好传统与丰富积累。可以认为，时至 20 世纪，我们对汉字的研究已经达到了很高的水平。总之，中国几千年来的汉字文献与研究汉字的传统为比较文字学的开展提供了宝贵的资料，为世界上其他民族的研究者所不拥有。所以，比较文字学诞生在中国，也是有其先天原因的。中国的汉字学家，自然得到了创立比较文字学这门学科的得天独厚的优越条件。

（二）国外重要古文字系统的发现、破译与流入为比较研究提供了新的对象

商博良破译罗塞塔石碑上的埃及圣书文字是在 19 世纪，早期苏美尔楔形文字的破译也在 19 世纪，因此，到 20 世纪之初，这些文字资料流入中国从而引起了中国学者的关注。可见，比较文字学于 20 世纪在中国萌芽并诞生是合乎情理的。

（三）我国少数民族文字的调查与新发现

我国尤其是我国西南地区，是民族古文字的大宝库。除了西夏、契丹、女真等北方民族古文字系统之外，我国西南地区的民族古文字有数十种之多。20 世纪前期，就有纳西族的东巴文字及彝文等进入了学者们的视野。民族文字学者们在孤立地研究各少数民族文字系统的历史与性质的同时，也注意到了把它同我国的汉字及另一种或另一些民族古文字进行比较。其中以对汉字与纳西东巴文字的比较成果最为宏富。

二、比较文字学的诞生

（一）外国文字的介绍及与汉字的初步比较

20 世纪 20 年代李天根先生所著的《中西文字异同考》[①]，可以认为是中国最早的把多种外国文字与汉字比较的专著。虽然该书内容简单而且无甚文字学创见，但其引进与介绍及开始文字比较的尝试之功不可磨灭。

在李天根先生的书之后，黄遵生先生于 1942 年在《浙江大学文学院集刊（第二期)》发表了《埃及象形文之组织及其与中国六书之比较》[②]一文。此文真正实行了埃及圣书文字与汉字的比较，得出了一定的新结论。

（二）比较文字学的实践尝试

值得注意的是蒋善国先生专著的《中国文字之原始及其构造》[③]和以后出版的他的《汉字学》[④]。蒋善国先生的主要研究途径为：分析文字的"成因"及未有文字之前的"替代物"并一一寻取中外各方面的例证加以研究；对国外古代民族的所谓"最早的象形文字"的材料进行收集，并把它们与相应的汉古文字进行对比，找出它们之间在文字结构上的共性；把前文字的事物分析为结绳、契刻与文字画并一一进行研究。蒋善国先生关于汉字发生的研究的主要功绩在于：把国内少数民族文字与外国古代民族文字引入到汉字发生研究中，并得出了世界各民族文字发生有其共同规律的结论；对文字的渊源物进行分析从而得出了文字的渊源物不止一种的结论。

此外，唐兰先生不仅在其论文《中国文字学研究规划》[⑤]（1978）中提及了比较文字学的研究，把此书的撰写列为中国文字学此后发展的任务之一并把此书的撰写任务归于他自己（遗憾的是他未能完成这一任务），而且早在其《中国文字学》中也提及了东巴文的研究并表示了对比较文字学研究的重视。

关于纳西东巴文字的调查研究及其与汉字的比较研究，首先必须提及的是方国瑜、李霖灿与傅懋勣等前辈的工作。他们几位都在约 20 世纪 40 年代开始在纳西地区进行田野调查并各有著作、论文与工具书问世。其中明显以比较方法为主要方法进行

---

① 李天根：《中西文字异同考》，自序写于 1926 年。
② 黄遵生：《埃及象形文之组织及其与中国六书之比较》，《浙江大学文学院集刊（第二期)》，1942 年。
③ 此书由商务印书馆 1930 年出版，武汉古籍书店 1987 年重印。
④ 上海教育出版社 1987 年出版。
⑤ 此文载《中国语文》1978 年第 2 期。

相关研究的，有方国瑜先生的《"古"之本义为"苦"说》①，还有傅懋勣先生的《纳西族图画文字和象形文字的区别》②。此外，董作宾先生不仅对李霖灿先生的研究作了鼓励与指导，而且还依据李霖灿先生的调查结果，写了《〈么些象形文字字典〉序》③等多篇运用比较文字学对汉字与纳西东巴文字进行多角度比较的论文。

在"文化革命"之后，纳西东巴文字与汉字的比较研究，又进入了一个新的高潮期。在这一类研究中，裘锡圭先生的工作是极为出色的。他在《汉字形成问题的初步探索》④中，智慧地运用比较文字学的研究方法，得出了一些十分可贵的关于早期汉字特征的结论。

裘锡圭先生首先把原始社会晚期的仰韶、良渚等文化的记号与早期汉字中的某些形体作比较，得出了某些汉字来自记号的结论。接着，他又对大汶口文化的象形符号进行讨论尤其是把大汶口的几个符号与相应的古汉字的形体进行比较，得出了以下结论："大汶口文化象形符号跟古汉字相似的程度是非常高的。它们之间似乎存在着一脉相承的关系"，"大汶口象形符号应该已经不是非文字的图形，而是原始文字了"。

裘锡圭先生在这篇文章的后面，进一步用两种不同源文字比较的方法去研究早期汉字的状态。通过对汉字与纳西东巴文字的某些特征的比较，裘氏找出了商代甲金文系统的古汉字可能存在过的一些特征：（一）一个字形含两个或两个以上的音节；（二）文字排列不严格合于语序；（三）行款较乱。而裘氏又从这些结论进而得出结论："商代后期距离汉字基本形成完整文字体系的时代似乎也不会太远。"换言之，我们可以认为，裘锡圭先生的结论的重要性在于：证明甲金文之前的汉字是一种原始文字，它不仅必然存在，还必定可以被推测乃至确定。

此外，李静生先生、喻遂生先生及王元鹿所做的工作，都有较大价值。李静生先生的《甲骨文和纳西东巴文的比较研究》⑤可以认为是我国文字学界第一篇全面比较两种文字的论文。王元鹿的《汉古文字与纳西东巴文字比较研究》⑥是第一本汉古文字与纳西东巴文字比较研究的专著，从两种文字记录语言的方式、文字符号与语言单位的对应关系、文字符号的体态等方面对汉字与东巴文进行了系统的比较。喻先生写

---

① 此文载《东巴文化论集》，云南人民出版社 1985 年版，第 91 页。
② 此文载《东巴文化论集》，云南人民出版社 1985 年版，第 102 页。
③ 此文载《东巴文化论集》，云南人民出版社 1985 年版，第 476 页。
④ 此文载《中国语文》1978 年第 3 期。
⑤ 此文载《东巴文化论集》，云南人民出版社 1985 年版，第 118 页。
⑥ 此书由华东师范大学出版社 1988 年出版。

了大量关于东巴文以及东巴文与汉字比较研究的论文并结集出版①，这些以汉字与东巴文字比较的论文从多个角度涉及了意音文字的文字现象。

（三）比较文字学通论性专著的出版

使用文字学理论和比较文字学的方法在汉字发生及早期汉字方面做过较多工作的还有周有光先生及王元鹿。在 1998 年与 2001 年，周有光先生的《比较文字学初探》②与王元鹿的《比较文字学》③分别出版。在一定程度和一定意义上，这两部专著的出版标志着比较文字学这门学科的建立。当然，也可以说：通论性的比较文字学专著的完成主要是由于作者"站在巨人的肩上"罢了。这是因为，任何学术上的新学科与新学派的建立，总有其准备阶段而非凭空建成。比较文字学的建立自然亦是如此。因为追溯历史，可知比较文字学这门新学科的建立，也经过了多位专家在多年间的辛勤工作的充分准备。

（四）人才的培养

自 20 世纪 90 年代开始，华东师范大学与西南大学（原名"西南师范大学"）招收并培养了人数可观的硕士和博士研究生，从他们的研究对象看，相当一部分是两个或两个文字系统之间的异同及相互关系的研究，亦有更多的是以一种文字为对象的研究。而仔细对这些文字研究尤其是后一种研究进行观察，可以发现，除了充分占有材料并进行推演之外，"比较"始终是一个屡试不爽的重要手段。就以笔者所在的华东师范大学来看：如郑飞洲女士的《纳西东巴文字字素研究》④一书，虽然以纳西东巴文字为主要对象，但是也充分运用了把东巴文字与汉字与尔苏沙巴文的比较。如甘露女士的《纳西东巴文假借字研究》⑤，运用比较方法，对纳西东巴文的假借现象作了细致深入的研究。如白小丽女士的《纳西东巴文文字单位与语言单位关系演变研究》⑥，采用"多维度比较法"对各地、各时段的东巴文进行性质比较，在东巴文的发展史方面有新的发现。如黄思贤先生的专著《纳西东巴文献用字研究》⑦，对同一东巴经的两个不同版本的用字情况进行比较，对东巴文发展过程的研究多有新的发现。如李明

---

① 这两部论文集为：《纳西东巴文研究丛稿》，巴蜀出版社 2003 年版；《纳西东巴文研究丛稿》（第二辑），巴蜀书社 2008 年版。
② 此书由语文出版社 1998 年出版。
③ 此书由广西教育出版社 2001 年出版。
④ 此书由民族出版社 2005 年出版。
⑤ 华东师范大学 2004 年博士学位论文。
⑥ 华东师范大学 2013 年博士学位论文。
⑦ 此书由民族出版社 2010 年出版。

先生的《〈古壮字字典〉方块古壮字研究》①，用比较方法解决了方块壮文的一些问题。瞿宜疆的《水文造字机制研究》②，用比较方法研究了水文的性质。邓章应先生的专著《西南少数民族文字的产生与发展》，则是用多个民族文字系统的比较，探讨并综述了我国西南地区的民族古文字的历史与性质。③华东师范大学应用比较方法研究民族古文字并已出版的专著的还有周斌先生的《东巴文异体字研究》④、高慧宜女士的《傈僳族竹书文字研究》⑤、刘悦女士的《纳西东巴文异体字关系论》⑥。

其他高校与一些民族院校的师生，以及中国社会科学院等科研机构，大致从这一时段起也有进行民族文字之间、民族文字和汉字比较研究的，如西夏文、契丹文、女真文、满文、壮文、水书、女书的研究者，都曾经使用过比较方法。

三、比较文字学理论对相关研究的指导与启发作用

实践往往是理论的先导，而一旦理论形成，就可以反过来指导实践。综观近年的古文字研究实践，比较文字学确乎在相当程度上展现了其指导文字研究的作用。我们不妨分几个方面去叙述此种作用。

（一）启发与促进对各个文字系统的孤立研究

在就一种文字研究该种文字的制限下，一个文字学者对于他所研究的对象的性质和历史的了解往往受到极大局限。如果把他研究的文字与其他相似或相关的文字系统进行比较，那么，就可能导致对这种文字的许多新的认识。其实，如裘锡圭先生就在早期汉字的研究中把纳西东巴文字引进古汉字研究，得出了在对古汉字孤立审察时难以得出的结论；又如蒋善国先生依据印第安文字去拟测汉字的起源的研究；再如，喻遂生先生与笔者几乎同时注意到的古汉字中的"义借"（喻先生称为"借形"），即古文字中某一个字借去记录与之有意义上联系的词，喻先生与笔者不谋而合的发现都是受到了有很多此类现象的纳西东巴文字的启发。

（二）发现各民族古文字系统之间的性质同异

笔者在《比较文字学》一书中提出了"占有材料"、"比较"及"推演"三个比较

---

① 华东师范大学 2008 年博士学位论文。
② 华东师范大学 2007 年博士学位论文。
③ 此书由人民出版社 2012 年出版。
④ 此书由华东师范大学出版社 2005 年出版。
⑤ 此书由华东师范大学出版社 2006 年出版。
⑥ 此书由安徽文艺出版社 2011 年出版。

文字学的主要方法。虽然未必全面，但是实践证明，这三个方法确是我们进行文字研究时行之有效的方法。陈永生先生的专著《汉字与圣书字表词方式比较研究》①，对埃及圣书文字与汉字进行了精密的比较，并且得出诸多深入认识两种文字性质的重要结论。

（三）探索文字系统之间的关系

在 20 世纪，尤其是近几十年来，文字学者的不懈努力使我们对我国含古汉字在内的大多数民族古文字的各自情况有了较为充分的了解，并开始了各文种间的综合与比较研究以探索它们的共性与差异。但是，对我国各系统民族文字的关系研究，还有待进行专题的深入调查研究。时至今日，在以上工作的基础上，我们既有可能又有必要把汉字与我国的一些少数民族文字系统视为一个有机的整体和一个历史的过程以探索它们间的相互关系。就含表意成分的文种来说，至少有二十种。它们与汉字之间及它们互相之间，往往有着你中有我、我中有你的密切关系。因此，近年来，我们对我国各民族之间的关系的寻觅，做了一些努力。这种工作的过程和成果告诉我们：比较文字学的比较方法，对研究文字间的关系是大有益处的。

从学理而言，文字的比较显然有助于文字关系的比较。就我国西南地区的民族古文字来看，许多文字都是由两种或两种以上文字合成的所谓"拼盘文字"。因此，这些拼盘文字同作为其源文字的比较，当然会对探索这几种文字之间是否有关系、有什么关系有极大的启发。

在民族古文字的拼盘文字的研究中，还有一种往往被研究者忽略的"互渗"现象。这种现象的发现恰恰也是在比较方法的运用之后发现的。具体地说，近年来，据笔者及其他一些研究者的研究，发现尽管难以对上述拼盘文字中汉字引进在前还是本民族自造字发生在前作定论，有一个现象却是常见的：自源字与借源字结合成为"拼盘文字"系统之后，文字系统的发展并未停滞，而是继续有了新的发展。这种发展的主要结果是：出现了一批新字，是由自源字与借源字或它们的部件拼合而成的。

如壮文中的 𬙂（背小孩用的背带，[da¹]）字，抽象符号 3 表示侧身人像，与人有关，汉字"他"与这个抽象符号拼合成"背小孩用的背带"之义的字形，其中汉字"他"是该拼合字的声符。与此同时发生的另一个现象是：自源字与借源字在文字的体态上具有趋同的倾向。如水文中的"妇"字作（𠨍），左半边为汉字"女"的变异形体，笔画体态受自源字影响，显得圆曲。"母"（𡜏）、"嫂"（𡚸、𡚻）皆是如此。

---

① 此书由人民出版社 2013 年出版。

　　我们可以把这些现象的发生称为"互渗"。"互渗"对于研究拼盘文字的变化，对于研究民族古文字的关系，无疑是有启发性的。而互渗现象的发现，自然是以文字的比较为手段的。我们以为，如果作更加深入细致的比较，那么，我们可以进而研究"互渗"现象是发生于文字流入的早期还是晚期，这种研究的成果对于探索从而判定一些拼盘文字的形成过程无疑是大有裨益的。

　　（四）同义比较的开展促进了对文字历史与性质的了解

　　在中国民族古文字的研究领域中，文字的发展历史与文字的性质，都是十分复杂的问题。对一个文字系统的定性和命名可以是多角度的。一个文字系统的性质可能是随着时间的推进与空间的转换而变化的，使用文字的范围与人群也可能对文字系统的性质发生影响。运用同义比较的方法，既可能解决一些同文字性质相关的具体问题与实践问题，又可能解决一些与之相关的宏观问题与理论问题。

　　进行不同文种之间同源字的比较研究，可以以"同义比较"这一方法进行。如朱建军先生在研究彝文与汉字的关系时，就利用此方法，把彝文与汉字中记录干支与数目的同义字进行比较，得出了关于彝文性质的一些有价值的结论。[①]又如刘杨翎女士在评判彝族的纳木依文是否为文字及此种符号与达巴文的关系时，找出了一批两种文字中的同义字，进行形态的比较，发现两个符号系统有相当多的同义符号形体上的相似度极高，再辅以其他佐证，证实了纳木依文也是一个符号系统。[②]

四、比较文字学有待继续开展的工作

　　（一）理论的进一步总结、深入研究与展拓（含对术语的总结）

　　作为一门新兴的学科，作为一种新提出来的研究方法，必然有其指导研究实践的作用。然而，新学科与新方法又往往是不够成熟从而有待充实与发展的。应该充实并有待发展，恰恰是这门新学科、这个新方法的生命力之存在的证明。

　　在研究实践中，我们也发现，原先关于比较文字学的理论构架尚有待充实的方面。比如，拙书《比较文字学》中提出的三个基本方法，是否足够了，是否需要增加，是值得考虑的；又如，由于比较文字学的研究实践，出现了一些新的术语，如"字符"

---

　　① 朱建军：《彝文干支字初探——兼与汉字干支字进行比较》，载《华西语文学刊》（第四辑），四川文艺出版社 2011 年版。
　　② 刘杨翎：《文字传播学视角中的纳木依文与达巴文关系研究》，《淄博师专学报》2014 年 4期。

之类，是否需要写入此门学科的通论性著作？

（二）建立一些比较文字学的学科分支

随着比较文字学研究的进一步开展，运用比较方法于文字学研究的研究者愈来愈多，相应的研究文章也愈来愈多，从而，是否可以把这些研究据其使用的不同具体方法、解决的不同类型的具体问题、涉及的不同领域，建立一些比较文字学的学科分支？比如，笔者在近年提出并使用的"同义比较"，或能成为一个分支的名称。

当然，这一想法可能略有超前之嫌，还希望得到此文读者的意见。

（三）更多地自觉运用比较方法于研究实践以解决更多的文字学问题

依据笔者自身的实践及所见同道的实践，发现近年来虽然比较文字学的实践很多而成果丰硕，但是运用比较文字学方法解决问题的实践研究的类型，也有不平衡之嫌。这种不平衡表现在：

1. 理论问题的探讨少于实践问题的研究

理论往往在实践经验的基础上产生，但是理论在指导实践的过程中，又往往可以得到进一步的检验、发展与丰富。比较文字学的理论构架建立之后，在其应用实践之后，也须要进一步完善。可惜的是这一方面的文章有限，尤其是关于比较文字学的基本方法论的论述，很少见到。

2. 多种文字的比较研究的课题少于以单种的研究为目的的比较研究

比较方法可以用于以一种文字为主要对象参照另一种文字的课题，也可以用于两种或两种以上文字的综合比较。后一种研究往往需要更强的理论知识、文字学视野与综合能力，因此实践者较少。但是恰恰是后一种更能解决更复杂的问题尤其是宏观问题与理论问题。这一点是我们选题时应该注意的。

3. 对中外文字之间的比较研究实践较少

对于中国民族文字（含汉字）的比较较多而把世界上多民族、多国家的文字比较的实践还不够多，这也是一个值得我国的比较文字学者注意的情况。如陈永生先生这样对埃及圣书文字与汉字的比较研究做得较好的专家就比较少，拱玉书、颜海英、葛英会三位先生所著的《苏美尔、埃及和中国古文字比较研究》[①]这样多种世界古典文字的比较的专著的撰成则更为不易。所以这一少人问津的区域，是值得我们去耕作的。

4. 利用民族文字研究汉字考释及汉字发展史的其他问题的实践不多

我国少数民族文字尤其是东巴文，尽管可以与汉字因构字原理相近而互相启发，

---

① 此书由科学出版社 2009 年出版。

但真正通过这种同理关系去考释古汉字的成果相对有限。笔者以为此种工作还是可以多多尝试。

5. 比较文字学研究的交流有限

比较文字学作为一门文字学的新兴分支学科，研究者理应多作交流。惜乎这方面的活动开展较少。西南大学文献所举办的出土文献语言文字研究与比较文字学研究全国博士生论坛，专门设有比较文字学研究分论坛，每两年一届，已连续举办 4 届，为全国从事比较文字学研究的博士生提供了交流的场所。希望能持之以恒，为比较文字学的交流创造更好条件。

6. 高校要注意中青年比较文字学学者的培养

比较文字学在高校与科研机构的学科建设，随着时间的推移，也渐渐提到议事日程上来了。希望相关领导更加重视该门学科的团队建设，希望比较文字学的专家培养更多的学术接班人。

比较文字学是一门发展潜力无穷的新兴文字学科。我们相信，在学者们的共同努力下，她的前景将十分辉煌！

（王元鹿，华东师范大学中国文字研究与应用中心，wildeyuanlu@163.com）

收稿日期：2015-2-15

字符记录语言的基本方式

唐　均

提要：本文基于字符和所记录的语言单位表征对象之间的联系，以"原生性"和"强制性"这两个基本特征有无的两两组合，重新定义了文字记录语言的四种基本方式，并在汉字文化圈内，以多文种的大量例证对这四个概念进行阐释，同时将其与传统汉文字学中的相关概念进行了甄别和厘清。

关键词：记形；记音；记意；记号

一、楔子

东汉许慎撰述《说文解字》，将汉代以降即流行开来的六书，作为概括汉字构造的模式理论。由于文字学藉以"小学"之名，长期作为官方钦定的经学之重要附庸，以至于到了民国时代，才真正开始有人对六书理论进行全面、系统的反思和批判。

唐兰（1935，1949）基于汉古文字系统的研究提出三书说：即画出物件或惯用记号而成的象形文字、面对图画需要思维达意的象意文字和表形表音两厢结合而成的形声文字。稍后，陈梦家（1956）在唐兰研究的基础上提出象形、形声和假借的三书说。裘锡圭（1988）对陈梦家的三书说给予充分肯定并加以扩展，承认了记号字、半记号字、变体表音字、合音字、两声字等不能纳入传统六书的"新型"汉字的合理性（但并未对其重作剖析概括）。总的来看，上述三家的文字构造理论其实仍然是没有完全脱离传统的六书范围，而且他们的研究对象始终局限于汉字，即使涉及其他民族文字也仅仅是用作简单的参照而已。

陈永生（2013）主要通过汉字和埃及象形文字（圣书体）的对比研究，从取象和符号化两个视角出发，以表意、表音和意音结合三大模式对文字的表词方式做出了理论概括。邓章应（2014）则是以纳西东巴经中更具图画意味的文字符号为研究对象，从普通文字学的广泛视野对字符记录语言单位的基本方式进行了初步研究，对表意、表音和意音结合三种基本模式作出了细致的次类划分。由此，对于文字的系统性研究，就由纯粹的汉字系统向更具普遍意义的文字类型学领域迈进。

上述具有完全反叛意义的各家新说，主要是针对文字构造或者文字对语言的表达模式进行划分，其内在特征集中于凸显字符形成的语义学理据。

文字本是因记录语言而生的，文字的重要性不可脱离隐匿于其后的语言而独立存在。因此，字符记录语言方式的划分，或为观察视角的变换，用以凸显字符内在组件同语言记录对象之间的联系，但并不完全拒绝原来的研究成果；相反，研究已经相当充分的文字构造模式划分理论，正是新视角理论思考的必要基石。

这里说明一下：出于研究的需要，本文所引例子中，如果有关字符通过说明还能大约展示其语义指向，就尽量不再引用其较古（如甲金篆等）字形；而在涉及汉字的繁体和简体时则是严格区分的，不能简单相互转换。

本文对汉字的解说所引《说文解字》、《康熙字典》等古籍，没有特别说明的，皆出自汉典网[①]。

二、发端

在现代语言学中，基本的术语和概念的分类和界定，常用一种区别性的两两对应模式关系（tetrachoric correlation），使得语言学概念清晰、关系区分简洁而严谨，对于语言学学科的长足发展具有不可忽视的推动作用。文字学既是同语言学关系密切的现代学科，当然应该大力吸取语言学发展的各种促进因素，无论是内容上的还是形式上的，从而有利于文字学学科的最终独立和自行发展。

首先，基于字符和所记录的语言单位表征对象之间的联系，我们定义如下两个基本特征：

一）原生性（original）：不必藉助其他已有字符以完成记录语言单位的功能；

二）强制性（obligatory）：字符记录对象和语言承载内容之间的关系是人为建

---

① http://www.zdic.net。

立的。

上述两个特征"隐（－）""现（＋）"之间的两两组合，就可以界定出字符记录语言单位的四种基本方式，表解如下：

原生性	强制性	基本记录方式
＋	－	记形
＋	＋	记意
－	－	记音
－	＋	记号

因此，我们定义的这两个特征就是上述四种方式的区别性特征（distinctive feature），成为作用于这四种基本记录方式之中的决定性因素。

下文我们对这四种基本记录方式进行详细的诠释。有关的分析都是基于可以考订出来的字符本义而言的。字符后来的转用除非特别申明，一般不予计入下列考察过程中（其方式也相对简单，绝大多数都是不具有原生性的记号和记音而已）。

三、记形（icon）

所谓记形（icon），指的是字符像似所记录的语言单位表征对象的具体形象，通过字符我们基本上可以直接认知所记录的对象。当然，这种方式所反映的字符绝大多数对应的是实物性的名词，但也不排除用典型行为方式作为表征的动词。

汉字中那些名物象形字归入此类自不待言；而在那些图形会意字（裘锡圭1988：123）所辖定的字符中，有不少动词的记录就是通过直接记形方式实现的。

一）已经难以区分明确的组字构件，通常视若独体字符的情形：

①虱——一人伸出双手[①]（裘锡圭1988：124）；

②鬥——二人相互搏斗（裘锡圭1988：124）；

③臽"陷"——一人掉入陷阱（裘锡圭1988：123）。

二）尚可区分明确的组字构件，一般视若合体字的情形：

①棘——生束"刺"的灌木丛（裘锡圭1988：135）；

②枣——生束"刺"的高大乔木（裘锡圭1988：135）；

③寇——一人手持器械进屋袭击另一人（裘锡圭1988：126）；

---

① 《说文解字》：持也，象手有所虱据也。

④解——从牛从角从刀，示意以刀卸去牛角；

⑤虣——从止从戈从虎，示意徒步持戈搏虎，后来代以同音字"暴"，见于形容人勇敢的成语"暴虎冯河"（这里"冯"也是"淜"的假借字），无车搏虎和无舟渡河两件事情才能并举（裘锡圭1988：144—145）。

传统六书中的象形字（pictogram），对应的字符记录语言方式即为记形：

一）整体象形字——水平形象：山、馬、鹿，垂直形象：犬、豕、豸、象、鼠、黽、鼉、黾、龟；

二）局部象形字——头部形象：牛（裘锡圭1988：43）、它"蛇"（裘锡圭1988：114）、羊（裘锡圭1988：118），侧面形象：车（史建伟2001：147—148）；

三）衬托象形字（史建伟 2001）——整体加环境形象：州、元、瓜、果、栗、眉（裘锡圭1988：118—120）、夒（裘锡圭1988：127—128）、向（史建伟2001：148—149）、尾（史建伟2001：149）、孔"乳"（史建伟2001：152），局部加环境形象：须（裘锡圭1988：119—120）、土、鱼。

另有部分复合记形的会意字（logogram），对应的字符记录语言方式亦为记形——追"辵～𠂤（師，音堆，亦声），在师众后面奔跑"、逐"辵～豕，在野兽后面奔跑"（裘锡圭1988：145）。

个别俗体汉字或新造的合体汉字，由于其形旁象形而声旁体现记录对象之间的本质区别，所以亦可归入本类——凹、凸，气、氕、氘（裘锡圭1988：176）。

字符中某个符号的变动，致使字符略变以记录相关的语言单位对象，尽管其字源或许未必直接相关，但在已经形成的文字系统中综合考虑，当然可以认为是记形的符号产生变更引起的记录分化——这同下文将要述及的转注字（gyrogram）可能有着密切的联系：

①子——头大、双臂摆动的婴儿之记形（裘锡圭1988：114）；

②了——没有（显露）双臂的小孩①之记形；

③孑——没有（显露）右臂的小孩②之记形，其异体"𢆶"更清楚地如此记形；

④孓——没有（显露）左臂的小孩③之记形，其异体"子"更清楚地如此记形。

文字符号化以后，记形不再直接描摹语言指称对象的原始形貌，而是利用已经成字、甚至成为固定对应的偏旁符号来构成相关字符——虎｜虍、足｜𧾷、玉｜王、示｜礻、衣｜衤、竹｜𥫗、辵｜辶、阜／邑阝、火｜灬、艸｜廾、金｜钅、絲｜糹纟、

---

① 《说文解字》：㿝也，从子无臂。象形。
② 《说文解字》：无右臂也，从了，乚象形。
③ 《说文解字》：无左臂也。从了，丿象形。

食｜飠饣、心｜忄小、羊｜䒑𦍌、手｜龵扌、人｜亻彳（行）、水｜氺氵冫（冰）。

上述记号化后的组字构件，特别是在另外一个文字体系中，很可能视若相应语言单位表征对象的直接记形方式。下面以日本国语字（kanji kokugoji）中表示"风"的符号"几"来表现这个分析（陈志诚 2000：280—281）：

①凧（たこ）"风筝"＝风＋巾——直接记形于风中飘动的巾帻类物件；

②凩[1]（こがらし）"寒风"＝风＋木——直接记形于孤木周围刮起的风。

方块壮字（sawndip）中也颇有记形的字符表征动词的情形：

①亼[be:k^8]"扛"——以人头顶一横物体现记形方式，尽管以往的研究曾下结论为指事字（覃晓航 2010：215），异于同形汉字[2]；

②屮[ve:n^3]"吊"——以垂线下坠一物体现记形方式，尽管以往的研究曾下结论为指事字（覃晓航 2010：230）。

女真字（Jurchenogram）中也有极少数象物字体现记形方式的运用（爱新觉罗恒煦等 2002：362）：

①屮*mahila"帽"——北方民族经常饰戴的所谓"步摇冠"，多以插有两只雉尾的形象之记形；

②宀*χulan"烟窗"——通古斯人民居房屋左侧常有高出屋顶的烟窗建筑之记形。

西夏文（Tangut script）是利用汉字构造的原理及基本笔画产生的，没有直接借用任何一个汉字构件。因而，西夏字（Tangut character）用以记录语言的方式，就呈现出一个独特的格局。

西夏文中，尚不知其字源的独体字，暂时都不考虑其他文字体系的影响，基本上可以视若记形方式的体现——甬*tow^1"虫、蛆"（史金波 1983：5）、夈*kjij^1"虫"（史金波 1983：5、6；2013：114）、刹*śjɨj^1"圣"、㥂*la̱^{1}"手"、虺*rjijr^1"马"（史金波 1983：6）、肯*·ju^1"禾（偏旁），平"（史金波 1983：5、6；李范文 2012：692）、苹*tsow^1"汤"（所记录的西夏语疑似"粥"的借词）。

然而，个别西夏字即使无法探究其真实字源，仍然可以推测其记形方式限于西夏文字系统内的表征：窗*·jɨr^2"丝绢"——记录一条虫（夈）在小屋（宀）内的形状，尽管以往认为是以此指示蚕茧的形状而为指事方式的体现（史金波 2013：114）。

而可以探知其字源的西夏字，从普遍文字系统的角度审视大多当然是记号模式，但若还是限于西夏文系统而言，以下的独体字仍然都是记形方式的展现：

---

① 与此同形的韩国汉字读作 mok，为形声字。

② 《康熙字典·子集中·人部》：《玉篇》竹瓦切。《同文举要》人部，亼音寡，从一从人，不曲脚，会孤子意，与兀异。

①𫠊*dzjwo² "人"[①]——汉字"夕"变形而训读以成（黄振华 2000：204），在西夏文字系统中记录人形（史金波 2013：114）；

②𫞷*tsjɨ¹ "小"[②]——汉字"𫞷：败衣、鄙小"变形而训读以成（黄振华 2000：204）；

③𫞷*zu¹ "带"[③]——汉字"贵"的异体"𬳵"改笔而训读以成（黄振华 2000：204）；

④𬽤*bjij¹ "上、高"[④]——省改汉字"尾"而音读以成（黄振华 2000：203）；

⑤𫟹*mē¹ "门"——对应汉字"門"，或许直接从俗体汉字"𬮿"略变笔画并音读而成，尽管此字是用来记录中药名称"𫟹冬"的（黄振华 2000：202；龚煌城 2002：252—253、275）。

四、记意（logo）

所谓记意（logo），指的是字符契合所记录的语言单位表征对象的抽象意义，也就是说：字符的多个组件攒合起来，再加以引申，这样间接认知所记录的对象。

以下先从汉字开始体认记意方式的内涵：

①疒 niè——当为"疾"的初文，示意人患病卧床，有时还出汗（裘锡圭 1988：123）；

②珏——从双玉（裘锡圭 1988：133）；

③受——以双手"爪～又"交付舟形"冖"表示授受行为，"舟"可能兼表音（裘锡圭 1988：125）；

④暹——从日進（裘锡圭 1988：136）；

⑤暴 "疾暴"——从日、（共）从出从収、（水）从夲"tǎo，进趣"，是可以连读成语的记意方式（裘锡圭 1988：136）。

女真字中也有比诸上述部分类型字符以体现记意方式的情形：

①𫝀*giŋ "绢"＜巾（变形）＋巾（金启孮 1984：292）——此为同一个汉字字符叠合后略作变形而记意的；

②𫝀*jisu "作、做"＝亻＋工"工"字异体[⑤]——此为两个不同的汉字字符复合

---

① 史金波（1983：5、6）认为是单纯字。

② 史金波（1983：6）认为是单纯字。

③ 史金波（1983：6）认为是单纯字。

④ 史金波（1983：6）认为是单纯字。

⑤ 金启孮（1984：207）认为是"人"和"工"两字合成的。

而记意的；

③伴*hefuli"肚"＝亻①＋米*mejilen"心"（金启孮1984：215—216；爱新觉罗恒煦等2002：363）——此为一个汉字字符和一个女真字符复合而记意的。

西夏文中也颇有可资比拟的完整构件体现记意方式的类似情形：

①麦*dźji¹"皮"——在夊*dzjwo²"人"字上部加以构件亠"上面"（龚煌城2002：268）而成，此构件亠示意人体之外覆盖的皮肤；

②㣇*śji¹"仙"——由希*ŋər¹"山"字之上部和夊*dzjwo²"人"字合成（史金波1983：7），显然是仿照汉字"仙＝山＋人"的模式构成的（龚煌城2002：250、277），所记录的西夏语应为汉语借词；

③㴻zju²"雨"——由刭*śjɨj¹"圣"字和㴻*·wer²"泽"字攒合而成（史金波2013：118），意指上天普降的甘霖，该意象同西夏人所居多为干旱之地的历史地理环境相对映；

④墅*dzụ²"坐"——由两个夊*dzjwo²"人"字并排居于意指"底下"的构件（龚煌城2002：268）之上，这显然是类比汉字"坐"结构的结果（龚煌城2002：277），但由于组字构件全异，故当限于西夏文字体系内，视为无所依恃的字符记录语言方式。

传统六书中的多数会意字，对应的字符记录语言方式即为记意，主要包括以下两个次类：

一）部分记意

①截取记意——冇＜有；

②分拆记意——行"十字路之记形"，后引申为走路，再分拆为彳②和亍③示意且走且停（裘锡圭1988：117）。

二）复合记意

①构件记意——甩："用"中竖笔拉长变成弯钩示意抛弃的动作（裘锡圭1988：140），电："申（神）"中竖笔拉长变成弯钩示意雷神的打闪形象；

②叠合记意——汉字：炎｜炏 yán｜焱 yàn｜燚 yì、林｜森、羴；

③合体记意（裘锡圭1988：12）——歪（裘锡圭1988：12；龚煌城2002：272）、卡、尖、尘。

三）记形与记意的复合

①正——征：止～一，足趾向目的地（裘锡圭1988：128）；

---

① 金启孮（1984：215）认为"亻"是取自女真字仲*ńalma"人"的偏旁。

② 《说文解字》：小步也。象人胫三属相连也。

③ 《说文解字》：步止也。从反彳。

②韋——違：止～口～止，双趾不入邑（裘锡圭 1988：128）；

③各——佫：止～口，足趾向穴（裘锡圭 1988：128）；

④叉——爪：手形"又"中的加点或为示意指甲或为象指甲形（裘锡圭 1988：121），若是后者当归入记形方式之列。

其他民族文字中也有类似的复合记意方式。

一）日本国语字体现记形与记意的复合

①凪（なぎ）[①]"风平浪静"＝风＋止"示意风的停止"（陈志诚 2000：281）；

②颪（おろし）"山风"＝下＋風"示意风从高山刮下来"（陈志诚 2000：281）。

二）西夏字体现叠合记意

①𘕕*śio²"双"类比汉字"雙"之于"隻"（龚煌城 2002：276）由两个𘓐*dzjij²"单"字并列而成（史金波 1983：22）；

②𘕖*źja¹"中间"由两个𘓐*dzjij²"单"字加一个竖笔丨而成（史金波 1983：22）。

传统六书中的部分指事字（ideogram），完全脱离了字符同人类感官所及具体物象的简单对应，升华至抽象表现人类的思维层面，遂以具体的物象示意抽象的人事——一、二、三，二"上"、二"下"、回（裘锡圭 1988：110—111）、ナ"左"、又"右"、矢"仄"（裘锡圭 1988：122）、屰"逆"（裘锡圭 1988：122、245）。

传统六书中的转注字，本来语焉不详，后世对其的深入探讨衍生出"形转""音转""义转"三种转注理论；这里虑及文字学本身，采用形转的意见（聂鸿音 1998：108—110），具体言之，就是形转后字义相关而略变的情形，一般都归属记意方式的体现，且不限于汉字：

一）汉字的情形——首丨县（裘锡圭 1988：115、127）、从丨比（裘锡圭 1988：123）、陟"双趾阜边向上"丨降"双趾阜边向下"（裘锡圭 1988：128—129）、片丨爿（裘锡圭 1988：139、141）、正丨乏、永丨𠂢、可丨叵、曰丨今"吟噤"（裘锡圭 1988：141）、亡丨亾"亡的异体"（章琼 2004）、老丨考；

二）西夏字的情形——𘓐*nər²"指：承𘓐*la¹'手'字之减笔而成，是为部分记意方式的体现"丨𗥦*no¹"趾"（史金波 1983：21；龚煌城 2002：271）。

可能混淆的情形是：倘若笔形略变后的字义同原来的字符差异过大，那么应当视为两个各自无干的字符：

---

① 据何华珍（2012：41）纠正陈志诚（2000：281）对此字读音的拼写错误。

了｜乚①、子｜孑②、手｜扌③、丐｜丏、有｜冇④、右｜冇⑤。

方块壮字中，记意方式的运用，充分体现出符号记意与复合记意的分野来：

①彳[bit⁷]"采"——才"手"～丿*phiet（覃晓航 2010：215）；

②仜[ti⁵]"山主"——人～工[koŋ⁵]"山"（覃晓航 2010：183）。

有时候，构成一个字符的几个构件具有与该字符相同或相近的语义指向，这样就产生了记意的叠合形式。

一）汉字：划——"戈""刂（刀）"语义指向相同；胴——"月（肉）""肉"同义复指，为四川方言汉字；樑——"木"指示"梁"的义类，该字中"梁"亦为记音的声符。

二）方块苗文（Hmongic character）：屮[nen³⁵]"蛇"——虫意指蛇，～象蛇形（赵丽明等 1990：46）。

三）方块布依字（Bouyei character）：㹏[ku³⁵]"虎"（吴启禄 1991：236—237）——同形于意指"虎啸"的汉字"㹏"，然汉字的构件"犭"为本字"㸴"左边记音的"九"类化的记号。

四）西夏字

①𗾑*pjɨ¹"爹"——依照西夏人所编字典《文海》的解释，是由𗾒*pjij²"爸"之上部和𗿀*·o¹"翁"之右下部攒合而成的（史金波 1983：4）；

②𗻃*piej¹"虮虫"⑥——盖因蛆和虫同义，构成该字的两个西夏字𗿄*tow¹"虫、蛆"和𗿅*kjij¹"虫"，实即复指同一个义项（龚煌城 2002：258），此字记录的西夏语词实为汉语借词。

谚文中的部分音素符号，实际上是描摹对应发音的口唇形状，因而可以归入记意方式之内——丨[i]、一[ɯ]、口[m]、ㅂ[p]、○（零声母）。

从以下两个汉字的分析可以看出"记形"和"记意"这两种方式的基本区别来：

①凼——以有"水"的"凵"直接描摹所表征的语言单位具体对象"水坑"，体现记形；

②出——"屮"为足趾"止"的变形，以足趾之于坑坎"凵"引申示意所表征的

---

① 《康熙字典·子集上·丨部》：《广韵》都了切。《集韵》丁了切，音鸟，悬也；如皋方言 lol，表示悬挂——即未完成。

② 《康熙字典·子集上·丨部》：《说文》幻本字，今通作幻。

③ 《康熙字典·子集上·丨部》：《说文》古文垂字；亦作杀。

④ 方言：坚硬；坚实——潮州话：doi7，[揭阳、潮阳]dai7。

⑤ 《潮州音字典·一部》：跟'冇'相反，坚实。

⑥ 李范文（2012：796）对此字的索引处注音误为 biej。

语言单位抽象对象"自空间内部向外运动"（裘锡圭1988：128），体现记意方式。

五、记音（echo）

所谓记音（echo），指的是字符以相同或相近的语音形式反映所记录的语言单位表征对象。语言单位表征对象之间或因音同或音近，或因义同或相关，或因笔形变异而歧出，遂造就字符用以记音时沉淀下来的多种具体表现，为了简明起见，不妨利用日文术语"音读"和"训读"来分别对应字音相关和字义相关这两大类情形。

首先举出几个典型的汉字实例作为例证：

①姜——本为姓氏，在简化字中用来代替"薑"，为二者同音产生的记音方式之应用，大致归属音读情形；

②無——本与"舞"为同一字，借以表示"无"，后起本字为数见于汉碑的"无"（裘锡圭1988：182），此例的记音方式是因义项"舞"同"无"音近而致应用，大致也归属音读情形；

③腊là——本指干肉，读xī；因语义近于表示腌肉的"臘là"，遂被用如"臘"的简体，后来在官方规定中实现强制对应，而且还影响到"蜡（年终大祭万物，读zhà）""猎（'猏xī'的异体）"亦被类推为"蠟""獵"的简化字（裘锡圭1988：220—221），大致归属训读情形（裘称"同义换读"）。

至于字形相关问题，更是字符的核心所在，因而次类划分也更复杂：

一）增笔——享<亨（裘锡圭1988：224、227）、毋<母、巳<已（裘锡圭1988：226）、茶<茶（裘锡圭1988：226—227）；

二）变笔——刁<刀（裘锡圭1988：107、226）、勾<句、陣<陳（裘锡圭1988：227）、辦<辨（裘锡圭1988：227—228）；

三）减笔——乞<气、甪<角、佘<余、冼<洗（裘锡圭1988：227）、甶[1]<由；

四）位置互换——沓～晃；

五）构件同义互换——圈（尚可单用于地名：山西薛圈）～圖。

纯粹表音字符之间的借用也属于记音方式，包括以下四种情形。

一）整体借用也整体记音

①汉字歹dǎi——不同于早已用作偏旁、同死亡语义相关联的"歹"，而是大约源出藏文字母ㄋta（读若汉语的端母），元代以降在汉字系统中取代了以往的"犀"字（裘

---

① 《篇海类编》所记"士甲切，音扎"与之不同，为同形字。

锡圭 1988：108—109）；

②女真字（意音文字）——𤴓*ba<𠀑 "不的异体"[①]、𤗉*šer(-e) "泉" <犽 "犽的异体"[②]；

③假名（音节文字，平假名多为整体借用汉字草体而成）——う<宇、お<於、た<太、ヲ<乎；

④古突厥文（辅音字母）——↓oq／uq／qo／qu／q<oq "矢"（牛汝极 1992：116）、Ⴟbaš／bäš<bäš "五"（牛汝极 1992：119）；

⑤谚文ㄹ[l/r]<乙*it——这个汉字的中古音在毗邻北方民族中读成*ir，参见：韩国汉字（hanja）"乥" 在构成时即以 "乙" 标示与*-r 近似的韵尾辅音ㄹ-l（黄振华 2000：194—195）；

⑥俄文——ш[ʃ]<希伯来文ש（shin）、ц[ts]<希伯来文צ（tsadi）、ч[tʃ]<希伯来文צ（tsadi）（В・А・伊斯特林 1987：426—427）、ж[ʒ]<科普特文Ϫ（janja）。

二）部分借用但整体记音

①契丹大字（意音文字）——穴*qï(an)<契*khiet（聂鸿音 2000：152）；

②契丹小字的原字（音素文字）——ᚷ*i<益（胡振华 1978：59）；

③假名（音节文字，片假名多为部分借用汉字楷体而成）——ア<阝 <阿、ウ<宀<宇、オ<方<於、コ<己、タ<夕<多。

三）整体借用但部分记音

①假名（音节文字）——あ<安、を<远；

②古突厥文（辅音字母）——Dy¹<ya "弓"（牛汝极 1992：115—116）、Ⴌr¹<är "人"（牛汝极 1992：118）、Ⴎlt<altï "六"、Ⴒnt<anta "後面<西方<月形"（牛汝极 1992：119）；

③字母（音素文字）——拉丁文 Aa<希腊文 Aα（alpha）<腓尼基字母𐤀（aleph）／希伯来文א（aleph）／阿拉伯文ا（alif）／叙利亚文ܐ（olaph）<阿拉米字母𐡀（ālaph）<原始迦南字母𐤀（'alp）<埃及象形文字𓃾（ʒlp）"牛"（大卫・萨克斯 2008：47、49）>埃及象形字母𓃾（ʒ）。

四）部分借用也部分记音

①女真字（意音文字）——𤎅*hi<屎*hjei（喜夷切，孙伯君 2004：68）；

②假名（音节文字）——エ<江、サ<散、ソ<曽、ラ<良。

[①] 《康熙字典・子集上・一部》：《玉篇》古文不字。
[②] 《康熙字典・卯集中・手部》：同犽。《说文》持也。几剧切，读若戟。

传统六书中的假借字（phonogram），实际上都是音借，对应的字符记录语言方式即为记音——其、亦、何、然，乣（借自契丹大字）＞糺、乭（借自韩文）、辻（借自日文）、東、峒（借自方块壮字）。

传统六书中的形声字（logophonogram），对应的字符记录语言方式也为记音，具体划分为以下次类：

一）记形与记音的复合——船“＝舟，㕣‘沿’注音”、頭“＝頁，豆注音”、爸“＝父，巴注音”、爹“＝父，多注音”（裘锡圭 1988：167）、豫[①]、犹[②]；

二）记意与记音的复合（这是最标准的形声字类型）——鳳“鳥～凡”、風“虫～凡”、雞“隹～奚”、驚“馬～敬”、惊“人～京”；

三）记号与记音的复合——啤“口～卑，音译外来语时新造字多以‘口’标示”（裘锡圭 1988：167—168）、凰“皇～几，双音词‘鳳皇’字形同化的结果”（裘锡圭 1988：21、235）、丛（裘锡圭 1988：107）。

汉字中的形声兼会意字，以其记形部分的不同而分别归于不同的次类：

一）形旁与字符义类趋同，属于记形与记音的复合，整体记意而部分记音——驷、牺、琀、鳊、辆（裘锡圭 1988：175）；

二）形旁与字符义类相关，属于记意与记音的复合——惛、鈁“断面方形的锺，不是‘钫（francium）’的繁体”、诽、菜、祫“祭祖”（裘锡圭 1988：175）。

西夏文中亦有记形与记音复合类型的形声兼会意字：

①□*śjwi[1]“狼”——由兼表意的声旁□*śjwi[1]“齿”字之左部和形旁□*njijr[1]“兽”字之右部攒合而成（史金波 1983：7、12）；

②□*dzji̱j[2]“船”——由□*sji[1]“木、薪”之形符□加上□*dźja̱[1]“渡”字合成，而且□、□两字的注音汉字俱为同一个“嘴”字（史金波 1983：12）。

在方块壮字中，记音方式因为与不同性质的字符记录语言方式相复合，从而揭示出形声字更为复杂的记录层次来，以下用同一个形旁“门”的不同表现予以揭示：

一）⿵门支[çi²]“门钥匙”：门～支[çi²]＜汉语（覃晓航 2010：122）——典型的形声字，形旁表示义类，属于记意与记音的复合；

二）⿵门针[çim¹]“仔细看”：门“眼孔”～针[çim¹]（覃晓航 2010：119）——看似典型的形声字，但“形旁”实即相关物件的记形，因而属于记形与记音的复合；

三）⿵门白[pe:k⁸]“白”：门“颜色符号”＜闫（≈颜）～白[ha:u¹][pe:k⁸]（覃晓航 2010：

① 《说文解字》：象之大者，从象予声。
② 《说文解字》：玃属，从犬酋声。

123—124）——也看似典型的形声字，但"形旁"实即某个义类的记号，因而属于记号与记音的复合。

组字构件都为声符的所谓两声字情形，汉字中不多见，也不能纳入传统的六书范畴之内（裘锡圭1988：108），以下诸例几乎将此类汉字搜罗殆尽了：

①耻——繁体为"恥"，是从心从耳的形声字；简化后原来记意的形旁"心"为表音的"止"所取代，从现代的语音环境考虑，原来的声旁"耳"已不表音，遂成为一个半记号半记音的字符了（裘锡圭1988：15）；

②祦——在假借字"午"纸上加注音符"吾"而成，后来左边偏旁类化为"牾"（裘锡圭1988：108：233）；

③幹——干和倝同音，从木、倝声的"榦"之俗体（裘锡圭1988：108）；

④㠱——己、其音近（裘锡圭1988：108），"杞"或"踑"的异体[①]；

⑤刣——台、司古音相近（裘锡圭1988：108）；

⑥虖——虍、乎基本同音（赵丽明等1990：46）；

⑦虞——虍、吴古音相近（赵丽明等1990：46）；

⑧鬭——鬥、斗同音互注。

但是这种两声字，在汉字式的其他民族文字中却较多出现，且还有缺笔变形以为两声的复杂情形，以下诸例只是其冰山一角而已。

一）方块壮字的情形

①厊[fa:ŋ²]"鬼"：房[va:ŋ²]——云南壮语、方[fa:ŋ²]——广西壮语（覃晓航2010：85—86）；

②羫[khi:ŋ¹]"姜"：羊[jən¹][jin¹]——北部壮语、羌[khi:ŋ¹][kiən¹][ki:ŋ¹]——南部壮语（覃晓航2010：109—110）；

③耂[la:u⁴]"大"：老[la:u⁴]、空[huŋ¹]＜粤语[hoŋ⁵⁵]——[la:u⁴]和[huŋ¹]是壮语"大"的不同方音形式，相互之间差别较大（覃晓航2010：120）；

④夺[tho²]"但"：上部为"头"字缺笔，壮语音读作[tho²]，下部寸为"夺"字构件，同样壮语音读作[tho²]（覃晓航2010：185）。

二）方块苗文的情形（赵丽明等1990：46）

①双标汉音——尌[to⁴⁴]"抖"＝豆＋斗（同形于《玉篇》俗斗字）、糊[lɛ²²]"苗姓"＝來＋劣；

---

① 《康熙字典·寅集中·己部》：《玉篇》奇己切。《集韵》巨几切，忌上声。《说文》，㠱，长踞也。《玉篇》长跪也，或作踑。又《类篇》口已切，音起，古国名，衞宏说与杞同。

②分标汉苗音——爝[pɹo⁴⁴]"熄"：夕标熄汉音～撥标熄苗音。

另有所谓反切字，是由两个组字构件以反切注音方式拼出攒合后字符的读音，从而得出目标字符的语音形式，是为攒合记音方式的体现，也是无法纳入传统六书范围的情形（裘锡圭 1988：108）。

一）汉字中的反切字，或曰合音字、切音字，从上古其可能就无意识产生了，后世多见于方言汉字中：

①上古合音字——矤＝矢＋引、羑＝羊＋久、眇＝目＋少（裘锡圭 1988：108）；

②中古切音字——礶＝名＋養①（裘锡圭 1988：108）、敹＝亭＋夜②（裘锡圭 1988：108；张涌泉 2010：121）、祇＝名＋夜③、䪼＝亭＋音④、弾＝亭＋單⑤、黠＝宁＋吉⑥、齧⑦＝宁＋壹、勃＝卑＋孕⑧（张涌泉 2010：121）；

③近代合音字——甭（裘锡圭 1988：108、212—213）；

④现当代术语字——羰 tāng＜碳 tàn＋氧 yǎng（裘锡圭 1988：108）、羟 qiāng＜氢 qīng＋氧 yǎng、烃 tīng＜碳 tàn＋氢 qīng、巯 qiú＜氢 qīng＋硫 liú；

⑤吴语方言字——肴＝止＋有（见于《越谚》，张涌泉 2010：121）、勧＝勿＋曾、覅＝勿＋要、覇＝勿＋用；

⑥粤语方言字——奝⑨＝不＋圆、仦／仯⑩＝亻＋小／少；

⑦闽语方言字——繪＝勿＋會、嚆[bhoi⁶]＝不＋會（《潮州音字典》）。

二）方块壮字中，甚至出现了以这种反切字作为声符参与构成另外字符的进一步情形（参见末例）：

①隁[ba:ŋ⁵⁵]"一部分"＝阝[bɯ:ŋ⁵⁵]＋旁[pa:ŋ⁴²]（张元生 1984：506）；

②笒"蘑菇"[ɣat⁷]＜壮语"竹"[ɣuk⁷]＋壮语"失"[sat⁷]（张元生 1984：506；覃晓航 2010：84）；

③崪[rɯt⁵⁵]"萎缩"＝知[ro⁴²]＋卒[sɯt⁵⁵]（张元生 1984：507；覃晓航 2010：84）；

---

① 《五音篇海》：名养切。
② 《五音篇海》：亭夜切，又丁夜切，又同敹。《龙龛手镜·亭部》：亭夜反，响梵音。
③ 《龙龛手镜·名部》：名夜反。
④ 《龙龛手镜·亭部》：亭音反。
⑤ 《龙龛手镜·亭部》：亭单反。
⑥ 《字汇补》宁吉切，音昵；出《释典》——法天译《七佛赞呗伽他》：设枳也（二合）母宁吉。
⑦ 《字汇补》：宁壹切，音昵；出《释典·神呪》。
⑧ 《字汇补》：卑孕切，音侯；此梵音切身字也。
⑨ 《字汇补》：布选切，音扁，见《南粤志》。
⑩ 《字汇补》：乃巧切，音裒。《说略》：小儿也。《清稗类钞》记此字为广西人所用。

④𠬝[ɕɯk⁷]"抹去"——构件"厶"示去意，"夕*śiek"字缺笔同"力*lik"字反切拼出字音（覃晓航 2010：177—178）。

三）字喃（Chữ Nôm）的情形

①𠅴"失"mất——亡和失两个构件字符恰好切出目标字符的语音形式（王力 1948：80），该字有构件左右互换的异体𠅶；

②𡛔"左"trái<blái＝巴 ba＋赖 lai（Đào 1975：81）。

四）日本国语字的情形

①杢（もく）"工匠"＝木＋工、昋（へいみん）＝平（へい）＋民（みん）、𱓼（たいと）＝𱓻（たい）＋𱓼（とう）；

②𱁫（かぶ）<歌（か）＋舞（ぶ）；

③𱁩（しゃか）<释（しゃく）＋迦（か）；

④裃（かみしも）＝ネ＋上（かみ）＋下（しも）（陈志诚 2000：278—279）——此字作为声符的组字构件由合音字拼成用以记音，同方块壮字示例中的最末一例原理类似。

五）西夏字的情形

①𗩾*lwã¹"栾姓"<𗩢*lu¹"仓库、论音"＋𗩾*twã¹"段音、短音"（史金波 1983：14）；

②𗧇*xja²"哈、献"<𗧇*xji¹"喜、奚、呬"＋𗧇*·ja²"野、逸"（史金波 2013：111）。

这类情形在纯粹表音的文字体系中就是简单的合文（ligature）模式：

一）契丹小字的原字——𮍰*poŋ＝𮍲*p＋𮎰*oŋ（胡振华 1978：58—59）、𫶭*dor"礼"＝回鹘文𫶲*l＋𫶭*i（胡振华 1978：59）；

二）拉丁字母——æ＝a＋e、œ＝o＋e、ij＝i＋j、ŋ＝n＋g、ß＝s＋z；

三）俄文字母——љ＝л＋ь、њ＝н＋ь；

四）阿拉伯字母——ﻵ（lʕa）＝ﻝ（a）＋ﻝ（l）。

以上情形反映的都是字符记录语言对象语音形式整体。而在字符中如果出现记意完整而记音部分的情形，于文字体系的普遍类型中审视，或可视为音补（phonetic complement）成分的记录语言方式，不妨称为"音补字"：

一）汉字的情形：𬍤hú / lěng——由复姓"令狐"合写而成的姓氏。

二）方块壮字的情形：𭀈[ɕum²]"亲嘴"——𭀈<卅*sap～夕"指示表音字"（覃晓航 2010：176），这里记音的构件𭀈仅仅提示所构成字符的部分语音形式。

三）方块苗文的情形：𱎺[vɤ⁴⁴]"芋头"←构件"芋"部分记音、𱎺[ŋka⁴⁴]"剪"←构件"加"部分记音、𱎺[nta⁵³]"骂人"～"打"字记音、𱎺[tshɤ⁵³]"砍"←构件"草"部分记音（赵丽明等 1990：46）。

四）字喃的情形

①穊"私"riêng——从私贞 triêng 声，似当从靈声（王力 1948：90），不考虑推测则可认为是声符与目标字符叠韵记音，该字有构件变为上下组合的异体𧴲；

②𠳐"语"lời——从口𡗶"天"giời①声，作为构件的𡗶又是从天从上的会意字（王力 1948：86、89），注意后者与前者只是叠韵，部分记录前者的语音形式而已。

五）日本国语字的情形：匁 monme＝文（草体）mon＋乄 me——其中以表音的假名字符乄（me）记录其部分读音（李先瑞等 2002：56），当然这是就记意的汉字和记音的假名分属不同类型文字而言的；若不计此文字类型的分别，那么这个国语字视若合音字亦无不可。

六）女真文中也有少量类似情形以对记音的体现

①伿*boɣal"臣"——由示意的"亻"加上汉字"巴"变笔而成，"巴"字同时近似记录伿字语音形式的首音节（爱新觉罗恒煦等 2002：363）；

②伢*doldi"听"——由示意的"亻"加上汉字"刀"加笔而成，"刀"字同时近似记录伢字语音形式的首音节（爱新觉罗恒煦等 2002：363）；

③旮*gelmer"光"——由示意的"日"加上汉字"戈"减笔而成，"戈"字同时近似记录旮字语音形式的首音节（爱新觉罗恒煦等 2002：363）；

④俘*morin"马"——由"亻"加上女真字寻*puli"行"合意而成（金启孮 1984：215；爱新觉罗恒煦等 2002：362—363），因为在女真民族这样的东北亚游牧民族中，马通常视为人一样的动物，请看作为女真语后裔的满语中，只有指人名词才有复数标记，但唯一的动物名词 morin"马"也可以变成复数形式 morisa（季永海等 1986：114），由此可证上述字符的会意合成其实深刻反映其民族心理之一斑；同时，寻又近似记录俘的语音形式，这个例子可以比诸形声兼会意字的情形了。

七）西夏文中有少数对应异族语言中长元音的译音字，由一个西夏语中存在的短元音的记录字符加上表示"长"义的字符省形拼合而成，故亦称为长音合成字（史金波 1983：20）：

①𗙼*ia²"哑"＜𗙵*·ja²"阿"＋𗀔*dʑjo¹"长"；

---

① 本文所引王力论著中的字喃注音，依照其说明（王力 1948：5—7）径直恢复为越南国语罗马字。

②𪙊*·ji² "唉" <𪙊*·ji¹ "呜呼、噎、哀" ＋𪚩*dźjo¹ "长"；

③𪙊*·wụ¹ "邬引" <𪙊*·wụ² "邬" ＋𪚩*dźjo¹ "长"。

简化汉字后，部分简体字的构件与整字音近（忽略声调），暂不考虑大多数简体字都有其历史渊源，若将简化字视为汉语普通话的一个记录系统，那么也可以认为这些新用的组字构件是部分记音的音补成分了：

一）双声加韵通——宾 bīn～兵 bīng、进 jìn～井 jǐng、拎 līn～令 lìng，灯 dēng～丁 dīng；

二）叠韵加声通——铁 tiě～失 shī（跌迭 diē），氮 dàn～炎 yán（淡唻 dàn）；

三）双声——坝 bà～贝 bèi、铪 hā（hafnium）～合 hé（哈 hā / hǎ / hà 蛤 há / gé）、讲 jiǎng～井 jǐng、钠 nà（natrium）～内 nèi（纳衲 nà 讷呐 nè）、药 yào～约 yuē、钥 yào～月 yuè；

四）叠韵——钆 gá（gadolinium）～乚 háo / yǐ（扎 zhá / zhā / zā 札 zhá 轧 gá / zhá / yà），形似对应的"繁体"实为无关的鐎 qiú 之异体①。

作为上述情形的一个反证是：硅②——本是"矽"的同音同义字，声符"圭"究其历史渊源当如"夕"之于"矽"一样记音的，如畦；但为了适应现代语音系统逐渐改读"圭 guī"，从而使得"硅"字如同"桂、鲑、珪"字一般采用记音构件了。

另外，假借字的范围扩展至义借——即为训读之后，整个字符或某一构件字符译成汉语后体现记音方式：

①女真字——本*a(r) "狮" <布③ "殺的异体，盖因通古斯语动词'杀'词干曰 ara-"、尭*pirur "神" <亮 "亮的异体，因汉字'神明'并行多见，而'明''亮'同义互文"（爱新觉罗恒煦等 2002：371）④、休*li< 《尔雅·释木》：无实李"←休→"休闲">女真字：㑊*χara(-γan) "哨探"（黄振华 2000：198）；

②西夏字——𗥰*gjiw¹ "牛姓" <𘝶*ji² "姓" ＋𗽟*gur¹ "牛，以其汉译字音体现所成目标西夏字的记音"（史金波 1983：19；龚煌城 2002：279）。

---

① 《康熙字典·戌集上·金部》：《篇海类编》鐎亦作钆。

② 《康熙字典·午集下·石部》：《广韵》虎伯切，音劃。硅破也。《正字通》砉字之譌。

③ 爱新觉罗恒煦等（2002：372）以为从"爾"字俗体变形而成，不妥；因彼时"爾"字尚不读若今之儿化音。

④ 金启孮（1984：276）与爱新觉罗恒煦等（2002：356）据以同样缘由但认为直接来自汉字"亮"。

六、记号（sign）

所谓记号（sign），指的是字符是依赖强制规定的某种关系以对应所记录的语言单位表征对象，当然这种强制关系或渊源于字形，或立足于字义。

一）记形的破坏，成为完全的记号字或部分记号字

①形成单体字符——並＜竝（裘锡圭 1988：14）、欠＜人上有竖口（裘锡圭 1988：131）；

②形成复合字符——保"负子于背"（裘锡圭 1988：145）、枣＜棗、氹＜凼"广东话读 taam^5；意指地面的小凹陷形成的坑，一般泛指水坑，又因氹与广东话说'讨好 taam^3'音近，常以'氹'付诸借用"。

二）记意的破坏

①独体——"书"是繁体汉字楷体"書"的草体简化形式（李乐毅 1996：225—226），在现代汉字系统中，官方规定用来对应"書"所表征的语言单位对象"典籍文册"；但原来字形近似的"晝""畫"却分别简化为"昼""画"（后者还有派生字婳＜嬅，但劃＞划，㧬仅见于粤语方言字），使得理据类似的原有字符变得大相径庭了，类似的汉字还有龙＜龍、马＜馬、鸟＜鳥、寿＜壽、头＜頭、乌＜烏；

②合体——望为"望"之本字，其中"臣"是竖起之目形的变形，"壬 tǐng"是"廷"之声符、"人～土"合文的变形（裘锡圭 1988：131），原～厂＋泉（裘锡圭 1988：130），又～双"雙"轰"轟"聂"聶"，头～买"買"卖"賣"实"實"，关～关"關"联"聯"，开"開"，冬～图"圖"。

三）记音的破坏

①记音方式变形成为无法指示字符语音特征的情形——稚"稺"、查"柤"、责"贝～束"、在"土～才"、布"巾～父"、龛"龙～今"、蛋"虫～延"（裘锡圭 1988：174—175）、虱"蝨"；

②记音构件为记号直接替代的情形——又（李乐毅 1996：228）～鸡"鷄"邓"鄧"对"對"树"樹"难"難"。

四）多种记录方式都遭到破坏，就更是典型的记号方式了

①记音与记意融合难以分辨的情形——表"袤"（裘锡圭 1988：14）、春"萅"（裘锡圭 1988：14—15）、年"秊"、泰"收～水～大"、贼"戈～则"（裘锡圭 1988：174）；

②记音和记意都遭破坏的情形——青"龶＜生～月＜丹"、凤"几＜凡～又＜鸟"、风"几＜凡～乂＜虫"；

③记形全都破坏的情形——之"止～一，足趾离地"（裘锡圭 1988：128）、毓"每

＜母～厸＜子（颠倒）～巛＜水"（裘锡圭 1988：127）；

④特征构件提取出来取代原来的整个字符——丽＜麗"上部"、声＜聲"左上角"、条＜條"右部"（简单提取构件）[①]，兽＜獸、显＜顯（构件提取后变形）、虽＜雖（提取多个构件）；

⑤特征构件提取的同时其他构件简化表示——单＜單、办＜辦。

方块苗文的记号化情形可以见诸此例：拼＜猫[quɯ⁴⁴]"狗"——才＜犭、井＜蒉（赵丽明等 1990：46）。

西夏文中的记号化情形也可以见诸如下示例：

①夋*？/ 夋*dźjiw¹"腰"——在彡*dzjwo²"人"字中部以一横笔或捺笔示意人体腰部[②]；

②夋*dzjij²"单一"——在彡*dzjwo²"人"字上部加点示意对个体的计量[③]；

③湍*zji¹"幼小、雏、崽"——在湍*tsji̵¹"小"之左加一个竖笔丨而成，示意齿龄幼小者（龚煌城 2002：270）；

④剹*ta¹"打"——作为偏旁的夋"才"和汉字"丁"代号的竖笔丨类比攒合而成（龚煌城 2002：277）。

传统六书中的部分指事字，以抽象的符号附着于具体的物象示意物事，显然是记形方式的一种深化表现，对应的字符记录语言方式即为记号：本、末、刃、亦"腋或液"、面、厷"肱"（裘锡圭 1988：120—121）、血。

以下两个汉字，可以体现记意和记号的典型区别：

一）刃——以丶置于"刀"边示意其锋口，属于记意；

二）义——以丶置于"乂"之上，衍生出作为"義"之简体的新字（裘锡圭 1988：107），是为记号。

七、总结

通过上述四种字符记录语言方式的初步定义以及相关典型例证剖析，我们大致可以理解如下：

一）记形方式是文字肇始时单个字符的产出模式之一，自然蕴含字符的原生性，而其直接描摹记录对象的具体形貌，就蕴含非强制性；

---

① 注意：气＜氣、云＜雲——看似类型相同，实际上不属于此类，而是恢复本字。
② 史金波（1983：5）根据西夏文字书《文海》的解释而与此不同。
③ 史金波（1983：6）认为是单纯字。

二）记意方式也是文字肇始时多个字符自然结合的形成模式之一，也蕴含字符的原生性，其以多个字符引申示意记录对象的抽象内容，需要一定的文字系统规约作用并在使用环境中得以传承，因而蕴含强制性；

三）记音方式也是立足于已有字符体系的，于是具有非原生性，但其利用语音的趋同或趋近来实现文字符号的自然孳生而无需外在规约的圈定，从而并不蕴含强制性；

四）记号方式必然是在已有文字字符的基础上加以变形而成的，当然不具有原生性，而其纯粹的符号性使得它同所记录的语言单位对象的联系必须依赖一定的既成规约加以实现，因而也蕴含了强制性。

下表以某个字符构件为例，具体展示前述四种字符记录语言方式的区别：

字符构件	记形	记意	记音	记号
一	冂	天	弌	丛
		辷（日文）	辶（汉字）	
乂	凶	爻	刈	风
月	月	朏	刖	青

上述四种字符记录语言的方式，各自又可细化为整体、构件以及攒合三个不同的次类：

一）整体次类在记形、记意和记音三种基本记录方式中都可以细分出正常全形、变换全形（含笔画变换和位置变换）和截取（就字符之于其取象模板而言）三个板块；

二）整体次类在记号方式中似乎只能再分出全形和截取两个板块来；

三）攒合次类在四种基本记录方式中都可以再分出叠合和拼合两个板块来；

四）构件次类在记音方式中再分出的两个板块是完整记音和部分记音，而在记号方式中再分出的两个板块则是声旁记号化和形旁记号化。

通过这样的逐层再分，即可看出四种基本方式在概括字符记录语言时的精准——各以典型字例填入下表标示：

	整体			构件	攒合	
	全形		截取		叠合	拼合
	正常	变换				
记形	人	孑孓	羊	瓜	竝	取
记意	一	叵	冇	血	炎	歪

记音	歹	刁	乒乓		刋	进	耻	甭
记号	书		声		汉	丛	双	凤

也基于上述的逐层再分，又可发现：前述决定四种基本记录方式的两个区别性特征——原生性和强制性，都是意指这种记录方式的标志性而言，随着文字系统的进一步完善和高度符号化，原生性在基本记录方式中的表现愈来愈不显著，而强制性也囿于社会文化语境的作用逐渐衍生出新的字符和语言单位对应关系来。因而，我们在利用上述四种基本方式进行文字系统剖析时，需要结合语言文字的历时发展脉络进行辨证的考察。

汉字学传统的六书，和上述四种字符记录语言的方式，由于并非同一视角的概括结果，故而两者之间存在着多个层面的对应关系。而四种基本记录方式的概括及其细化，又得益于六书之于不断拓展嬗变的汉字系统的基本规约。

参考文献

Đào, Duy Anh (1975): *Chữ Nôm – nguồn gốc, cấu tạo, diễn biến*. Hanoi.

爱新觉罗恒煦、爱新觉罗启孮、[日]吉本道雅、爱新觉罗乌拉熙春（2002）：《爱新觉罗三代阿尔泰学论集》，京都：明善堂。

陈永生（2013）：《汉字与圣书字表词方式比较研究》，北京：人民出版社。

陈志诚（2000）：〈非常规汉字的构造和它的造字依据〉，赵丽明、黄国营[编]《汉字的应用与传播——'99汉字的应用与传播国际学术研讨会论文集》，北京：华语教学出版社：276—285。

[美]大卫·萨克斯（2008）：《伟大的字母——从A到Z，字母表的辉煌历史》，康慨[译]，广州：花城出版社。

邓章应（2014）：《纳西东巴经表达方式研究》，内部讨论稿（未刊）。

龚煌城（2002）：《西夏语文研究论文集》，台北：中央研究院语言学研究所（筹备处）。

何华珍（2012）：《日本"国字"的汉读研究》，《宁波大学学报》（人文科学版）第4期：38—44。

胡振华（1978）：《关于释读契丹小字的几点意见》，《中央民族学院学报》第3期：57—59。

黄振华（2000）：《汉字的传播及其借用模式》，赵丽明、黄国营［编］《汉字的应用与传播——'99 汉字的应用与传播国际学术研讨会论文集》，北京：华语教学出版社：192—209。

季永海、刘景宪、屈六生（1986）：《满语语法》，北京：民族出版社。

金启孮［编］（1984）：《女真文辞典》，北京：文物出版社。

李范文［编著］（2012）：《简明夏汉字典》，北京：中国社会科学出版社。

李乐毅（1996）：《简化字源》，北京：华语教学出版社。

李先瑞、盛文忠、马燕菁［编著］（2002）：《日语汉字入门》，长沙：湖南人民出版社。

聂鸿音（1998）：《中国文字概论》，北京：语文出版社。

聂鸿音（2000）：《关于契丹大字的拟音问题》，赵丽明、黄国营［编］《汉字的应用与传播——'99 汉字的应用与传播国际学术研讨会论文集》，北京：华语教学出版社：142—155。

牛汝极（1992）：《突厥文起源新探》，《新疆大学学报》（哲学社会科学版）第 4 期：113—122、110。

覃晓航（2010）：《方块壮字研究》，北京：民族出版社。

裘锡圭（1988）：《文字学概要》，北京：商务印书馆。

史建伟（2001）：《简论衬托象形字》，向光忠［主编］《文字学论丛》（第一辑），天津：南开大学出版社：144—155。

史金波（1983）：《从〈文海〉看西夏文字构造的特点》，史金波、白滨、黄振华《文海研究》，北京：中国社会科学出版社：1—29。

史金波（2013）：《西夏文教程》，北京：社会科学文献出版社。

孙伯君（2004）：《女真文制字规律再探》，周明甫［主编］《中国少数民族古籍论》（第五辑），成都：四川民族出版社：60—71。

王力（1948）：《汉越语研究》，《岭南学报》第 9 卷第 1 期：1—96。

吴启禄（1991）：《布依族古籍中的方块布依字》，中国民族古文字研究会［编］《中国民族古文字研究》（第三辑），天津：天津古籍出版社：230—244。

［苏］B·A·伊斯特林（1987）：《文字的产生和发展》，左少兴［译］，王荣宅［校］，北京：北京大学出版社。

章琼（2004）：《现代汉语通用字对应异体字整理》，成都：巴蜀书社。

张涌泉（2010）：《汉语俗字研究》（增订本）。北京：中华书局。

张元生（1984）:《壮族人民的文化遗产——方块壮字》,中国民族古文字研究会［编］《中国民族古文字研究》，北京：中国社会科学出版社：455—521。

赵丽明、刘白齐（1990）:〈湘西方块苗文〉,《民族语文》第 1 期：44—49。

（唐均，西南交通大学外国语学院，hooglecn@gmail.com）

收稿日期：2014-7-27

文字系统的研究*

Peter T. Daniels 著　陈永生 译

一、Grammatology（文字学）

I. J. Gelb[①]的《文字研究》（1952）是第一本语言学意义上的关于世界文字系统的纯理论性专著。他在此书中最早采用"grammatology"一词来指称他首创的这门学问【没有用"graphology"（笔迹学，当时已被用来指通过分析手迹来判断人物性格的学问）】，此词正好与语言学里研究语音单位的音位学（"phonology"）和研究语义单位的形态学（"morphology"）相呼应。[②]

一门学问的产生首先起于对其研究对象的识别和界定。关于"writing"一词，我们首先要对它的几种意义进行区分。我们这里所说的"writing"（文字），不是指用手创造书面符号的动作（"That calligrapher writes beautifully"），也不是指遣词作文（"That essayist writes beautifully"），而是指这样一个较为恒久的记号系统，它能记录说者的言语，即使说者不在场，我们也能通过它来较为准确地还原其言语。按照此定义，文字和语言是绑定在一起的；因此，通过图画记录意义（ideas）

　　* 本文受到国家社科基金青年项目"汉字与古埃及文字比较研究"（ 13CYY047）和国家留学基金资助。本文是《世界文字》（Daniels, P. T. （E） & W. Bright （E）. *The World's Writing Systems*, Oxford University Press, 1996）一书的第一节。此译文得到了中国海洋大学外国语学院邓红风教授、青岛大学外国语学院孙亚楠博士、华北电力大学王乐洋博士、西南交通大学外国语学院唐均博士和华侨大学蒋修若博士的指正，在此表示诚挚的谢意。
　　① 国内常译为"盖尔伯"或"格尔伯"。
　　② "grammatology"一词后来又被哲学家德里达采用，但内涵相去甚远。——原注

但并不与特定语言单位相对应的大量"图画文字"（pictograms）是被排除在文字之外的。这些"图画文字"常被认为是文字的先祖（如 Gelb 1952），但是事实上文字系统并不是从图画文字发展而来的（DeFrancis 1989）。

"图画文字"（pictography）不是真正的文字，因为语言里有很多成分是无法用图画表达的：除了抽象概念和很多动词外，还有语法屈折变化、小品词，以及名字等。即使某种语言的表达者有极强的绘画技能，能够随时画出所提及的人（或动物、地点等）的可识别肖像，这些图画的意义也会很快地消失而不为人知。因此，文字系统必须记录语言的读音。

"字位"（grapheme）是一个与文字有关的常用术语。这个术语是在"音位"（phoneme，最小的能区分意义的语音单位）和"词素"（morpheme，最小的区分意义的语义单位）这两个语言学术语的基础上创造出来的。但是由于文字和语言的根本性不同，后缀"-eme"的通常意义并不适用于文字（此后缀用来标记语言中——或更广义的文化中——制造差异的那些成分。如[θ]和[s]在英语中是不同的音位，thing 和 sing 的意义完全不同，而在法语中它们则属同一音位）。音位的太多属性在所谓的"字位"中找不到对应，而且文字单位的很多属性在语音系统中也找不到对应（Daniels 1991，1994；Kohrt 1986，对其 1985 年的大部头进行了总结）。最明显的是，语言学研究发现不管各种语言听起来有多么不同，它们在一些根本的方面都是相同的，如：一般来讲，人不管祖先是谁都可以学会任何其他语言；具体来讲，无论各种语言的音位系统有多大差异，音位学原理对它们都普遍适用。

但另一方面，从文字单位如何与语音单位相联系来看，人类创造了六种根本不同的文字类型（不知道为什么没有创造更多的类型）。在词—音节文字（logosyllabary）中，每个字（character）表示一个词（或词素）同时表示一个音节。在音节文字（syllabary）中，每个字表示一个特定的音节，而且表示相似音节的字在字形上没有系统的相似性。在辅音音素文字（consonantary，这里称作 *abjad*[①]，与 *alphabet* 照应）中，每个字表示一个辅音（且整个系统仅记录辅音）。在音素文字（alphabet[②]）中，每个字表示一个辅音或一个元音。在元音附标于辅音字母的文字（abugida[③]）中，每个字表示一个辅音同时携带某一特定元音，携带不同元音时则对此字进行适当改造

---

① abjad 一词由阿拉伯文字（使用最广的辅音音素文字）的字母表的前四个字母（د ج ب ا）构成。——原注

② alphabet 一词源于希腊文字（音素文字的代表）的前两个字母。——译注

③ abugida 一词源于埃塞俄比亚文字的字母表的前四个辅音和前四个元音（按传统顺序）。——原注

（改造方法具有系统一致性），如印度文字。此类型曾被称为"新音节文字"
（neosyllabary, Février）、"伪音素文字"（pseudo-alphabet, Householder）、"半
音节文字"（semisyllabary, Diringer），①但是这些术语容易使人们误以为 abugida
是一个音素文字或音节文字的亚类型或二者的混合类型，进而对文字发展史产生错误
的理解。在语音特征文字（featural system）中，如韩文或表音速记法（phonotypic
shorthand），字的形状与其所表音段的区别性特征（distinctive feature）相关联。②

　　有两点需要注意。第一，不可能有纯粹的表词文字。因为一种文字要完全记录语
言，除了要记录其全部词语外，还必须记录名字和外来词语——也就是说，即使每个
词都有字记录，它也必须通过表音的方式记录外来的词语。第二，所有现存的音节文
字，事实上记录的都是辅音（C）加元音（V）构成的 CV 型音节（除单元音音节外），
而非 VC 型或 CVC 型音节。

　　研究形形色色的文字系统，需要具备一些语音学知识。本书（*The World's Writing
Systems*）以国际音标为参考标准，其中所有关于语音的讨论都使用了 1989 年修订的
国际音标符号。至于国际音标的读法，不是本书要讲的内容。本书第 71 节有个关于
国际音标的概要可参考，若想全面了解可参阅约翰·拉佛（John Laver）的不朽名著
《语音学原理》（*Principles of Phonetics*, 1994）。不熟悉语音学的读者若想在这
方面有所提高，可以阅读拉佛的三位老师的权威著作：Abercrombie（1967）一书主
要研究语音的标记系统；Ladefoged（1975）一书是权威课堂教材；Catford（1988）
一书对世界语言中任何读音的发音方法都给出了非常易学的指导。

　　人们经常认为文字的制造是为了远距离的交际，使信息的传递不再依赖于传信员
的记忆力。然而，这似乎忽视了一个明显的事实：传信和为后世著书恰恰都是偶然的
副产品。人类最早用文字传达的内容似乎确实不是对应于口头表达的（Cooper 1989：
323f., 329f.）。在美索不达米亚，最早的文献是日常工作记录：牲畜的数量，工人
名单及他们的口粮配给量和工作任务。在中国，最古老的文献是问询神祇的甲骨卜辞
（尽管有人推断应该有稍早于甲骨卜辞的用于日常工作的文字记录，Keightley
1989）。在中美洲，已释读的许多文献大都是关于天文、生命轮回和日历信息的。

---

　　① Bright 所说的"alphasyllabary"显然无意与这些功能性术语中的某个进行对应，只是用
来指称通过标记来表示元音的形式属性。这些元音标记与辅音字母的状态不同，不以与言语时间
顺序相应的线性顺序出现。——原注
　　② 如韩文里辅音字母"ㄱ"[k] 的字形表示舌根贴近软腭，辅音字母"ㄴ"[n]的字形表示
舌尖翘起，等等。——译注

二、文字研究的历史

美索不达米亚和古希腊最早的语法研究就是指书面语言的研究（Lepschy 1994，vols. 1-2），但是文字本身却被忽视了，或者说被"透视"了。古希腊人认为他们的字母系统是由一个叫卡德摩斯（Cadmus）的腓尼基人带来的。苏美尔人认为他们的文字是神发明的，他们所做的最接近于文字历史研究的工作是纂辑古旧符号清单，以便阅读古文献（有时是用古旧符号伪造古文献：Gelb 1949 一书中展示了一个貌似古阿卡德文的大石碑，其实际书写年代远远晚于古阿卡德文时代）。

欧洲文艺复兴运动激发了人们研究早期希腊文手稿和拉丁文手稿的兴趣；探险家们除了带回古代文物外，还带回了当时用异域文字写成的手稿；接下来，殖民地的管理者们需要理解其臣民的文书，并用当地的语言颁布法令。从 16 世纪开始，这些异域文字被用作插图甚至做成字体。从 17 世纪末开始，现代意义上的学术杂志创办机构出现了，Edmond Halley、Jean-Jacques Barthélemy、William Jones 等学者在 *Transactions of the Royal Society*（英国皇家学会会刊）、*Mémoires de l' Académie des Inscriptions et Belles-Lettres*（法兰西铭文与美文学院会刊）、*Asiatick Researches*（亚洲研究）等杂志上发表了关于古代亚洲文字和当代亚洲文字的一些开创性文章。*Journal Asiatique*（亚洲杂志）、*Zeitschrift der Deutschen Morgenländischen Gesellschaft*（德国东方学会杂志）、*Journal of the Royal Asiatic Society*（皇家亚洲学会杂志，该刊在多地有分支机构）等杂志开始刊登探险家和传教士们写的关于他们所遇到的语言和文字的文章。

西方学者谨慎地摆脱了对《圣经》巴别塔故事的严格依从（尽管圣经对文字的发明未置一词），开始了对诸语言间历史关系和诸文字间历史关系的探索。然而，学者们一开始并未将文字间的关系和语言间的关系这两个相对独立的问题区分开来。美索不达米亚楔形文字的早期释读者们被如下假设引入了迷途：如果楔形文字记录的语言是闪米特语（Semitic）（事实上这是正确的猜想），那么它一定也像希伯来文和阿拉伯文等记录闪米特语的文字一样，只记录辅音。我们知道，只有抛弃了此假设，楔形文字的释读才会有所进展。19 世纪初最有影响的学者中，有一位叫 Ulrich Friedrich Kopp，但现在的语文学史中并没有他的名字，可能是由于他是一个通才的原因。他的 *Bilder und Schriften der Vorzeit*（1982，《古代的图画和文字》）是一本非常稀有的书，但是此书对很多领域进行了开创性的研究（包括对欧洲和闪米特古文物的研究）。此书非常值得今天的学者重新认真研究，尽管没有一个现代学者有能力对其全部内容做出评价。

到了 19 世纪末，开始有学者撰写专论文字系统的著作。最早的是 Karl Faulmann 的 *Geschichte der Schrift*（《文字史》1880，伴有一册文字样本附卷 *Buch der Schrift*），此书内容涉及很广，但对文字的理解却是前现代和相当神秘主义的。第一本从科学意义上研究文字的专著是 Isaac Taylor 的 *The Alphabet*（《字母》1883），此书有整整一半内容是讲印度的文字，而且其中一些文字材料是此书独有的。Taylor 似乎是第一个将文字系统分为词符文字（logographic）、音节文字（syllabic）和音素文字（alphabetic）三种类型的学者，这种分类法主导西方文字学研究达一个多世纪。然而，此分类法的发明却被归功于"人类学之父"——Edward Burnett Tylor（1865）。原因很简单，可能是把名气小的名字混淆为名气大的名字了。事实上，Tylor 似乎只是区分了图画文字（picture-writing）和记音文字（phonetic writing），并没有进一步细分。

20 世纪产生了大量关于文字的通俗读物，其中有很多现在仍可以在公共图书馆和旧书店里找到，常见常引的有 Clodd 1904，Mason 1920，Ogg 1948，Moorhouse 1953 和 Ober 1965 等。这些书常带有吸引人的插图，但是却含有不少错误信息。与之不同的另一类是 Diringer 1958，1962 和 Gaur 1992，这些是学者写给大众的书（Gaur 的书中有大英博物馆及图书馆藏品的精美插图）。还有一类文字书是文字样本集，如 *The Book of a Thousand Tongues*（《千语之书》Nida 1972）和 Nakanishi（1980）。前者是颂扬联合圣经公会的翻译工作的，其中包含关于上百种非拉丁文字样本的大量信息。Nakanishi（1980）用整页形式列了 29 种使用中的文字（录入的标准是在日常报纸中使用），并附带了其他十几种文字的样本。该书的个别细节误入歧途，但是仍不失为一本有价值的参考书。最后，还有一类是用各种语言写成的介绍文字的大量咖啡桌读物，它们都带有华丽的插图，但文字说明的准确性存在问题。照片精美、介绍专业的博物馆展品目录类书籍（因这类书销售量非常有限，这里并不列出）则逐渐促成了下面一类现代文字学学术著作的产生。

关于文字的现代学术专著有两类。一类是文字历史目录，如 Cohen 1958，Diringer 1968，Février 1959，Fossey 1948，Friedrich 1966，Jensen 1969。其中，Février 的书有最好的判断力，Friedrich 的书最便使用，Jensen 的书提供了最丰富的参考文献。Cohen 的书信息量最大，但是材料没有明显的组织。Diringer 的书可读性很强，但参考文献缺失或不足。Fossey 的书中引用了很多值得信赖的专家的观点，为排印东方语言的排字工人提供了实用建议。Driver 1976 涉及较为广泛，有丰富的插图。Harald Haarmann 1990 展示了最重要的一些文字材料来呈现文字的历史，但并没有按严格的时间顺序安排，而是按作者的理念安排的，此书是通向下一类文字学术专著的桥梁。

1952 年，Gelb 出版了第一本基于语言学修养的文字研究专著。与下面要提到的所有书一样，此书受了作者专业背景的影响，Gelb 曾经研究过闪米特语族的一种早期语言——阿卡德语【他非常年轻的时候还引领了鲁维象形文字（Luvian hieroglyphs）的释读】。Gelb 还是一个系统论者，他最高兴的事情就是在迥异的现象中发现模式。但这种思维方法有时使他过度系统化，他对三种文字类型的进化式解释正是过度系统化的表现。Gelb 提出音节文字只能在词符文字的基础上发展出来，音素文字只能在音节文字的基础上发展出来，而且这几个阶段是既不可跨越也不可逆的。他将此顺序称为"单向发展原理"（principle of unidirectional development），而且这个原理已被广泛接受。由此原理产生的困难我们将在下一节详述。

Gelb 总是说他希望自己的书是第一本而非最后一本关于文字理论的书，但过了三十多年后才有后继者出现（Sampson 1985，Coulmas 1989，DeFrancis 1989），那时 Gelb 已不在人间。Sampson 的书有较强的倾向性，他把他认为的文字的"祖先"编入了文字目录。另外，他对线形文字 B 和韩文的描述相当好。Coulmas 关注文字在社会中的位置。DeFrancis（中文名德范克）揭露了对文字祖先以及汉字"意符性"（ideographic）的错误认识。DeFrancis 是一个汉语专家，Gaur 是印度语言专家；Sampson 和 Coulmas 没有误解他们所用的文字材料，由此可以看出他们的专业水平。这四位作者似乎都在修正 Gelb 伪述某些近东文字事实的倾向（和错误）。

三、文字的类型学

在已知的一些文字分类法中，"词符文字（logography）—音节文字（syllabary）—音素文字（alphabet）"三分法是第一个真正的分类法，而且仍旧是最流行的分类法。但由此分类法推导出的对某些文字性质的认识是不切实际的，于是又有一些新的分类法提出。

Gelb 坚持其"单向发展原理"，提出了以下观点：腓尼基文字（希腊字母所源出）不是通常认为的音素文字，而是带不定元音的音节文字；埃塞俄比亚文字（从南阿拉伯文字发展而来）不是音节文字，其原先的归类有问题。这两个论断都是违背直觉的，似乎也都不符合事实：腓尼基文字并不识别音节，而埃塞俄比亚文字却恰恰识别音节。由于 Gelb 著作的重要影响，今天我们常见到一些没有专门研究文字分类的学者误将西闪米特文字称为音节文字。

这套术语的困境有两个原因。一是没有反思便全盘接受了文字三分法：如果我们不限于把文字仅分为三类，就不会有这样的问题（Justeson 和 Stephens 1993 认为通过他们举出的很多"音节文字"源自"音素文字"的例证，已经驳倒了 Gelb 的理论；但这种对文字分类法的完善使文字分类变得不必要了）。我们必须清醒地认识到（Daniels 1990）辅音音素文字（abjad）不是音节文字，也不是音素文字；元音附标于辅音字母的文字（abugida）尽管记录音节，但不是音节文字，因为这种文字在识别辅音的同时也识别了元音。

二是把"进化"（evolution）的观念应用在了人脑创造的产品上。按照一般的理解，进化是对随机变化（random variation）的自然选择（natural selection）的结果。因此，我们可以将进化认为是人类的语言能力的来源，或将其比喻义用于指称人类语言的多样化，但是，我们不能用进化来说明文字的历史。文字的更换是人们对文字系统的不断改进（至少主观上是想改进），而非进化。只有字形在世世代代的逐渐变化或许可以视为进化，但是这种变化总要经过教师权威的检验，而且不能妨碍阅读古籍。

请注意，Gelb、DeFrancis（参看 Sampson 1994）以及我们这本书所讲的"文字"，都排除了那些不记录语音的图画表达。前苏联学者 Viktor Istrin[1]（1953，1957）将文字定义为将语言传达到异时异地的符号；基于此定义他提出了文字类型四分法：图画文字（pictographic writing）、意符文字（ideographic writing）、音节文字（syllabic writing）、音素文字（phonetic writing）。但是，因为图画文字记录的是"一整个句子、命题或讯息，文字符号还没有清楚地将它们离析成单独的词语"（1972[1953]：362），怎么能说它传达了语言呢？Istrin 所谓的"意符"（ideograms）[2]事实上并没有记录"思想"（ideas），而只是记录了某个词或词义的类属，因此他提出词音可以和词符联系在一起，也可以不联系在一起（如美索不达米亚楔形文字和古埃及文字中的定符[3]、阿卡德文字和赫梯文字中的苏美尔字符、英文中的数学运算符）。我们这里称之为 abugida 的文字，Istrin 一种也没有提到，所以我们不清楚他是否将这类文字归为音节文字。Istrin 把音素文字（alphabetic writing）分为三种类型的建议是非常有用的。这三种类型是：1）音素型（phonetic），其词语的正字法与其当下读音相同（如各种音标系统）；2）音素—形态型（phonologic-morphologic 或

---

① 国内常译为"伊斯特林"。

② Gelb 明智地抛弃了"意符（ideogram）"这一术语，而使用了"词符（logogram）"这一术语。

③ 定符（determinative），是表示词义类属的表意符号，相当于汉字形声字的形符。

morphophonemic），其正字法很特别，既与音位相联又与词素相联，即使它们的读音在不同语法形式中由于语音原因发生变化（如俄文）；3）历史—传统型（historico-traditional），其词语的正字法与词语古时的读音相同（如法文和英文，但现在看来这种保守性是有好处的，因为体现语言变化结果的形态音位信息，虽然看似混乱，却自成体系。）。Istrin 还提出了另一种可能的文字分类法，即根据共同的起源将文字分成谱系。这里要顺便提一下，Herrick（1974）已经根据文字的共时特征和历史，对相当多的文字进行了这种谱系划分。

A. A. Hill（1967）根据文字与不同层级语言单位（属于描写语言学研究的内容）的对应关系，将文字系统分为语篇文字（discourse system）、语素文字（morphemic system）、音位文字（phonemic system）三种。既然所有的文字系统在记录语言的时候都忽略了语言结构的某些信息（语素文字忽略了音位信息；音位文字忽略了重音信息，且常忽略音高信息），那么将语篇文字（即"图画文字"）理解为忽略了所有的语言结构信息也不为怪吧！Hill 一方面说"语篇文字的唯一特殊之处在于它们不需要读者懂得它们所记话语的语言，而需要读者了解非常广阔的非语言背景知识"（第94页），但另一方面又说"文字的目的可以理解为对一段话语的独特记录"（第93页），这似乎太矛盾了。

另一种不同的分类方法是关注字母（letters）而非语言单位，此方法由 Voegelin 和 Voegelin 提出（1961，此书中"alphabet"显然是指所有的表音文字）。这两位学者先研究字母的性质，然后思考由字母构成的文字系统的类型。他们认为有四种字母：1）CVD 型字母，是指这样一类辅音符号，同一辅音在接不同元音时字形不相似；2）CVS 型字母，是指这样一类辅音符号，同一辅音在接不同元音时字形近似[当然，对同一元音也采取这样的做法]；3）IC 型字母，是指独立的辅音符号；4）IV 型字母，是指独立的元音符号。这些字母有五种现实组合：CVD+IV（音节文字，syllabary），IC（辅音文字，abjad），IC+CVD（只有乌加里特文字一种，Ugaritic），IC+IV（音素文字，alphabet），和 CVS+IV（abugida）。这五种文字系统都称为"自足表音文字"（self-sufficient alphabets），不同于含字母的词符文字系统（汉字、古埃及文字、鲁维文字、玛雅文字）和不含字母的助记系统，包括图画文字（但本书并未定义什么是"文字"!）、结绳（quipus）和手势语（即平原印第安人手势语，而非聋哑人用的在结构和复杂性上与口语完全相同的手语，它不是对口语的转换）。Voegelin 和 Voegelin 沉浸在线形文字 B 刚被破译的喜悦中，同时又几乎预见到了玛雅文字破译的重要意义（虽然这一工作刚起步）。他们的这篇文章仍旧值得精读，因为他们在文字研究中的许多方面都有独到的见解。

T. V. Gamkrelidze（1994）将索绪尔的"聚合关系"和"组合关系"概念（分别指言语某一位置的可替换关系，和言语中各连续成分之间的关系）运用到文字类型的描写中：音素文字采用组合和聚合双向编码，abjad 采用聚合方式编码，音节文字采用组合方式编码。

四、文字的研究

文字的命运在现代语言学中时起时伏。当语言学的焦点从历史语文学（historical philology，主要通过研究古文献和比较它们所记录的语言来研究印欧系语言的发展）转到对从无文字记录的新见语言的描写时（这种转变主要因遭遇美洲奇异的濒危土著民族引起），文字本身随之贬值了，因为：如果不通过古文献的中介就可以对陌生语言进行充分描写（如已被证明的那样），这难道还没有说明文字是第二性的，所有的语言应该用纯口语模式描写吗？这种认识的结果就是描写语言学（descriptive linguistics）的兴起，它致力于按语言被使用的状态来描写语言（参考 F. de Saussure 第 12 页；常被征引的经典语句见 Bloomfield 1933）。此新创流派相联的态度，是坚持不做价值判断。那些曾被称为"野人"的民族的语言，不管它们看上去有多么不同，事实证明与任何欧洲语言同样丰富多彩、同样具有表现力。他们民族劣等或精神劣等的观点在此事实面前再也无法坚持了。这种态度又被重新引入了欧洲语言如英语（如 Hall 1950 的争辩）的研究，从而产生了一些不同于规定式（prescriptive）参考书的描写式（descriptive）参考书（如讨论 Merriam-Webster *Third New International Dictionary* 的两篇文章：Sledd、Ebbitt 1962，Morton 1994）：语言应是其真实的样子而非规定的样子；语言没有正确错误之分，只有适当与不适当之分。而规定主义者却倾向于坚持只有书面语才是正式语，只有正式语才是正确的；口语因此随之贬值了。这种认识早已占据了愤慨的"语言警察"或"语言专家"们的头脑，他们显然不会考虑描写主义的根据，坚持认为口语是他们所谓的"语言转讹"（corruption of the language）的原因，而非语言变化的表现。他们总是想禁止（好像这是可能的一样）口语成分进入书面语。但是，没有哪个语言学家会否认较正式的场合应该使用较正式的语体。

当 Joseph Greenberg 发现了语言的"蕴含共性"（implicational universals）后，另一富有成效的语言学方法产生了。Joseph Greenberg 发现的是"如果一种语言通常把动词置于宾语之前，那么它很可能通常也把介词置于其名词之前"（如英语；

相反模式如日语），其信徒 John Justeson 则提出了一系列文字系统的共性，如："[1]
只要记录音素的文字系统，都包含辅音音素符号"；"[7]在记录借词时，音素文字比
音节文字更可能离析出借词的音素，并逐音素记录"；"[32]如果一种文字没有记录
/1/，也不会记录/r/"。这些经验性的发现，需要通过再研究来确定是偶然现象还是
体现了语言和文字的内在联系。

拼写法随着生成音系学（由 Morris Halle 开创并被 Noam Chomsky 接受）进入了
语言学的研究领域。生成音系学在解释词（和语素）的各种语音形态时，大致上是认
为每个说话者重演了其语言语音系统演变的历时顺序：他们头脑中有一个"潜在形式"
（underlying forms）的词库，以及一系列改变潜在形式的规则——且这些潜在形式
不足为奇地与词语的拼写形式非常接近，于是就有这样的合理结论："英语的书写形
式事实上与拼读英语的优选系统相当接近。"（Chomsky and Halle 1968:184 n. 19）

更一般的意义上讲，我们必须认识到即使最纯粹的描写语言学，分析的也总是一
个书写的文本。这个书写的文本，在理想的情况下，是对自然话语的认真转写（录音
引入以后变得更易操作），或者有时是在说本族语的人的合作下仔细修改的文本
（Murray 1983）。而美洲印第安语语文学，任务也是通过殖民时期的作者们用当时英
文、西班牙文、法文中发音基本相当的字母对印第安语的转写，来重建印第安语文本
的读音或一些孤立的词、短语的读音（Goddard 1973）。以上这些都是对"写下来"
的口语的语法描写。

美国之外的其他广大地区，有一个把书面语作为一种语体来研究的传统，认为书
面语在质上即使不"高于"也是"不同于"口语的。在这一领域的主要人物有捷克学
者 Josef Vachek 和英籍澳大利亚人 M. A. K. Halliday（韩礼德）。Josef Vachek 的
《书面语的重新探讨》（*Written Language Revisited.* 1989）收录了半世纪以来的
相关论文。Halliday 的系统语言学力图将超出句子层级的语篇模型研究包括进来，
而描写语言学（包括 Leonard Bloomfield 和 Noam Chomsky，以及他们众多各具特点
的信徒们；Matthew 1993）不久前还叫停此种研究。处于美国传统中的语言学家们虽
然已经开始对更大的语言片段进行分析，但关注的焦点仍旧是口语对话；而 Halliday
已经对书面散文的结构做起了研究（Halliday、Martin 1993 一书中有几章是写给非
语言学家的，可能是了解其流派的最易门径）。

描写语言学（后来变为结构主义语言学）的理论基础是在 20 世纪第二个十年由
索绪尔奠立的（Ferdinand de Saussure 1916）。他此前曾在印欧语方面做出过革命
性的工作。索绪尔系统地阐述了历史语言学和描写语言学的区别，并牢固地确立了文

字从属于口语的观点。索绪尔认为，语言由符号构成，每个符号都包含一个能指（语音）和一个所指（语义），而且这些符号是任意的（arbitrary）和线性的（linear）。这些假定从此变成了公理，但 Roy Harris （1990，最明确地）对它们全部提出了质疑。Harris 不想把一种语言的现状与其过去割裂开来，或者把其口语形式和书面形式割裂开来（或者把语言整体与其他交际形式割裂开来）。对语言线性（语言成分在单一时间维度上相继展开）的否定与文字的语言学最为相关。一方面，一个写下来的完整文本意味着语言片段可以脱离它们的生成顺序而被提及。另一方面，也是对文字系统最重要的一方面，Harris 提醒我们（1986）语音学研究表明语流中无法分离出与字母对应的单位，即语流中不能分离出音素；音节是现实存在的最小语言单位（参考第 52 节）。在 Harris 看来，音素现象是基于音素文字的人为产物。我们不需要全部接受他对语言学的解构，但是他的观点值得我们深思。

五、相关话题

在本书（*The World's Writing Systems*）涉及的范围之外，但又非常重要而不得不提的两块学术沃土是：阅读心理研究和读写现象研究。Kavanagh、Mattingly （1972）一书收集了首届语言学家和心理学家共同研讨会的论文，Downing、Lima 和 Noonan（1992）一书选编了 1988 年召开的语言学和读写能力会议的论文。书面语的习得，即学习阅读，是现代青少年的最重要任务之一。这一直是心理语言学最热的研究领域之一（如 Gibson、Levin 1975，Henderson 1982；Kennedy 1984 和 McLane、McNamee 1990 是写给一般读者的），也是教育学家们争议不休的热点。的确，心理语言学家们都喜欢考察受试者在涉及书面语的任务中的表现，并假定自己发现的是人脑处理语言的一般规律。这种假定似乎不太合理，因为至少有一点很难理解，那就是人脑是如何进化出与说话能力不同的文字能力专区的：这一发生在过去五千年里的进化过程，应该需要一些与读写能力有关的生育优势，但事实上有读写能力的人并不是靠生育后代淘汰了无读写能力的人。

读写能力的研究有两方面。一方面是现代社会的文盲问题，既包括科技发达国家的文盲问题，也包括没有全民识字传统或全民识字要求的发展中国家的文盲问题。这方面的一些有用参考资料（除了关于语言规划的大型文献外）有：de Castell、Luke、Egan 1986，Graubard 1991，Kintgen、Kroll、Rose 1988，Olson、Torrance 1991；Olson、Torrance、Hildyard 1985，Pattison 1982，Street 1984，Stubbs 1980。这是教育学家的研究领域，同时也是政治家和政治学家的研究领域，还是经济学家和商业管理者的研究领域。我们希望文字系统知识的增多至少可以有助于他们深入思考。

　　另一方面是读写的历史。过去的几十年中，学界对读写史（至少是西方文明中的读写史）进行了充分的研究。几乎每个历史时期，都有研究专著（下表列出的参考书目并不全），而且展现文字材料在欧美文化进程中的重要性的一般性综合研究也已出现（Graff 1987，Martin 1988，Olson 1994）。Baines（1983）和 Michalowski（1994）是古代近东读写史的奠基之作。人类学家和哲学家认为现代世界的书写既影响了原先的非读写文化（如 Goody 1968，1977，1986，1987；Scribner、Cole 1981；Street 1993），也影响了现代西方文化（如 Ong 1977，1982；Illich、Sanders 1988）。Marshall McLuhan（如 1962）是众所周知的，Logan 是他的信徒（Logan 1986）；Eric Havelock 也有相似的假设，我们将在本书第 2 节进行讨论。Barton（1994）提供了一个简要却完整的读写史概述。至于我们前面讨论的关于文字的一些话题，所有历史学家似乎因文字过于近在眼前而丝毫没有注意。他们研究了使历史成为可能的文献的内容，却没有忽视了文献的文字本身。

时期	参考书目
古希腊	Thomas 1989，1992
古罗马	Harris 1989
中世纪欧洲	Chaytor 1945，McKitterick 1989，1990
中世纪英格兰	Clanchy 1979
文艺复兴时期欧洲	Febvre、Martin 1976，Eisenstein 1979
伊丽莎白时期英格兰	Goldberg 1990
早期美国	Simpson 1986，Murray 1991

参考文献

文字学及其历史：

Abercrombie, David. 1967. *Element of general phonetics*. Edinburgh: Edinburgh University Press; Chicago: Aldine.

Catford, J. C. 1988. *A Practical Introduction to Phonetics.* Oxford: Clarendon.

Clodd, Edward. 1904. *The Story of the Alphabet.* New York: Appleton.

Cohen, Marcel. 1958. *La grande invention de L'écriture et son évolution.* 3 vols.
Paris: Imprimerie Nationale.

Cooper, Jerrold S. 1989. "Writing." *International Encyclopedia of Communications."* New York: Oxford University Press.

Coulmas, Florian. 1989. *The Writing Systems of the Word.* Oxford: Blackwell.

Daniels, Peter T. 1991. "Is a Structural Graphemics Possible?" *LACUS Forum* 18:528-37.

----------. 1994. "Reply to Herrick." *LACUS Forum* 21:425-31.

Defrancis, John. 1989. *Visible Speech: The Diverse Oneness of Writing Systems.*
Honolulu: University of Hawaii Press.

Diringer, David. 1958. *The Story of the Aleph Beth.* New York: Philosophical
Library.

----------. 1962. *Writing*(Ancient People and Places 25). New York: Praeger.

----------. 1968. *The Alphabet: A Key to the History of Mankind*, 3rd ed. 2 vols.
New York: Funk & Wagnalls.

Driver, Godfrey Rolles. 1976. *Semitic Writing: From Pictograph to
Alphabet*(Schweich Lectures of the British Academy, 1944), 3rd ed., ed.
Simon A. Hopkins. London :Oxford University Press.

Faulmann, Karl. 1880. *Das Buch der Schrift, enthaltend die Schriftzeichen und
Alphabeten aller Zeiten und aller Völker des Erdkreises*, 2nd ed.
Vienna:K. K. Hof-und Staatsduckerei. Repr. Nördlingen: Greno, 1985.

----------. 1880. *Illustrierte Geschichte der Schrift :
Populär-wissenschaftliche Darstellung der Entstehung der Schrift der
Sprache und der Zahlen sowie der Schriftsysteme aller Völker der Erde.*
Vienna. Repr. Nördlingen: Greno, 1989.

Février, James-Germain. 1959. *Histoire de l'écriture*, 2nd ed. Paris:Payot.

Fossey, Charles, ed. 1948. *Notices sur les caractères étrangers anciens et
modernes.* Paris: Impri- merie Nationale.

Friedrich, Johannes. 1966. *Geschichte der Schrift unter besonderer
Berücksichtigung ihrer geistigen Entwicklung.* Heidelberg: Winter.

Gaur, Albertine. 1992. *A History of Writing*. rev. ed. London: British Library; New York: Abbeville.

Gelb, I. J. 1949. "The Date of the Cruciform Monument of Maništušu." *Journal of Near Eastern Studies* 8:346-48.

----------. 1952. *A Study of Writing*. Chicago: University of Chicago Press. Rev. ed., 1963.

Haarmann, Harald. 1990. *Universalgeschichte der Schrift*. Frankfurt: Campus Verlag.

Householder, Fred W., Jr. 1959. "More on Mycenean" [review article]. *Classical Journal* 54:379-83.

Jensen, Hans. 1969. *Sign, Symbol and Script*, 3rd ed., trans. George Unwin. London: George Allen & Unwin; New York: Putnam's.

Keightley, David N. 1989. "The Origins of Writing in China: Scripts and Cultural Contexts." *In The Origins of Writing*, ed. Wayne M. Senner, pp. 171-202. Lincoln:University of Nebraska Press.

Kohrt, Manfred. 1985. *Problemgeschichte des Graphembegriffs und des frühen Phonembegriffs* (Reihe Germanistische Linguistik 61). Tübingen: Niemeyer.

----------. 1986. "The Term 'Grapheme' in the History and Theory of Linguistics." In *New Trends in Graphemics and Orthography*, ed. Gerhard Augst, pp. 80-96. Berlin:de Gruyter.

Kopp, Ulrich Friedrich. 1821. *Bilder und Schriften der Vorzeit*. 2 vols. Mannheim.

Ladefoged, Peter. 1975. *A Course in Phonetics*. New York: Harcourt Brace Jovanovich.

Laver, John. 1994. *Principles of Phonetics* (Cambridge Textbooks in Linguistics). Cambridge: Cambridge University of Press.

Lepschy, Giulio C., ed. 1994-. *History of Linguistics*. 4 vols. London: Longmans. (Italian original, 1990.)

Mason, William A. 1920. *A History of the Art of Writing*. New York: Macmillan.

Moorhouse, Alfred C. 1953. *The Triumph of the Alphabet: A History of Writing*. New York: Schuman.

Nakanishi, Akira. 1980. *Writing Systems of the World: Alphabets • Syllabaries • Pictograms*. Rut- land, Vt. :Tuttle. (Japanese original, 1975.)

Nida, Eugene, ed. 1972. *Book of a Thousand Tongues*, 2nd ed. London: United Bible Societies.

Ober, J. Hamilton. 1965. *Writing:Man's Greatest Invention*. Baltimore: Peabody Institution.

Ogg, Oscar. 1948. *The 26 Letters*. New York: Crowell.

Sampson, Geoffrey. 1985. *Writing Systems*. London: Hutchinson; Stanford: Stanford University Press.

Taylor, Isaac. 1883. *The Alphabet: An Account of the Origin and Development of Letters*. 2 vols. London: Kegan Paul, Trench.

Taylor, Edward Burnett. 1865. *Researches into the Early History of Mankind and the Development of Civilization*. London.

----------. 1881. *Anthropology:An Introduction to the Study of Man and Civilization*. London. Repr. New York:Appleton, 1898(International Scientific Series).

文字的类型学：

Daniels, Peter T. 1990. "Fundamentals of Grammatology." *Journal of the American Oriental Society* 110:727-31.

Gamkrelidze, Thomas V. 1994. *Alphabetic Writing and the Old Georgian Script: A Typology and Provenience of Alphabetic Writing Systems*. Delmar, N. Y. : Caravan Books. (Georgian and Russian original, 1989.)

Istrin, Viktor Aleksandrovich. 1953. "Nekotorye voprosy teorii pis'ma: Tipy pis'ma i ix sviaz's Jazykom. " *Voprosy jazykoznanija* 4: 109-21. = "Relations entre les types d'écriture et la langue," trans. David Cohen. *Recherches internationales à la lumière du marxisme* 7(1958):35-60, Repr. in *Readings in Modern Linguistics: An Anthology*. ed. Bertil Malmberg, pp. 359-82. Stockholm:Läromedelsförlagen; The Hague Mouton.

----------. 1957. "L'écriture, sa classification, sa terminologie et les régularités de son développement," *Journal of World History* 4:15-39.

Herrick Earl M. 1974. "A Taxonomy of Alphabets and Scripts" *Visible Language* 8:5-32.

Hill. Archibald A. 1967. "The Typology of Writing Systems." In *Papers in Linguistics in Honor of Léon Dostert* (Janua Linguarum Series Major 25), ed. William M. Austin, pp. 93-99. The Hague: Mouton.

Justeson, John, and Laurence D. Stephens. 1993. "The Evolution of Syllabaries from Alphabets:Transmission, Language Contrast and Script Typology." *Die Sprache* 32:2-46.

Sampson. Geoffrey. 1994. "Chinese Script and the Diversity of Writing Systems." *Linguistics* 32: 117-32.

Voegelin, C. F. , and F. M. Voegelin. 1961. "Typological Classification of Systems with Included, Excluded and Self-Sufficient Alphabets." *Anthropological Linguistics* 3/1:55-96.

文字的研究:

Bloomfield, Leonard. 1933. *Language*. New York: Holt.

Chomsky, Noam, and Morris Halle. 1968. *The Sound Pattern of English*. New York: Harper &Row.

Goddard, Ives, 1973. "Philological Approaches to the Study of North American Indian Languages: Documents and Documentation." In *Current Trends in Linguistics*, ed. Thomas A. Sebeok, vol. 10, *Linguistics in North America*, pp. 727-45. The Hague: Mouton.

Hall, Robert A. , Jr. 1950. *Leave Your Language Alone!* Ithaca, N. Y. : Linguistica. Repr. as *Linguistics and Your Language*, Garden City, N. Y. : Doubleday Anchor, 1960.

Halliday, Michael A. K. , and J. R. Martin. 1993. *Writing Science: Literacy and Discursive Power.* Pittsburgh: University of Pittsburgh Press.

Harris, Roy. 1986. *The Origin of Writing*, London: Duckworth; La Salle, Ⅲ. : Open Court.

----------. 1990. "On Redefining Linguistics." In *Redefining Linguistics*, ed.

　　　Hayley G. Davis and Talbot J. Taylor, pp. 18-52. London：Routledge.

Justeson, John. 1976. "Universals of Language and Universals of Writing." In
　　　Linguistic Studies Offered to Joseph Greenberg, ed. Alphonse Juilland,
　　　vol. 1, General Linguistics, pp. 57-94. Sa- ratoga, Calif. : Anma Libri.

Matthews, Peter Hugoe. 1993. *Grammatical Theory in the United States from
　　　Bloomfield to Chomsky* (Cambridge Studies in Linguistics 67). Cambridge：
　　　Cambridge University Press.

Morton, Herbert C. 1994. *The Story of Webster's Third: Philip Gove's
　　　Controversial Dictionary and Its Critics.* Cambridge: Cambridge
　　　University Press.

Murray, Stephen O. 1983. "The Creation of Linguistic Structure." *American
　　　Anthropologist* 83: 356-62.

Saussure. Ferdinand de. 1916. *Cours de linguistique générale*, posthumous
　　　publication from students' lecture notes, ed. Charles Bally and Albert
　　　Sechehaye. Paris: Payot. Trans., as *Course in General Linguistics*, by Wade
　　　Baskin,　New　York:　Philosphical　Library, 1959 (repr.　New　York:
　　　McGraw-Hill, 1966) :by Roy Harris, London：Duckworth, 1983 (repr. La Salle,
　　　Ⅲ. : Open Court. 1986). Critical edition of the sources, ed. Rudolf Engler,
　　　Wiesbaden: Harrassowitz, 1967-74.

Sledd, James, and Wilma R. Ebbitt, eds. 1962. *Dictionaries and That Dictionary:
　　　A Casebook on the Aims of Lexicographers and the Targets of Reviewers.*
　　　Chicago: Scott, Foresman.

Vachek. Josef. 1989. *Written Language Revisited*, ed. Philip A. Luelsdorff.
　　　Amsterdam: Benjamins.

相关话题：

Baines, John. 1983. "Literacy and Ancient Egyptian Society." *Man* n. s. 18:572-99.

Barton, David. 1994. *Literacy: An Introduction to the Ecology of Written
　　　Language.* Oxford: Blackwell.

Chaytor, Henry J. 1945. *From Script to Print: An Introduction to Medieval
　　　Vernacular Literature.* Cambridge: Cambridge University Press. Repr.

Cambridge: Heffer., 1966.

Clanchy, M. T. 1979. *From Memory to Written Record: England*, 1066-1307. London: Arnold; Cambridge: Harvard University Press.

de Castell, Suzanne, Allan Luke, and Kieran Egan, eds. 1986. *Literacy, Society, and Schooling: A Reader*. Cambridge: Cambridge University Press.

Downing, Pamela, Susan D. Lima, and Michael Noonan, eds. 1992. *The Linguistics of Literacy* (Typo-logical Studies in Language 21). Amsterdam: Benjamins.

Eisenstein, Elizabeth L. 1979. *The Printing Press as an Agent of Change: Communications and Cultural Transformations in Early-modern Europe*. 2 vols. Cambridge: Cambridge University Press.

Febvre, Lucien, and Henri-Jean Martin. 1976. *The Coming of the Book: The Impact of Printing 1450-1800*. London: NLB. (French original, 1958.)

Gibson, Eleanor J., and Harry Levin. 1975. *The Psychology of Reading*. Cambridge: MIT Press.

Goldberg, Jonathan. 1990. *Writing Matter: From the Hands of the English Renaissance*. Stanford: Stanford University Press.

Goody, Jack. 1977. *The Domestication of the Savage Mind*. Cambridge: Cambridge University Press.

----------. 1986. *The Logic of Writing and the Organization of Society*. Cambridge: Cambridge University Press.

----------. 1987. *The Interface between the Written and the Oral*. Cambridge: Cambridge Univ. Press.

Goody, Jack, ed. 1968. *Literacy in Traditional Societies*. Cambridge: Cambridge University Press.

Graff, Harvey J. 1987. *The Legacies of Literacy: Continuities and Contradictions in Western Culture and Society*. Bloomington: Indiana University Press.

Graubard, Stephen R., ed. 1991. *Literacy:An Overview by 14 Experts*. New York: Hill and Wang (=*Daedalus* 119/2).

Harris, William V. 1989. *Ancient Literacy*. Cambridge: Harvard University Press.

Henderson, Leslie. 1982. *Orthography and Word Recognition in Reading.* London: Academic Press.

Illich, Ivan. and Barry Sanders. 1988. *ABC: The Alphabetization of the Popular Mind.* San Francisco: North Point Press. Repr. New York: Random House, 1989.

Kavanagh, James F. , and Ignatius G. Mattingly, eds. 1972. *Language by Ear and by Eye: The Relationships between Speech and Reading.* Cambridge: MIT Press.

Kennedy, Alan. 1984. *The Psychology of Reading.* London: Methuen.

Kintgen, Eugene R. , Barry M. Kroll, and Mike Rose, eds. 1988. *Perspectives on Literacy.* Carbondale: Southern Illinois University Press.

Logan, Robert K. 1986. *The Alphabet Effect:The Impact of the Phonetic Alphabet on the Development of Western Civilization.* New York: Morrow.

Martin, Henri-Jean. 1994. *The History and Power of Writing*, trans. Lydia G. Cochrane. Chicago: University of Chicago Press. (French original, 1988.)

Mckitterick, Rosamond. 1989. *The Carolingians and the Written Word.* Cambridge: Cambridge University Press.

Mckitterick, Rosamond, ed. 1990. *The Uses of Literacy in Early Mediaeval Europe.* Cambridge: Cambridge University Press.

McLane, Joan Brooks, and Gillian Dowley McNamee. 1990. *Eraly Literacy* (The Developing Child). Cambridge: Harvard University Press.

McLuhan, Marshall. 1962. *The Gutenherg Galaxy: The Making of Typographic Man.* Toronto: University of Toronto Press.

Michalowski, Piotr. 1994. "Writing and Literacy in Early States: A Mesopotamianist Perspective." *In Literacy: Interdisciplinary Conversations,* ed. Deborah Keller-Cohen. Cresskill, N. J. : Hampton.

Murray, David. 1991. *Speech, Writing and Representation in North American Indian Texts.* Bloomington: Indiana University Press.

Olson, David R. 1994. *The World on Paper:The Conceptual and Cognitive Implications of Writing and Reading.* Cambridge: Cambridge University Press.

Olson, David R. , and Nancy Torrance, eds. 1991. *Literacy and Orality.* Cambridge: Cambridge University Press.

Olson, David　　R., Nancy　　Torance, and　　Angela　　Hildyard, eds. 1985. *Lliteracy, Language, and Learning: The Nature and Consequences of Reading and Writing.* Cambridge: Cambridge Univ. Press.

Ong, Walter J., S. J. 1977. *Interfaces of the Word: Studies in the Evolution of Consciousness and Culture.* Ithaca, N. Y. : Cornell University Press.

----------. 1982. *Orality and Literacy: The Technologizing of the Word.* London: Methuen.

Pattison, Robert. 1982. *On Literacy: The Politics of the Word from Homer to the Age of Rock.* New York: Oxford University Press.

Scribner, Sylvia, and Michael Cole. 1981. *The Psychology of Literacy.* Cambridge: Harvard University Press.

Simpson, David. 1986. *The Politics of American English, 1776-1850.* New York: Oxford University Press.

Street, Brian V. 1984. *Literacy in Theory and Practice.* Cambridge: Cambridge University Press.

Street, Brian V., ed. 1993. *Cross-cultural Approaches to Literacy.* Cambridge: Cambridge University Press.

Stubbs, Michael. 1980. *Language and Literacy: The Sociolinguistics of Reading and Writing.* London: Routledge & Kegan Paul.

Thomas, Rosalind. 1989. *Oral Tradition and Written Record in Classical Athens.* Cambridge: Cambridge University Press.

----------. 1992. *Literacy and Orality in Ancient Greece.* Cambridge: Cambridge University Press.

（陈永生，中国海洋大学文学与新闻传播学院，yongshengch163@163.com）

收稿日期：2014-7-25

20世纪西方普通文字学史概览

——以文字史、文字学专著为例

蒋修若

提　要： 20 世纪是西方普通文字学发端、发展、成熟的时期，文字史、文字学通论性著作反映了西方学者对世界文字认识不断深化的过程，在近一百年的时间内，类聚的文字材料、使用的研究方法，蕴含的观念都发生了不同程度的变化，据此我们可以将西方文字学史分为初创期、发展期和成熟期。

关键词： 普通文字学著作；文字学史分期；研究材料；研究方法；研究理念

　　以世界全部文字作为研究对象、基于文字符号与文字体系的类聚与比较，探索文字发生与演变，共性、特征与一般规律，研究起源、类型、流变、传播等基本理论问题的普通文字学，发端于西方，产生于 19 世纪末 20 世纪初，在一百多年的时间内经历了日益成熟的过程。在这一时期内，西方文字史与文字学通论性著作是普通文字学研究的重要载体，反映出文字学史的发展脉络与历程。其中对文字本质、发生、类型等理论问题的探讨，影响尤为深远。因此，本论文选取了 20 世纪十六部具有代表性的通论性著作，简要归纳概括每部著作的内容与框架，在此基础上，依据其中关涉的文字材料、使用的研究方法以及蕴含的理念，将普通文字学史初步分为初创期、发展期、成熟期，梳理西方普通文字学史的大致脉络。

一、概说

任何一门学科的发展，其研究总是从个别到一般，从现象到本质，逐渐实现全面化、系统化与科学化的渐进过程。20 世纪的西方普通文字学研究亦不例外，概括来说，这一学科的发展趋势主要表现为从资料的收集、整理和描写上升到对其中规律的深层解释和阐发。从材料上看，文字学所整理与描写的材料日益丰富；从方法上看，从初步的类聚归纳到历史比较，再到结构类型分析，最终发展到对文字内部结构的深层分析与本质的探索；从理论观念上看，从早期简单借用"进化论"，以发生学的历史亲缘关系类推为类型上的递变；到逐渐意识到文字同语言的谱系关系之间的差异，因此使用"传播"、"扩散"理论加以补充，试图解释有限数量的文字类型在世界范围内的广泛使用；最后，随着认识的进一步深化，在文字学著作中，开始立足于文字符号的性质与文字系统的本质，对文字起源、文字流变、文字同语言的关系等理论问题进行深层次的探讨，总结出文字系统不同于自然物种与语言系统的发展规律，并试图解释规律背后的深层动因。

从 19 世纪开始，西方学界便开始对世界文字符号与体系进行不同程度的研究与探索：历史语言学、考古学、历史学、金石学（epigraphy）、古文献学（paleography）等学科都分别立足自身的视角，对文字材料进行了初步的描写、归纳与概述。但是，我们认为，这些研究还不能够纳入普通文字学的范畴，主要原因如下：首先，这些研究往往立足于个别文字体系，不具备材料上的全面性和完整性。举例来说，历史语言学较多地关注西方现行的字母在不同时期的不同形式，以及字符同语音之间的关系；考古学、历史学则关注古文字材料的发现与保存，释读方法与过程；金石学只考察以刻划为书写方式遗留在较坚硬的材料（如石碑、木块、金属、陶器等上）的文字，古文献学则主要侧重在纸质材料上书写的古老文献。其次，这些研究不具备时间上的延续性，往往局限于有限的时代与地域范围之内，因此缺乏对文字发展历史与整体趋势的论述。最后，由于这类研究实质上是为语言学、文献学、历史学服务的，普通文字学始终未能脱胎为一门独立的学科，更遑论针对于"文字"这一研究对象本身创立术语、方法与理论。

正如前辈时贤所论，"普通文字学的研究，同普通语言学一样，应当是'描写的'、

'历史的'以及'理论的'。"①还有学者将研究内容总结为："类型的"、"历史的"、"心理的"②三个方面。也就是说，真正意义上的普通文字学研究，应该实现以下三个任务：首先，对一切文字体系进行描写并整理它们的历史，根据一定的标准进行分类与归类；其次，寻求在一切文字现象中永恒、普遍地发挥作用的力量，整理出能够概括一切现象背后的一般规律；最后，在此基础上，确定自己的研究对象、范围与定义，同相邻学科划出明确的界限。据此，我们认为，满足上述条件的普通文字学研究，在 20 世纪经历了发端、完善、日臻成熟的全部过程。这一时期，不同地域、不同时期的文字体系本身成为研究的唯一对象，不再作为考察语言形态、语源的手段，也不再作为重建与复原古代文化历史面貌的途径。其中，西方语言学研究在 20 世纪从历时比较向共时描写的转向，尤其是对口头语言的强调，对文字学与语言学研究对象的分离发挥了重要作用。这一研究重点的偏移实质上较为彻底地区分了文字现象与语言现象，故将文字本体的研究排除出语言学的范围，客观上促进了普通文字学的分立。

通常认为，文字有字形、字音与字义三个方面，文字学研究也据此在内部划分不同的分支。然而，事实上，文字的这三个方面只有字形才是属于文字范畴层面的，音和义都是由于依附了相应的语言成分才得以实现。作为一种符号系统，属于语言层面的音（音响形式）与义（语义概念）共同作为所指，而文字形体单独作为能指。换言之，文字的外在形式的研究属于形式范畴；而内在结构、组织原则（同语言要素的关系）属于功能范畴。最为纯粹的文字研究当属对字符形式的研究，即"字符学"（graphetics）。这个分支仅研究具体的书写符号的形状，以及书写符号在不同时代、不同地域的同类文字系统中的变异。这也就是早期西方文字史著作中普遍关注的内容，即在同一类型与谱系内对文字形式所进行的初步描写与历史比较。但是，由于任何一种成熟的文字体系，其基本功能都在于记录语言，辅助和扩大语言交际功能，便于长久保存信息；也就是说，稍纵即逝的有声语言借助于文字才得以克服时间与空间上的局限，得以传诸久远。因此，仅仅依靠文字符号的外在形式，而不考虑相关语言形式，不引入语言要素，对文字规律与本质的探索是十分有限的。因此，西方普通文

---

① 'Grammatology, like linguistics in general, must be descriptive, historical and theoretical.' Peter T. Daniels. Grammatology: The Study of Writing Systems. *The World's Writing Systems.* Edited by Peter T. Daniels and William Bright. New York: Oxford University Press, 1996. P1.

② 'Let us now consider the question of what general headings such a study might divide into. What chief aspects of the subject can be distinguished? I propose three categories as covering most of the ground between them. These may be labeled typology, history, and psychology.' Geoffrey Sampson. *Writing Systems: A Linguistic Introduction.* Stanford University Press, 1985. P15.

字学研究从 20 世纪 30 年代开始，就致力于探寻字符同其所代表的语言成分之间的关系，并基于此进行了文字符号与文字体系的类型研究。最后，随着材料的积累，方法的完善，学者们关注并探讨了文字研究中的基本理论问题：如文字的本质，文字同语言的区别与联系；文字的起源与发生过程；文字体系内部的组合与聚合原则，文字产生与演变的普遍规律等。总的来说，我们认为，整个 20 世纪的文字学研究，外在形式与内在结构的研究；历史比较与结构类型的方法；本质与规律的阐释始终都是同时存在的，只是在不同时期所占比重存在差异而已。

二、著作内容

本文依据与考察的西方文字史、文字学著作如下表所示（参见 20 世纪西方普通文字史、文字学著作状况简表），这里需要说明的是，泰勒（Taylor，1883）的《字母：字母的起源与演变述论》（*The Alphabet: An Account of the Origin and Development of Letters*）虽然产生于 19 世纪末期，学者们却普遍公认它是西方普通文字学史上第一部从科学的视角对世界文字进行阐释的理论著作[①]，并且充分肯定了其价值："100 年前，泰勒首先对人类文字作宏观的综合研究，提出五种文字类型和文字进化论的观点。他代表文字分类学的开创时期。"[②]基于这部著作的重要意义与价值，以及它同之后学术研究在观念上的相承与延续，我们将它与其他著作一同纳入考察的范畴，并视为西方普通文字学科学研究的起点。

20 世纪西方普通文字史、文字学著作状况简表

序号	作者	著作名称	中文译名	出现时代
1	Taylor Isaac	*The Alphabet: An Account of the Origin and Development of Letters*	字母：字母的起源与演变述论	1883
2	Clodd, Edward	*The Story of the Alphabet*	字母的故事	1900

① 'The first book on writing from a scientific perspective is Issac Taylor's *The Alphabet*(1883)……It seems to be Taylor who first laid out(vol. 1, p. 6) the tripartite typology of writing systems—logographic, syllabic, alphabetic—that has dominated the grammatology for more than a century, though it has been attributed to Edward Butnett Tylor, father of anthropology(1865).' Grammatology: The Study of Writing Systems. *The World's Writing Systems.* Edited by Peter T. Daniels and William Bright. New York: Oxford University Press, 1996. P6.

② 周有光：《比较文字学初探》，语文出版社 1998 年版，第 28 页。

3	Mason, William A	*A History of the Art of Writing*	书写艺术的历史	1920
4	Jensen, Hans	*Die Schrift in Vergangenheit und Gegenwart*	文字的今昔	1935
5	Diringer, David	*The Alphabet: A Key to the History of Mankind*	字母：人类历史的钥匙	1948
6	Diringer, David	*The Story of the Aleph Beth*	字母的故事	1958
7	Diringer, David	*Writing: its origin and history*	文字：它的起源和历史	1962
8	Févirier, James-Germain	*Historie de L'écriture*	文字史	1948
9	Gelb. I. J	*A Study of Writing: Foundations of Grammatology*	文字研究——文字学基础	1952
10	Moorhouse, Alfred C.	*The Triumph of the Alphabet: A History of Writing*	字母的凯旋——文字的历史	1953
11	Cohen, Marcel	*L'écriture*	文字	1953
12	Cohen, Marcel	*La Grande invention de l'écriture et son évolution*	文字的伟大发明及其发展①	1958
13	Истрин В. А. B.A. 伊斯特林	*Возникновение и развитие письма*	文字的产生和发展	1960
14	Sampson, Geoffrey	*Writing Systems: A Linguistic Introduction*	文字体系：语言学视角简论	1985
15	Coulmas, Florian	*The Writing Systems of the World*	世界文字体系	1989
16	DeFrancis, John	*Visible speech: the Diverse Oneness of Writing Systems*	视觉语言：文字体系的多样性	1989

---

　　① 《文字的伟大发明及其发展》（*La Grande invention de l'écriture et son évolution*）是在《文字》（*L'écriture*）的基础上扩展改写的，因此以前者作为主要材料。

依据上表所列出的 20 世纪西方文字史、文字学书目，我们对著作的基本情况进行简单概述：

如前所述，英国学者泰勒（Taylor）的《字母：字母的起源与演变述论》（*The Alphabet: An Account of the Origin and Development of Letters*，1883）是第一本科学视角的普通文字学著作，可谓西方普通文字学研究的开端。作者为古文献学专家，对卢尼字母（runes）的来源与性质有独特的见解。全书材料丰富，论述翔实，分章节着力探讨字母的起源。分为前言、文字的发生（此章简述了各种字母之外的文字体系）、字母的起源、原始字母的形式、腓尼基字母、阿拉米亚字母、南闪字母、希腊字母、希腊字母后裔、伊朗字母、印度字母等内容；对"腓尼基—希腊字母—希腊字母及其后裔"的发展演变情况进行了详尽的描写。

20 世纪早期著名的人类学家和民俗学家克劳德（Clodd）于 1900 年发表文字学著作《字母的故事》（*The Story of the Alphabet*，国内有译本：林祝敬译，《比较文字学概论》），将文字学研究纳入人类学的范畴之内。该著作代表了 19 世纪末至 20 世纪初西方文字史研究的共同准则，即将自然科学领域内的"进化论"法则引入世界文字的研究，探讨文字从低级到高级的发展演变规律，勾勒出"助记符号（结绳、贝壳念珠）—图画文字—表意文字—表音文字（词文字—音节文字—字母文字）"的演变轨迹。全书分为导言、字母的起源、助记符号与图画文字、汉字日文韩文、楔形文字、埃及圣书字、罗塞塔石、埃及文字与字母的关系、克里特文字及其相关文字、希腊草纸、罗尼文与奥干文等十一章；较为全面地介绍了世界范围内各种文字体系的基本面貌，并在此基础上进行了一些规律性的阐释。该著作流传广泛，被翻译为多国语言，影响较深。

梅森（Mason）的著作《书写艺术的历史》（*A History of the Art of Writing*，1920）从现代书写形式中的表意符号出发，依次简要描述了原始文字体系、北美印第安人文字、古墨西哥文字、复活岛象形文字、中国表意文字、古埃及圣书字、巴比伦与亚述楔形文字、古赫梯象形文字、腓尼基字母、地中海前腓尼基音节文字、希腊文字、罗马文字、中世纪字母书写形式。该著作所涉及的文字材料较为广泛，对文字发生与起源、文字的传播与流变等问题进行了扼要的理论阐释。

德国学者詹森（Jensen）的著作《文字的今昔》（*Die Schrift in Vergangenheit und Gegenwart*，1935）提供了不同时期、不同地域、不同民族所保存的极为丰富的文字材料。该书在前三章探讨了文字的形成、发展以及演变规律等基本理论问题，从第四章开始，依次探讨了埃及文字；两河流域用以记录苏美尔、巴比伦、亚述、赫梯、埃兰、古波斯、乌加里特等不同语言的楔形文字；地中海地区的古文字（克里特、塞浦路斯、赫梯象形）；东亚地区的汉字、日文、越南字喃文字；非洲文字；中美洲阿兹特克、玛雅文字；闪米特文字及其分支等。值得注意的是，作者罗列了中国西部与南部的多种少数民族文字材料——如西夏文、纳西文、新疆的龟兹文、于阗文等。

　　英国文字学家迪龄格（Diringer）在《字母：人类历史的钥匙》（The Alphabet: A Key to the History of Mankind, 1948）一书中，首次明确了文字史研究对人类的意义与价值，指出了文字史专类研究的现状与不足，并提出了"文字的科学研究"（the science of writing）和"文字的历史研究"（the history of writing）两个概念，阐释了二者之间的区别和联系，对普通文字学的学科分立有指导作用。该著作篇幅宏伟，引证材料丰富，几乎将全世界的各种文字体系都纳入他所划分的文字类型框架中，对文字理论研究的普遍性问题，如文字的本质、起源等都不乏有深度的探讨和论证。"助记符号（结绳、贝壳念珠）—图画文字—表意文字—表音文字（词文字—音节文字—字母文字）"的发展阶段论仍然是贯穿全书的指导思想。此后，迪龄格又于 1962 年撰写了《文字》（Writing）一书。在该书"绪论"中阐明了全书的结构脉络和宗旨，即探讨文字的重要性（功用）、文字的起源、文字的发展以及世界文字分类的具体情况；文字的进化和发展依然是作者所坚持的中心理念。

　　美国古代史和亚述学研究专家格尔伯（Gelb）的著作《文字研究》（A Study of Writing），是作者以开创科学的文字学研究为目的和宗旨，历时 20 余年的学术成果，也是其重要的代表性著作。该书首次出版于 1952 年，1963 年出版了修订版。该书是第一部使用科学视角与明确的类型学方法进行文字学理论研究的著作，可谓普通文字学研究的开山之作。全书可分为五个部分。首章"文字作为一种符号系统"开宗明义，探讨在各种符号系统中文字的价值、作用与特征。接下来的四章（二—五章），对不同地域、时期、民族所使用的各种类型的文字进行了穷尽性的描写与呈现，并在此基础上进行了分类与比较；第六章承前五章，从文字的事实出发，试图重现世界文字从最初的原始文字发展为成熟的音素文字所经历的演变过程。至此，作者始终着眼于文字本身，探寻其不同文字现象的共性与差异，阐释文字发生流变的规律和动因。后四章则用来处理与文字相关的外部要素——文字的发展前景，文字同语言、艺术和宗教的关系等。值得一提的是，在《文字研究》正文之后，作者对在著作中出现和使用的概念、术语逐一进行了界定，这可谓是对于普通文字学术语进行归纳与规范的首次尝试，也是普通文字学学科发展与成熟的重要标志。

　　几乎与《文字研究》同时，英国学者莫豪斯（A.C.Moorhouse）撰写了《字母的胜利：文字的历史》（*The Triumph of the Alphabet: A History of Writing*, 1953）一书，较之此前纯粹意义上的文字史著作，该书开始关注理论问题，一定程度上采用了演绎推理的逻辑方法。该书主要分为两大部分，前半部分探讨"文字的形式"，后半部分探讨"文字的功能"。第一部分在首章专门探讨"文字的发展"，其中包括对文字本质、起源、演变、文字与语言关系以及发展演化阶段的概括性论述，其中的观念与前人一脉相承。

法国学者费立叶（Févirier）的《文字史》（*Historie de L'écriture*, 1948）、科恩（Cohen）的《文字》（*L'écriture*, 1953）、《文字的伟大发明及其发展》（*La Grande Invention de L'écriture et Son Evolution*, 1958），反映了法国文字史与文字学研究成果。两位学者都具备语言学的研究背景。因此，这三部著作既呈现出传统的文字史视角，按照地域、系属对世界文字体系进行分类，又具备一定的结构类型分析与理论阐释。

苏联学者 B.A. 依斯特林的《文字的产生和发展》（*Возникновение и развитие письма*）一书，于 1960 年问世，受到苏联国内外的广泛注意，对于文字史的和文字学理论的研究有重大意义。该书以社会经济、文化为背景，比较全面地论述世界各种主要文字体系的产生和发展以及它们之间的相互关系，涉及了文字的类型学上的一些问题以及文字学界的不同观点。作者运用科学的方法论比较正确地分析了文字产生的原因和发生发展的途径，描述出从远古图画文字到世界现存文字体系的发展过程，同时还对文字发展的前景作了探索，提出了普通文字学的一些基本理论问题：文字的本质及其对语言和思维的关系；文字的类型学和术语学；文字产生的条件、来源和时间；决定文字一般历史发展的因素；文字发展的规律和不同民族文字特点形成的各种原因等。

英国语言学者桑普森（Sampson）的著作《文字体系：语言学视角简论》（*Writing Systems: A Linguistic Introduction*, 1985）充分反映出作者所受到的语言学方法论影响。该书从"历史"、"结构"和"功能"三方面探索文字的理论问题，提出了较为新颖的创见；并将世界文字体系的共性、特征、内部结构与理据纳入了语言学的研究范畴。其中对韩国谚文、克里特音节文字以及汉字的性质与类别归属的论述在西方文字学界影响深远。

克罗姆（Coulmas）的《世界文字体系》（*The Writing Systems of the World*, 1989）依据科学的理论框架，对文字发生过程的描绘十分清晰。作者作为以社会语言学、日本语言与文字为主要研究领域的学者，对西方学者关注不够或描写粗疏的汉字及汉字系文字进行了较为细致的描写，对文字的社会功能以及影响文字发展演变的文化、历史、政治等外部因素进行了探讨。

　　德范克（DeFrancis）的《视觉语言：文字体系的多样性》（*Visible speech: the Diverse Oneness of Writing Systems*，1989），是第一位熟练掌握汉语汉字的西方语言学家撰写的文字学著作。该著作有很强的理论意识，使用类型学的手段，旨在探索世界文字体系的共性与类型。其中对文字的本质及汉字的性质论述很有价值。

三、分期

　　参照上表所简单呈现的西方文字史与文字学著作的名称，以及对著作内容与排布框架的初步考察分析，根据著作涉及的文字材料、使用的研究方法以及其中蕴含的理论观念，我们可以将 20 世纪的西方普通文字学研究简单地分为三个时期（在上表中以双线分隔）：

　　1. 初创期——20 世纪 30 年代以前：以《字母：字母的起源与演变述论》（Taylor，1883）、《字母的故事》（Clodd，1900）、《书写艺术的历史》（Mason，1920）为代表，这一时期的文字史通论性著作的研究重点始终集中在西方通行的字母文字体系，特别对拉丁字母体系在各个时期、不同地域的各种书写形式，进行了较为详尽的呈现；而对字母产生之前的其他文字类型关注十分有限。

　　从使用的文字材料上看，初创期的文字史著作主要关注"闪米特—希腊、拉丁字母"支线，包括希腊字母及其分支（拉丁字母、斯拉夫字母、埃特鲁斯坎字母等）、闪米特文字[①]（腓尼基字母、阿拉米亚字母）及其后裔（印度婆罗米和佉卢字母）。我们认为，希腊字母及其在不同历史时期、地域、记录不同语言的其他分支（如拉丁字母、斯拉夫字母、北欧字母等）；闪米特字母内部的各种分化与在世界范围内广泛传播后的后裔（从较早的原始闪米特字母分化为西支——腓尼基；北支—阿拉米亚；南支—撒巴），无论从外在形式还是内在结构来看，并没有发生根本上的改变，只存在书写形式与所对应音值的细微差异。从闪米特字母到希腊字母的演变状况虽然相对复杂，但是其中的衍生与源流关系也是很明显的。在泰勒的著作《字母：字母的起源与

---

　　① 腓尼基、阿拉米亚以及其他可以归属闪米特文字的文字体系，学界对它们的性质与类型存在争议。因为这种文字的个体字符只能明确记录语言中的辅音音素，不能明确标记元音音素（即使出现，也不具备同辅音音素相等的地位）；同希腊、拉丁字母等可以同时记录辅音与元音的典型字母存在差异。有学者基于这种考虑，认为这类文字并不是真正意义上的字母文字，而只能被称作音节文字或辅音文字。但是，为了方便起见，也为了同早期文字史、文字学著作中的称谓一致，我们暂时笼统地将这一类文字也称作字母，这里不包含对它们结构与性质的判断。

演变述论》中，近一半的篇幅探讨雅利安字母——其实指记录印欧语系的字母——包括：希腊字母在不同时期的各种形式；由希腊字母产生的意大利埃特鲁斯坎字母、拉丁字母、斯拉夫字母、阿尔巴尼亚字母、北欧地区的卢尼与欧干字母；伊朗字母、印度字母；另一半的篇幅探讨闪米特字母：包括北支的腓尼基字母、阿拉米亚字母及其分支——希伯来、阿拉伯、叙利亚、蒙古字母等、南闪米特字母等，只在第一章以很少的笔墨探讨了字母之前其他类型的文字体系：汉字、日文假名、楔形文字、埃及文字等。与之相似，克劳德在《字母的故事》中，开篇明确指出："文明世界的一切字母，都经过了相仿的发展时期，他们的进化演变以下各章要论述，其中，特别注重原始字母的共通形式，以及演化成现代通用字母的诸概念。"[①]在著作中，他主要根据希腊草纸与罗塞塔石等古文字材料的发现，集中考察腓尼基（这里指闪米特字母的原始形式）的三个主要分支：阿拉米亚；撒巴（克劳德将印度字母归入此类）；希腊字母支。虽然在某些字母的具体归属问题上，克劳德同泰勒的观点存在着一些差异，但是研究的重点基本是一致的。《字母的故事》也对远东地区的文字（汉字、日文、韩文）、两河流域的楔形文字、古埃及文字进行了一些初步归纳与描写，以专章形式考察了埃及字母中的单辅音字符同早期闪米特字母之间的关系。但是，相比于字母体系，这些其他类型的文字材料所占的篇幅十分有限。值得一提的是，《字母的故事》中对原始部族的助记符号与记事图画较为关注，搜集整理了远古时期世界各地（欧洲、澳大利亚、北美等）的岩画与石刻；结绳记事、贝壳串珠等实物助记符号；稍晚时期北美印第安人的记事图画；用以证明部落或个人所有权的玺印符号；具有象征或宗教意义的纹身、图腾等。

从研究方法上来看，初创期的文字史著作首先对文字材料进行初步的描写与类聚，确定区域分类；继而立足发生学的历史比较，并据此对文字体系进行系属上的分类，整理绘制文字谱系图，归纳文字的来源、分化与演变——即所谓的"描写—历史"的方法。

从研究理念上看，这三部著作大概都受到人类学与民俗学根据社会"遗俗"去重构历史的影响，对成熟文字体系形成之前，原始部族所使用的记事图画与助记符号给予了较多重视，对它们的性质与功能进行了描写。对文字本体以外的历史、文化、宗

---

① 'From picture writing to phonetic symbols, all the alphabets of the civilized world have passed through similar stages of development. Their evolution is traced in the following chapters, with special emphasis on the common primitive forms and concepts from which modern alphabets have been derived.' Edward Clodd. *The Story of the Alphabet*. New York, The University Society, 1900. Preface. P2.

教、政治等因素都有所涉及，研究的内容比较丰富庞杂。

2. 发展期——20 世纪 30 年代至 60 年代：这一时期著作数量较多。其中，立足于全面搜集材料，从"描写—历史"的角度去构拟世界文字谱系，进行文字史研究的著作相对更为丰富：如詹森（Jensen，1935）的《文字的今昔》；费立叶（Févirier，1948）的《文字史》、科恩（Cohen，1953，1958）的《文字》、《文字的伟大发明及其发展》，莫豪斯（Moorhouse，1953）的《字母的凯旋：文字的历史》以及迪龄格（Diringer，1962）的《文字：它的起源和历史》。其中，最有代表性的当属迪龄格（1948）的《字母：人类历史的钥匙》，这部著作所整理与描写的文字材料，无论从地域上的广度还是时间上的延展性来看，当为西方文字史的集大成之作。

发展期的文字史与文字学著作，对楔形文字体系、埃及文字体系、汉字体系这三大东方古典文字体系的描写比重逐渐增加；早期爱琴文明的克里特和塞浦路斯文字也开始得到学者们的关注。对于这一点，格尔伯在其著作《文字研究》中强调："在我们试图重新建构文化的初始状态时，我们所依赖的主要材料便是古代的东方文明。与其他文化研究相比，这一点在文字史研究上似乎得到了更为重要的体现。在这里，苏美尔、巴比伦、亚述、赫梯、迦南、埃及以及中国这些古文明地区，上个世纪地下挖掘的考古文献，极大的丰富了我们的知识，开拓了我们的视野，为研究开辟了新的道路。"① 尚未释读的中美洲阿兹特克、玛雅文字，原始印度文字、复活岛文字也开始被纳入研究的范围。

此外，这一时期文字材料范围的扩充还反映在：对"闪米特—腓尼基—希腊、拉丁"系以外的文字系统内部存在的衍生、孳乳、借用关系所进行的分析；对属于一种文字系统内部的各种文字体系的性质的判别与整理。例如：许多著作将楔形文字系统内部的苏美尔文字、阿卡德（巴比伦—亚述）、埃兰、古波斯以及乌加里特文字分别列出；在埃及文字内部，除埃及本土使用的三种字体（碑铭体、僧侣体、人民体）之外，开始涉及麦罗埃文字与科普特字母；汉字系统内部，不仅仅出现了借用汉字的东亚及东南亚文字体系，如日文、韩文以及越南字喃，而且开始关注中国的少数民族自创或在汉字影响下创造的文字，如纳西东巴文与尔苏沙巴文、彝文、西夏文（参见詹森《文字的今昔》与迪龄格《字母：人类历史的钥匙》）。

这一时期的学者在文字史与文字学著作中还关注了这样的文字现象：一些原来没有文字的国家和民族，在外来文化影响下，纷纷在 19 世纪至 20 世纪依据现存字母或

---

① I. J. Gelb. *A Study of Writing*. Chicago&London:The University of Chicago Press, 1952. P20.

音节文字的原理创造了自己的文字。这种现象主要发生在非洲和北美的一些原始部族中。这批文字材料包括非洲的魏（Vai）、巴姆（Bamum）、索马里（Somali）文字和北美地区的切罗基（Cherokee）、克里（Cree）、阿拉斯加（Alaska）文字等。因此，总体来说，发展期的西方文字史与文字学著作，全面实现了文字材料方面的广度。

　　从研究方法上来看，在使用"描写—历史"的方法类聚文字材料的前提下，"结构—类型"的研究也初见端倪，这一时期的文字史著作对文字符号和文字体系结构的比较、分析与类型研究，都有不同程度的呈现。主要表现为：所有的文字史著作都对文字符号与文字体系采用一定的标准进行了分类与归类；有些著作在归纳纷繁的世界文字体系时，同时依据地域、历史与结构的分类原则。总的来说，这一时期的文字史著作从初创期单纯的发生学角度，逐渐演变为发生与类型学角度并重。同前一时期相比，文字符号与文字体系作为研究对象的独立性与自足性相对明显。但是，与此同时，有许多文字史著作仍然将古文字的释读过程纳入其中，以专章形式进行呈现（如迪龄格的《字母：人类历史的钥匙》中，在楔形文字、埃及文字、克里特—塞浦路斯、波斯文字等涉及古文字材料的章节中，都较为详尽地在"释读（decipherment）"专题下归纳了文字材料发现与文字符号转写、释读的过程；莫豪斯在《字母的凯旋：文字的历史》的第二章"释读工作"中，专门介绍了楔形文字、埃及文字的释读状况）。

　　在这一时期，有两部著作同上述文字史著作存在少许差异，即格尔伯（Gelb，1952）的《文字研究——文字学基础》与前苏联学者伊斯特林（Истрин，1960）的《文字的产生和发展》。两位学者特别强调"结构—类型"的研究方法，甚至认为文字符号的结构类型应当超越地域、历史、形式因素，成为最重要分类标准。从研究方法来看，它们实现了从"描写—历史"向"结构—类型"的过渡。这两部著作还应当被视作较为深入的理论阐释著作的开端，书中对文字本质、起源、规律等普遍性原理的论述，所占篇幅较其他著作明显增加。格尔伯在《文字研究》中首次提出了"文字学"（grammatology）这一术语，指出"这项研究的目的旨在建立关于文字的全新的科学，我们或许可以将其称之为'文字学'"[1]，用来指称以世界上从古至今一切文字符号与文字体系为研究对象的学科，同语言学中研究语音和语义单位的两门分支学科——"语音学"和"语义学"相对应；并且在第一章开宗明义，指出"文字是一种符号系统"。伊斯特林在《文字的产生和发展》的前三章与最后一章重点关注了"文字的本质及其与语言和思维的关系"；"文字的类型、分类和术语的问题"；"原始文字的起源

---

　　[1] I. J. Gelb. *A Study of Writing*. Chicago&London: The University of Chicago Press, 1952. preface.

及其特征"以及"文字发展的普遍规律及发展远景",在涉及不同文字类型(词素文字、音节文字、音素文字等)的基本状况的章节中,也十分关注文字发展演变的规律。因此,如果说,这一时期的其他著作从性质上来说,都属于偏重材料与事实的文字史著作,只是偶尔涉及理论与规律的阐释;格尔伯与伊斯特林的两部著作,便可以认为是真正意义上的文字学著作。

从研究理念上看,发展期的文字学研究同初创期一脉相承,借鉴生物学、社会学、人类学以及语言学的进化论,将发生学与类型学两个不同的角度叠加在一起,将文字的不同类型视作文字不同的发展阶段。也就是说,这些著作总是"……试图把文字类型纳入文字发展史的范畴,他们把文字史想象为由一种文字类型向另一种文字类型演化的连续进程。这一研究的最著名的结论就是文字学教科书上普遍谈到的'象形—表意—表音'(象形—词符—音符)公式,并以音素文字为文字发展的最高级形态。"[1]将类型的演变的原因归结于类型的优劣,认为某一种文字类型比另一种更简便、更明晰,因此更能满足人们记录语言的需求。

3. 成熟期——20 世纪 80 年代以后。在格尔伯与伊斯特林的著作问世之后,普通文字学的研究一度处于停滞的状态,直至 80 年代中后期,西方普通文字学的研究才重新兴盛起来,并且在理论问题方面颇有创建。正如丹尼斯(Daniels)在总结西方文字研究历史时所提及的那样,"格尔伯经常说,希望自己这部著作成为第一部而非最后一部文字学理论著作。但是此书问世后将近 30 年,后继者才相继出现:桑普森(Sampson)、克罗姆(Coulmas)和德范克(Defrancis)分别在 1985、1989 年出版了文字学理论著作……"[2]被纳入这一时期的三部著作,桑普森的《文字体系:语言学视角简论》、克罗姆的《世界文字体系》、德范克的《视觉语言:文字体系的多样性》,所关注的文字材料相对减少了,这是由这一时期著作的研究目标与方法所决定的。在世界文字体系已经得到广泛搜集与初步归纳描写的基础上,这一时期的著作往往选取的是在结构类型上具有代表性的文字体系,对其内部的结构与层次进行尽可能详尽的分析与描写。因此,虽然从绝对数量上看,所涉及的文字材料不如前一时期丰富;但是从所涉及文字类型来看,使用材料的广泛程度却超过了前一时期。例如,在桑普森的著作中,以专章形式进行描写与分析的文字体系包括:作为音节文字代表的克里特

---

① 聂鸿音:《中国文字概略》,语文出版社 1988 年版,第 38 页。

② 'Gelb always said he intended his book to be the first, not the last, word on the theory of writing. But it was more than three decades before successors appeared——Sampson1985, Coulmas 1989, Defrancis 1989——and Gelb did not live to see them.' Grammatology: History of the Study of Writing. *The World's Writing Systems*. Edited by Peter T. Daniels and William Bright. New York: Oxford University Press, 1996. P7.

线性文字 B；作为辅音文字代表的闪米特文字；作为音素文字代表的希腊—罗马字母；作为音位特征文字代表的韩国谚文；作为词符（语素）文字代表的汉字；以及作为词符（语素）与音节混合文字代表的日本文字。对线性文字 B、日文、韩国谚文中字符同语言要素对应关系的精细描写，都是之前著作所不具备的。在德范克的著作中，将中美洲玛雅文字与中国西南地区使用的彝文分别作为意音音节文字与纯音节文字的代表，反映了文字材料发现与整理的新成果。从研究方法上看，对文字体系之间的历史、亲缘关系的论述明显减少，结构与类型的探索还在继续，分类的标准日益科学，归类的分析也更加准确；对一般性理论问题的阐释成为著作内容不可或缺的部分。此外，这一时期的文字学著作特别关注文字符号内部的结构与层次，以及同语言单位的对应关系。如果说前一时期的类型分析方法主要偏重于通过几种具体的文字体系的比较，使用归纳的手段概括类型，从而探求相似与差异；这一时期的研究则加入了演绎的方法，通过对个别文字体系的深层描写，细致分析个体字符在记录与表达中所实现的功能。这样一来，对文字类型的研究就更为科学准确；在对文字进行分类时，标准的选择也更加科学。

从研究理念上看，这一时期的学者逐渐意识"进化论"与"类型演变说"作为深层机制与动因解释文字发展规律、共性与差异的局限性时，学者们开始从系统论的角度对文字本身进行分析，认为文字系统具有内部整合与平衡的能力，而这种能力又同人们的生理机制、认知能力以及心理等因素密切相关的；因此，这一时期的文字学著作，尝试使用从字符记录语言的方式、人类的记忆能力等角度切入，使用"经济"（economy）"简明"（simplicity）、"清晰"（unequivocality），等规律与动因去解释不同文字类型之间的特征与差异。

综上所述，通过十六部文字史与文字学著作的内容、体例、材料、方法与理念的归纳与比较，20 世纪西方普通文字学发展的脉络与历程略见一斑；从初创到发展再至成熟，所关涉文字材料不断延展，"描写—历史"与"结构—类型"方法日益完善，学者对文字共性、类型、差异解释逐渐深入与科学。

参考文献

Clodd, Edward. 1900. *The Story of the Alphabet*. New York: Appleton

Cohen, Marcel. 1958. *La grande invention de l'écriture et son évolution*. 3 vols. Paris: Imprimerie Nationale.

Coulmas, Florian. 1989. *The Writing Systems of the World.* Oxford: Blackwell.

Defrancis, John. 1989. *Visible Speech: The Diverse Oneness of Writing Systems.* Honolulu: University of Hawaii Press.

Diringer, David. 1958. *The Story of the Aleph Beth.* New York: Philosophical Library.

Diringer, David. 1962. *Writing (Ancient People and Places 25).* New York: Praeger.

Diringer, David. 1968. *The Alphabet: A Key to the History of Mankind.* 3rd ed. 2 vol. New York: Funk&Wagnalls.

Février, James Germain. 1959. *Histoire de l'écriture.* 2nd ed. Paris : Payot.

Gelb, I. J. 1952. *A Study of Writing.* Chicago: University of Chicago Press. Rev. ed., 1963

Jensen, Hans. 1969. *Sign, Symbol and Script.* 3rd ed., trans. George Unwin. London: George Allen& Unwin; New York: Putnam's.

Mason, William A. 1920. *A History of the Art of Writing.* New York: Macmillan.

Moorhouse, Alfred C. 1953. *The Triumph of the Alphabet: A History of Writing.* New York: Schuman.

Sampson, Geoffrey. 1985. *Writing Systems.* London: Hutchinson; Stanford: Stanford University Press.

Taylor, Isaac. 1883. *The Alphabet: An Account of the Origin and Development of Letters.* 2 vols. London:Kegan Paul, Trench.

[苏]B. A. 依斯特林著，左少兴译，王荣宅校：《文字的产生和发展》，北京大学出版社 1987 年版。

（蒋修若，华侨大学华文学院汉语国际教育系，jxrbnu1986@126.com）

收稿日期：2015-1-1

东巴文丽江宝山光绪十七年
卖里达卡地契约译释

喻遂生

　　纳西东巴文除了用于书写宗教经典外，有时还用于书写地契、账簿、书信等应用性文献。应用性文献所记载的事项，相对于宗教经典的神话、传说，是更实在、具体的史料，其语言文字也有其自身的特点，具有重要的学术研究价值。

　　东巴文地契是我们研究东巴文应用性文献时关注的一个重点。2007 年，笔者曾写过《纳西东巴文地契研究述要》一文[①]，介绍了当时我们所看到的 10 个东巴文地契的情况。这 10 个地契散藏于各家，材料的收集和整理十分不易。2008 年 4 月，笔者带研究生到丽江出席学术会议并作田野调查，刚回到重庆，一位丽江的东巴打来电话说："喻老师，听说你在丽江，我有一些地契给你看。"我马上让仍在丽江的博士生钟耀萍去和他见面，这位朋友拿出了 11 份地契，真让人喜出望外。我们本着不收购文物的原则，没有买这批地契，但留下了影像资料，这批地契后来据说卖给了博物馆。

　　这 11 份地契为同一个家族所有，计有清光绪十七年、二十年、二十五年，宣统二年、三年，民国八年、九年、二十二年、二十六年、三十四年、三十六年各一份，前后相连，跨越半个多世纪，很有研究价值。至本文写作的 2010 年，学界完整刊布

---

① 收入《一生有光——周有光百年寿辰纪念文集》，语文出版社 2007 年版。

的东巴文地契只有 3 份^①，现特将这批地契中最早的一份译释如下，以供有兴趣的朋友参考。

本文的写作得到了纳西族朋友王福宝先生、杨亦花女士、特别是和继全先生的热情帮助，并蒙钟耀萍女士同意发表此契，在此一并致以谢忱。释文不当之处，概由笔者负责。

该契为东巴纸，两面书写。长 28.5cm，宽 20.5cm，原两次对折为 4 叠存放。封面 7 字，正文 144 字，共 151 字。

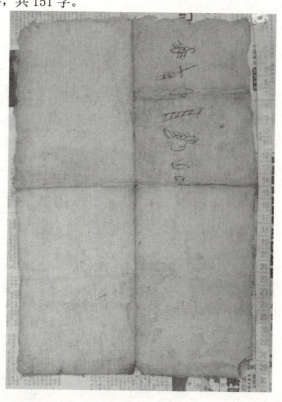

封面

字释： lɯ²¹牛虱。

---

① 3 份地契见：李锡《丽江宝山纳西象形文字砖初考》，《丽江教育学院学报》2000 年 2 期。喻遂生《东巴文卖拉舍地契约译释》，《中国文字学报》第一辑，商务印书馆 2006 年版；《东巴文白地买古达阔地契约译释》，收入《纳西东巴文研究丛稿（第二辑）》，巴蜀书社 2008 年版。2010 年以后，就我们所见又有 5 份地契全文译释发表：和丽峰《宝山吾木村乾隆五十九年东巴文地契译释》，《学行堂语言文字论丛》第二辑，四川大学出版社 2012 年版；和继全博士论文《白地波湾村纳西东巴文调查研究》（西南大学 2012 年）所译《白地卖古舒里地契约》、《白地绕日家赎打谷场契约》、《白地地基房产纠纷调解书》、《白地纳藏双语赎地契约》。

da^{55} 砍。

kha^{33} 角。三字连读借作地名 lɯ^{21}da^{55}kha^{21} 里达卡。

lɯ^{33} 土地。

bu^{21} 猪，借作文书、契约。

o^{55} 倾倒，借作 o^{21} 是。

me^{33} 雌阴，借作语气词。

全句标音：lɯ^{21}da^{55}kha^{21} lɯ^{33} bu^{21} o^{21} me^{33}。

　　　　　里达卡　　地　契　是（语）

汉译：是里达卡地的契约。

①　　②　　③　　④　　⑤　　⑥　　⑦　　⑧　　⑨　　　⑩

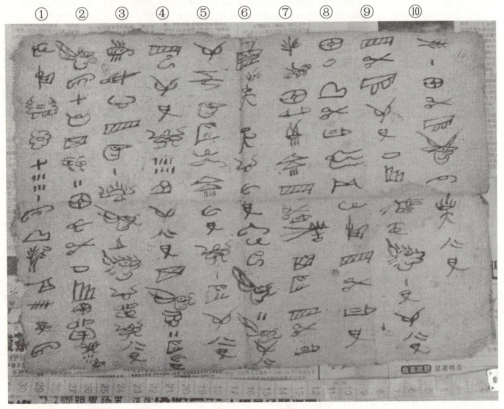

正文

字释：① kha^{33} 苦。一般写作 ，象口吐苦物之形，借作 kha^{21} 王、皇帝，为"可汗"的音译。

ga^{33} 将帅、胜利，借旗帜表示。kha^{21}ga^{33} 连读，表示帝王、皇上之意。东巴文契约、记事文字常以此二字开头，后接年号、年数，可译为皇朝。

kua^{21} 灶，象三块石头上置锅之形。

ṣ̩³³ 羊毛。两字连读借作 kua³³sy⁵⁵ 光绪。

tshe²¹ 十。

ṣ̍ɚr³³ 七。

khv33 收割，此本为镰刀之形，收割一般写作 ➤，以镰刀割物，借作 khv⁵⁵ 年。

bu²¹ 山坡。

tho²¹ 靠，从人靠树。两字连读作 bu³³tho²¹，是纳西族的一种纪年方法。即将五行各分阴阳为十，与十二生肖相配为六十，相当于干支纪年的六十花甲。

tse⁵⁵be³³ 斧头，此读作 ṣu²¹ 铁。

z̩³³ 草，一般写作 ➤，借作执、掌握，铁来执掌，亦即属铁。

dɯ²¹ 大，借作一。

khv³³ 收割，借作 khv⁵⁵ 年。

② tho³³le³³ 兔子。

khv³³ 收割，借作 khv⁵⁵ 年。

tshe²¹ 十。

he³³me³³ 月，两字连读作 tshe²¹me³³he³³ 十月。

tshe³³ 盐，从方块，✕tshe²¹ 十声。

do²¹ 看见。两字连读借作 tshe³³do²¹ 农历初几日之初①。

ȵi²¹ 二。

ȵi²¹ 日。

a³³ 呵，从口出气。

tɕi⁵⁵ 羊毛剪。两字连读作户名 a³³tɕə²¹ 阿杰。

kv³³ 蛋。

dz̩³³ 围墙。两字连读为人名 kv³³dz̩²¹ 古兹。

此为写错删去之字。

nɯ³³ 心，借作主语助词。

hæ²¹ 金子。

ua⁵⁵ 五。

---

① 李静生先生《纳西东巴文随笔三则》（《中国文字研究》第十四辑，大象出版社 2011 年版）认为 tshe³³ 是 le³³tshe³³ 月亮的省读，do²¹ 是见，tshe³³do²¹ 即见月，就是初见月亮的意思，故冠于每月初旬的数字之前，表示初几。准此，则 do²¹ 见不是假借。

　　lɯ⁵⁵ 牛虱，借作衡量单位词厘。以上三字意为金子五厘，但置于此不合语法，且字小疑似后加，故 3 字暂不读入正文。

　　③　lɯ⁵⁵ 牛虱。

　　da⁵⁵ 砍。

　　kho³³ 角。三字连读借作地名 lɯ⁵⁵da⁵⁵kha²¹ 里达卡。

　　lɯ³³ 土地。

　　kə⁵⁵ 鹰。两字连读作 lɯ³³kə³³ 旱地。

　　du²¹ 一。

　　u²¹ 献祭用的饭，借作土地面积单位，一般指几块地组成的一片。李霖灿《么些标音文字字典》83 页释曰："一架'牛工'之地（量地之单位，一架牛一日所能犁完之田地面积）。"按"一架牛"当指当地普遍使用的二牛共拉一犁的"二牛抬杠"耕作方式。

　　le³³ 獐子，借作也。

　　tɕhi³³ 刺，借作卖。

　　bu²¹ 猪。

　　zo²¹ 缸子，常借作 zo³³ 男子，用于男人名。两字连读借作人名 bu²¹zo³³ 布若。

　　nɯ³³ 心，借作主语助词。

　　hæ²¹ 金子，引申作买。

　　se²¹ 哥巴文，此作表完成的助词了。

　　me³³ 雌阴，借作语气词。

全句标音：

①kha²¹ga³³kua³³sy⁵⁵tshe²¹ʂər³³khv⁵⁵, bu³³tho²¹ʂu²¹zʅ³³du²¹khv⁵⁵②tho³³le³³
　皇朝　光绪　十　七　年　　花甲　铁　执一　年　　　兔
khv⁵⁵tshe²¹me³³he³³tshe³³do²¹ ȵi²¹ ȵi²¹, a³³tɕɕə²¹kv³³dzʅ²¹nɯ³³ ③lɯ²¹da⁵⁵kha²¹
　年　十　月　初　二　日　　　阿杰古兹　（助）　　里达卡
lɯ³³kə³³du²¹u²¹le³³ tɕhi³³, bu²¹zo³³ nɯ³³hæ²¹se²¹me³³。
　旱地　一　片　也　卖　布若　（助）买　了（语）

汉译： 皇朝光绪十七年，花甲铁年，兔年十月初二日，阿杰古兹卖了里达卡的旱地一片，布若买了。

④ⓧ $lɯ^{33}$ 田地。

phv^{33} 雄阴，借作价格、款项。

$iə^{33}$ 烟叶，借作 $iə^{55}$ 给。

me^{33} 雌阴，借作语气词。

$hæ^{21}$ 金子。

ho^{55} 八。

lv^{33} 石头，借作衡量单位词钱。

$iə^{33}$ 烟叶，借作 $iə^{55}$ 给。

se^{21}，哥巴文，此作表完成的助词了。

me^{33} 雌阴，借作语气词。

$tshe^{33}$ 盐，从方块，乂 $tshe^{21}$ 十声。

le^{33} 獐子。两字连读借作汉语借词 $tshe^{21}le^{21}$ 钱粮，此指买卖土地的税金。按"钱"《广韵》昨仙切，从母字，今客家话仍读 $tshiɛn$，纳西语无鼻尾韵，读作 $tshe^{21}$，"铜钱"读 $to^{21}tshe^{21}$。"粮"纳西语读 le^{21}，"购粮证"读作 $kə^{55}le^{21}tʂɛ^{55}$。

$ŋv^{21}$ 银子。

$ɲi^{21}$ 二。

$hɯ^{33}$ 牙齿，借作衡量单位词分，为两的一百分之一。

o^{55} 倾倒，借作 o^{21} 是。

me^{33} 雌阴，借作语气词。

⑤ $iə^{33}$ 烟叶。

$tsər^{33}$ 哥巴文，借汉字"子"形而变化。两字连读作 $iə^{21}tsər^{33}$，借表汉语借词"牙子"，即买卖的中间人。

$kə^{55}$ 鹰。

$hɯ^{33}$ 牙齿。两字连读借作户名 $kə^{55}hɯ^{33}$ 戈赫。

na^{21} 黑。此字字源比较曲折。东巴文黑字作 ●，又写作 ⵀ，李霖灿《么些象形文字字典》1595 号解释说："原画一黑点以示意，恐人忽略，视为无意之墨点，因于其外加一圈线。"后省去黑点作出头的圈形。

$mɯ^{33}$ 天。

tha^{55} 塔。三字连读借作人名 $na^{21}mɯ^{33}tha^{55}$ 纳莫塔。

o^{55} 倾倒，借作 o^{21} 是。

me^{33} 雌阴，借作语气词。

　　hæ²¹金子。

　　duɯ²¹一。

　　huɯ³³牙齿，借作衡量单位词分。

　　iə³³烟叶，借作 iə⁵⁵给。

　　se²¹，哥巴文，此作表完成的助词了。

　　me³³雌阴，借作语气词。

⑥　　pər⁵⁵写。

　　çi³³人，从天人，çi²¹稻声。

　　i²¹右。

　　zo²¹缸子，常借作 zo³³男子，用于男人名。两字连读借作人名 i³³zo³³依若。

　　o⁵⁵倾倒，借作 o²¹是。

　　me³³雌阴，借作语气词。

　　mɯ⁵⁵天，借作汉语借词墨。

　　na²¹黑、墨。两字连读为 mɯ⁵⁵na²¹墨，为汉语、纳西语合璧词。

　　phv³³雄阴，借作 phv⁵⁵价格、款项。

　　le³³獐子，借作 le⁵⁵茶叶。

　　n̩i²¹二。

　　le³³獐子，借作量词 le⁵⁵块。此当指农村常用的砖茶。

　　iə³³烟叶，借作 iə⁵⁵给。

　　se²¹，哥巴文，此作表完成的助词了。

全句标音：

④luɯ³³phv³³iə⁵⁵me³³。hæ²¹ho⁵⁵lv³³iə⁵⁵se²¹me³³。tshe²¹le²¹ŋv²¹ n̩i²¹huɯ³³o²¹me³³，
　地　款　给（语）　金　八　钱　给了（语）　　钱粮　银　二　分　是（语）

⑤iə²¹tsər³³kə⁵⁵huɯ³³na²¹mɯ³³tha⁵⁵o²¹me³³，hæ²¹duɯ²¹huɯ³³iə⁵⁵se²¹me³³。⑥pər⁵⁵
　牙子　　戈赫纳莫塔　　是（语）　金　一　分　给了（语）　　写

çi³³i³³zo³³o²¹me³³，mɯ⁵⁵na²¹phv⁵⁵le⁵⁵n̩i²¹ le⁵⁵iə⁵⁵se²¹。
　人　依若　是（语）　　墨　款　茶　二　块　给了

汉译：地款已给了。给了金子八钱。税金是银子二分。牙子是戈赫纳莫塔，给了金子 一分。书写人是依若，给了笔墨费茶叶二块。

⑦　　sər³³木、柴。

tṣʅ²¹爪子。两字连读借作汉语借词 sər⁵⁵tṣʅ⁵⁵四至，地的四方边界。

n̠i³³me³³thv³³东方。为 n̠i³³me³³太阳和 thv²¹桶（借作 thv³³出）的合文．直译意为太阳出。

kv³³蒜。

tha⁵⁵塔。两字连读借作户名 kv³³tha⁵⁵古塔。

lɯ³³田地。

tɕi⁵⁵羊毛剪，又读 kiæ⁵⁵[①]，借作上面、旁边。

thv⁵⁵茶罐，借作 thv³³到。此字见于李霖灿《么些象形文字字典》1350 号："[thv⁵⁵]茶罐之古音也，今读茶罐为[ɯ⁵⁵zɯ³³]。画茶罐煮茶之形。"

i³³tṣʅ³³mɯ²¹南方。从 南方，tṣʅ³³悬吊、mi³³火声。东巴文以 水字之上半 表北，下半 表南。i³³tṣʅ³³押赤为昆明古称，mɯ²¹为下，i³³tṣʅ³³mɯ²¹意为下方昆明方向之意。

dzə²¹秤锤，一般写作 。

hɯ³³牙齿。两字连读借作户名 dzə²¹hɯ³³久赫。

lɯ³³田地。

tɕi⁵⁵羊毛剪，又读 kiæ⁵⁵，借作上面、旁边。

thv⁵⁵茶罐，借作 thv³³到。

⑧ n̠i³³me³³gv²¹西方，为 n̠i³³me³³太阳和 kv³³蛋（借作 gv²¹落下）的合文，直译意为太阳落。

bu²¹山坡。

tɕi⁵⁵羊毛剪，又读 kiæ⁵⁵，借作上面、旁边。

thv⁵⁵茶罐，借作 thv³³到。

ho³³gv³³lo²¹北方，由水的上半构成。

uə³³村寨。

na²¹黑、墨。

ga³³将帅、胜利，借旗帜表示。三字连读借作名 uə²¹na³³ga³³威纳嘎。

lɯ³³田地。

tɕi⁵⁵羊毛剪，又读 kiæ⁵⁵，借作上面、旁边。

thv⁵⁵茶罐，借作 thv³³到。

---

① 纳西语舌面音声母在不少地方还保留舌根音的读法，参见拙文《纳西语舌根音腭化现象初探》，《中国音韵学——中国音韵学研究会第十六届学术讨论会暨汉语音韵学第十一届国际学术研讨会论文集（太原·2010）》，九州出版社 2012 年版。

me³³雌阴，借作语气词。

⑨ lɯ³³田地。

tɕi⁵⁵羊毛剪。

kua²¹灶。两字连读借作 tɕi⁵⁵kua²¹官司。

iə³³烟叶，借作 iə⁵⁵给。

me³³雌阴，借作语气词。

kv³³蛋。

dzŋ³³围墙。两字连读为卖主名 kv³³dzŋ³³古兹。

sʅ³³死，从 死，sŋ³³肉声，借作 ʂə⁵⁵说。

phu⁵⁵只，从一只眼，借作 phv³³价格、款项。

bu²¹猪。

dɯ²¹一。

me³³雌阴，借作只。

iə³³烟叶，借作 iə⁵⁵给。

se²¹，哥巴文，此作表完成的助词了。

me³³雌阴，借作语气词。

⑩ mæ³³尾巴，引申作 mæ⁵⁵以后。

dɯ²¹一。

ȵi²¹日。

tɕi⁵⁵羊毛剪。

kua²¹灶。两字连读借作 tɕi⁵⁵kua²¹官司。

y²¹绵羊，借作来。

mə³³不。

si³³穷，画人披毛散发之形，借作时兴。

se²¹，哥巴文，此作表完成的助词了。

me³³雌阴，借作语气词。

全句标音：

⑦sər⁵⁵tʂʅ⁵⁵：ȵi³³me³³thv³³kv³³tha⁵⁵lɯ³³kiæ⁵⁵thv³³, i³³tʂhŋ³³mɯ²¹ dzə²¹hɯ³³lɯ³³
　　　　　四至　　　东方　　古塔　地 边 到　　南方　　久赫　地

kiæ⁵⁵thv³³, ⑧ȵi³³me³³gv²¹bu²¹ kiæ⁵⁵thv³³, ho³³gv³³lo²¹ uə²¹na³³ga³³lɯ³³ kiæ⁵⁵
　边 到　　　　西方　坡 边 到　　北方　　威纳嘎　地 边

thv^{33}me^{33}。⑨lɯ^{33}tɕi^{55}kua^{21} iə^{55} me^{33}，kv^{33}dzɳ^{33}ʂə^{55}phv^{33}bu^{21}dɯ^{21}me^{33}iə^{55}se^{21}

到　（语）　　地　官司　给　（语）　古兹　说款　猪　一　只　给了

me^{33}，⑩mæ^{55}dɯ^{21}n̩i^{21}tɕi^{55}kua^{21}y^{21}mə^{33} si^{33}se^{21} me^{33}。

（语）　以后　一　日　官司　来　不　兴了（语）

汉译： 四至：东面到古塔地边，南面到久赫地边，西面到坡边，北面到威纳嘎地边。土地官司（的费用）已给了，已给了古兹一头猪的说话费用，今后不能打官司了。

据地契持有者说，买主布若是他的爷爷。卖主阿杰家先前男主人死了，其妻转房给主人家老二，后来老二也死了，家道衰落，不得已卖地。按规矩土地应首先卖给本家族，但卖主未按规矩办事。买主布若怕此事在卖方家族通不过，就给了牙子和卖主一些额外的好处。地契第 2 行末尾的"黄金五厘"，可能就是给牙子的。牙子和卖主是同一个家族，牙子的后人现有一支居住在香格里拉县三坝乡东坝村。给了卖主一头猪的说话钱，意思是说，如果发生了纠纷，就该卖主站出来说话，平息事端。据说牙子的马后来被豹子咬了，牙子说："是不是我的好处费拿得不道德，所以马被咬了，得了报应。"

由于时间和篇幅的关系，本契的研究还未能展开。这一组地契中所蕴含的政治、经济、历史、文化、语言、文字信息和先民们丰富生动的故事，还有待于我们继续去追寻和发掘。

（喻遂生，西南大学汉语言文献研究所、西南大学民族古文字研究中心，
yusuisheng@21cn.com）

收稿日期：2014-12-28

19世纪末的西方纳西学研究*

李晓亮

提要：19世纪末，大批西方传教士、探险家、政府官员来到中国西南地区传教、考察，此时纳西族也正式进入西方人的视野。此后西方传教士发现了纳西族用象形文字书写的东巴经，并将摹本带回欧洲，引起不少西方学者的关注。本文结合英文、法文文献对19世纪末的西方纳西学做一全面的梳理、介绍和研究。

关键词：纳西族；东巴经；拉克伯里

一、19世纪末西方文献中的纳西族

19世纪中后期，随着西方列强对中国侵略的加剧，大批西方人深入到中国内陆地区传教、考察。1852年，巴黎外方传教会传教士罗启桢（L. Renou，1812—1863）和肖法日（M. Fage，1824—1888）从大理一路向北，到达丽江府维西（引按：现在的维西县）的剌普，然后经过奔子栏、阿墩子（引按：今德钦），越过澜沧江，到达桑昂曲宗下的察龙地区。察龙是指西藏东南的察隅县。①

---

* 本文受到重庆市社科规划博士基金项目"西方纳西东巴文研究史"（项目编号：2014BS85）的资助。

① 何岩巍：《巴黎外方传教士笔下的察龙王国》，载《国际汉学》，大象出版社2010年版，第48页。

（一）托马斯·汤姆威尔·库帕

19 世纪末，西方最早关于纳西族的记载见于托马斯·汤姆威尔·库帕 1871 年出版的《商业先驱者游记，或从中国去印度的陆路旅行》(*Travel of a Pioneer of Commerce in Pigtail and Petticoats，Or an Overland Journey from China towards India*)。

库帕(Thomas Thornville Cooper，1839—1878)，英国旅行家。曾经参加过八国联军入侵中国，还参与了镇压太平天国起义。他后来主要从事勘探印度、缅甸与中国之间的陆上商路。1878 年，库帕被他的印度侍卫谋杀，事件的起因是他之前曾经惩罚过这个印度侍卫。①《商业先驱者游记》记录了库帕于 1869—1870 间考察长江上游的川西和滇西北的见闻。书中记载了有关藏族、傈僳族、纳西族的风俗。他在书中这样描述纳西人：

> 我与毕神父和杜伯纳度过了一个愉快的夜晚，但是要跟他们说再见了，第二天早上我要再次横渡澜沧江。一个傍晚从茨古到了么些人居住的村庄，我们骑马通过茂密的森林，在那里栗子树沿着河边整齐的排列着。河水流得很急，河面上泛起泡沫。河面上漂浮着数不清的木头，雨下个不停，使得河水暴涨。
>
> 在么些人的村庄我们在雨中待了很久，每个人都允许我们到他家住，但最终村长给我们提供了一个舒服的住处过夜。
>
> 么些人表面上还保留着自己民族的习惯，但这一切很快消失，融入到 Ya-tsu 族，因为他们统治着么些人。他们表面看起来跟汉族没什么两样，男子穿着普通的蓝色的夹克和又短又宽的裤子，前面的头发剃光，后面留一根猪尾辫。女子的装束比较丰富，但不失优雅。包括一个合适的小帽子、黑色和红色的衣服，流苏戴在头上，侧面还有一个小的流苏。一件短而宽松的夹克，袖子又长又宽。外面套着紧身棉质马夹，盖住了胸部。下身穿着自己做的棉质的裙子，类似于苏格兰裙。裙子长度到膝盖，裙子上有微褶。他们用绑腿代替长袜，用蓝色或白色的棉布从脚踝一直包裹到膝盖。脚上穿着皮鞋，脚趾处出现一个突出的点，这是么些女子的形象，虽然不太像汉族的女子，但表现出一种和谐、美丽、舒服，好似害羞的天女一般。她们戴着巨大的银制的耳环（形状像一把普通钥匙的手柄），银制的戒指、手镯和项链。在宗教上他们信仰佛教和汉族的祖先。
>
> 他们有自己的语言，但是没有文字。汉语比纳西语还常用，在学校只教汉语和汉字。以至于纳西语和居住在云南的其他民族的语言可能会消亡。

---

① Robert Kennaway Douglas, *Cooper, Thomas Thornville*, Dictionary of National Biography, 1885-1900, Volume 12.

> 他们的房子是木制的，跟汉族的房子很像。他们在山坡平地上种水稻，白天的气温比较适宜，晚上比较凉。①

法国探险家安邺认为库帕所说的 Ya-tsu 应该写作 Ye-tche，也就是现在的维西县叶枝镇。德斯古丁斯也认为库帕书中描述的是居住在维西的纳西族。

从库帕的描述中可以看出，在 19 世纪末维西地区的纳西族汉化已经相当严重。自从改土归流之后，汉文化的传入使得纳西族丢掉了很多自身的特点。可能由于库帕在纳西族地区停留的时间比较短，并没有发现象形文字和东巴教仪式。

（二）安邺

安邺（Marie Joseph François Garnier，1839—1873），法国海军军官、探险家。1860年到达中国，参加英法联军侵略北京及火烧圆明园。1863 年，前往越南南部，进入法国新成立的殖民政府，任堤岸市长。1866 年 6 月，安邺以副队长之职参加探险队，跟随海军中校特拉格来，从西贡出发，溯湄公河北上进行考察，同时评估通商可能性。探险队队长中途病故后，安邺接替队长职务。探险队到达中国云南、四川，又顺长江至汉口，最终于 1868 年到达上海。1873 年，法军入侵越南北部，安邺率兵占领河内、海阳等地，滋扰红河三角洲。越南请求中国天地会协助抗法。12 月 21 日，安邺遭到天地会首领刘永福的伏击而亡，他的无头尸身被葬在西贡。②1873 年，他出版《印度—中国的旅行探险》（*Voyage d'exploration en Indo-Chine*）。他在书中记录纳西语的一个词汇和一个短句。词汇是 hantse，意思是吃。短句是 *Khépa khé tche ma seu*，汉语是"我不懂汉语"或者"我不会说汉语"。

（三）吉尔

吉尔（William John Gill，1843—1882），英国皇家工程师部队上尉，1843 年生于印度班加罗尔。父亲是印度马德拉斯军队的一名军官，同时还是一个颇有造诣的艺术家。幼年吉尔在英国布莱顿学院求学。此后他考入英国皇家陆军军官学校，1864 年，他加入英国皇家工程师部队。1869 年 9 月被派到印度，直到 1871 年 3 月回到伦敦。此时他母亲的一个的远房亲戚为他打开了另一扇门，使他爱上了旅行和探险。1876年 9 月 21 日，吉尔来到北京，他首先游历了中国东部地区，但这只是一个开始。之后他与英国驻华使馆官员巴柏和在中国政府部门任职多年的英国泽西岛人迈锡尼一

---

① Thomas Thornville Cooper, *Travels of a pioneer of commerce in pigtail and petticoats; or An overland journey from China towards India*，London: J. Murray, 1871, 312-313.

② Milton Osborne, Francis Garnier (1839-1873), Explorer of the Mekong River, in Explorers of South-east Asia, Six Lives, éd. Victor T. King, Kuala Lumpur,1995, 1-19.

起游历长江上游地区。他们先从成都出发到达打箭炉，又经理塘、巴塘渡过金沙江，又向南来到大理府。此后他又渡过伊洛瓦底江，到达印度的加尔各答，之后返回英国。1880 年，吉尔出版的《金沙江》（上、下）一书详细描述了吉尔的这次旅行，此书获得皇家地理学会金奖。1883 年，在吉尔的妹妹的要求下，裕尔（H. Yule）和巴柏（E. Colborne Baber）对该书进行了修订。书前有裕尔撰写的《吉尔上尉略传》和《地理介绍》。在吉尔书的正文中，没有发现吉尔对于纳西族的记载。而在裕尔撰写的《吉尔上尉略传》中提到他在大理附近见到纳西族。

在吉尔和迈锡尼旅行所经过的大理府北部地区有很多个民族。其中最突出的是么些（Músús）和傈僳（Lísús），他们的妇女的服装很优雅，服装上的图案栩栩如生。这类似于瑞士或者比利牛斯山峡谷的古老的样式，是十分流行的款式。这足以证明他们已经进入文明时代。

么些，自称为纳西。据说他们之前有一个独立的王国，首府在丽江府，藏语叫 Sadam。他们的国王承袭汉族的传统，叫木天王。上述事实都是源于德斯古丁斯的权威解释，他还说，他频繁地旅行在澜沧江和怒江两岸，他发现么些人的居所和要塞遭到破坏。

吉尔在金沙江边的古德（Kudeu）附近见到一些么些人，他们被一个长得像欧洲人的喇嘛袭击，那个喇嘛像一个法国人而不像藏人。这使巴柏想起自己在大理附近遇到两个妇女，他们叫古墩（Kutung）。[①]

此外，裕尔在《地理介绍》中提到，吉尔收集的东巴经。

吉尔上尉在打箭炉（康定）获得一册不寻常的经书，吉尔将这册经书送给大英博物馆（编号 2162）。我已经见到这册经书了，但是以下的观点来自于拉克伯里，他主要从事汉字起源的研究，他对这些材料很感兴趣。这种文字是一种未知的象形文字，包括 18 页，每页的形制是：9.5 英寸长，3.5 英寸宽。文字从左向右读，每页分三行。连续的短语和字组被垂线分开。这些文字中很多是表意性的，它很像古代的汉字，其中还夹杂着很多佛教的符号。

拉克伯里保存着另一份材料，文字与这本经书的文字相似，但是很少夹杂佛教的符号。这本经书是德斯古丁斯从纳西族或么些族一个东巴或者祭司那里得到的。传教士说明这种文字已经被废弃了。他认为吉尔的经书可能更古老。很难说清楚这册经书是从哪里来的，因为云南边境有大量的土匪抢夺财物。但是拉克伯

---

① William John Gill, *The River of Golden Sand; being the Narrative of a Journey through China and Easter Tibet to Burma*, London: John murray, 1883, 28-29.

里认为它是一种古代的表意文字，可能与远古时期的汉族有关。后来法国人德微理亚在湖南旅行期间，他在某一个山洞里面发现一个箱子，里面有很多书，这些书用拉丁字母书写，他认为这些书属于已经灭绝的边境民族，用音节文字。拉克伯里认为它与吉尔发现的文本有联系。他认为目前掌握的材料太少，但是对这种文字和语言彻底地研究对于研究中国古代的民族和语言都有十分重要的意义。据汉族典籍记载，这些民族保存着文字资料。例如，据卡仁人（居住在缅甸的蒙古人）说，他们曾经有文字，后来被狗吃掉了。一些进一步的资料通过对四川西部民族的调查已经获得。[①]

（四）爱德华·卡柏·巴柏

《金沙江》之后，另一本涉及纳西族的游记是巴柏于 1882 年出版的《中国西部的旅行和考察》（*Travels and Researches in Western China*）。

爱德华·卡柏·巴柏（Edward Colborne Baber，1843—1890），英国旅行家、东方学家。1867 年毕业于剑桥大学，同年来到北京，供职于英国驻华使馆，并开始学习汉语。巴柏在华期间先后三次到中国西部旅行，1876 年，第一次到达中缅边境；1877 年，到四川一带；1978 年，穿过大山到达重庆。他把这三次旅行的经历写进《中国西部的旅行和考察》。他在书中这样描述：

> 我们被告知盐源是一个非常小的城市，它被山包围着，山上有大量的铜矿和一些银矿。"盐源"的意思是"盐泉"，它需要负责供应自己和周围五六个城市的食盐。盐源一少半人口是汉人，其余的人口大多是么些人。他们看起来跟西番人不同。汉人对么些人很尊敬，认为他们是汉族的邻居。汉人告诉我，么些人因为有羊群而富有。穷人靠替客栈赶骡子拉货为生。库帕曾经经过澜沧江岸边的一个么些人的村子，他对么些人有一段很短但很有趣的描述，认为他们是一个尚武的民族。证据是我后来在打箭炉（康定）收集的一部藏族的诗歌，这是一部叙事诗而不是抒情诗，其中一部分讲的是西藏被么些人入侵的故事。[②]

上文提到的盐源是四川省的盐源县，旧称盐井。讲述么些人入侵西藏的故事的史诗是著名的藏族史诗《格萨尔王传》的一部《保卫盐海》（又名《姜岭大战》）。有人认为《保卫盐海》讲得是格萨尔王与丽江木氏土司之间的战争，但也有学者认为这种

---

① William John Gill, *The River of Golden Sand; being the Narrative of a Journey through China and Easter Tibet to Burma*, London: John murray, 1883, p. 134.

② E. Colborne Baber. *Travels and Researches in Western China*, London: John Murray, 1882, 87-88.

说法是有问题的。[①]

（五）德斯古丁斯

19 世纪末，最早进入丽江地区的应该是法国传教士德斯古丁斯。

德斯古丁斯（Père Auguste Desgodins，1826—1913）又名戴高丹，汉名丁荣盛，法国人，1854 年进入法国外方传教会修院，1855 年赴藏区传教，一直活动在川、滇的藏区。1898 年，他赴香港印制了由传教士编纂的《藏—拉—法词典》。他在藏区生活布道 58 年，死后也葬在西藏。他一生有关西藏的著述甚丰，据日裔法国学者今枝由郎统计，其论著、论文和词典共有 41 种。[②]德斯古丁斯在川、滇、藏地区生活时间长，深入到偏远的乡村传教，传教的对象大都是平民，首先要做的就是学习语言、了解当地的风俗习惯。所以，他发现了其他人发现不了的东西。1872 年，德斯古丁斯发表一篇名为《居住在澜沧江、璐子江和伊洛瓦底江沿岸民族语言主要词汇》（*Mot principaux des de certaines tribus qui habitant les bords du Lan-tsang-kiang. du Loutze kiang et Irrwaddy*）的文章，文中记录了纳西语、傈僳语、白语、汉语及藏语等词汇。其后又在家信《西藏传教 1855 至 1870》（*La Mission du Thibet de 1855 à 1870*）中记述了在纳西族地区的见闻：

> 么些曾经形成一个强大的王国，首都在丽江。丽江城本来是属于藏人的土地，当地土著叫它 Sadam。么些人首领叫"木天王"。我不知道向南，木天王的管辖范围可以伸展到哪里，但是可以肯定，其势力范围能够达到我所到的澜沧江和璐子江边。我经常看到军事堡垒和被毁坏的么些人的房子。但最多到达雅克洛，再往北就是藏区。么些人曾占领盐井，据我所知，西藏有一部史诗是反映这一事实的。这个王国后来被并入云南和巴塘，丽江和中甸合并，在康熙末年结束了木氏土司的统治，但是人们并没有彻底摧毁它。证明盐井是么些人的核心地带，一直可以延伸到阿墩子和维西，所有的土著首领南下到达澜沧江边。几乎所有的么些人都会说汉语。[③]

1880 年，德斯古丁斯在《远东和非洲年鉴》（*Annales de l'Extrême Orient et de*

---

　① 赵心愚：《〈格萨尔王传·保卫盐海〉中'姜国萨丹王'与丽江木氏土司》，载《纳西族历史文化研究》，民族出版社 2008 年版，第 94-104 页。

　② 德斯古丁斯生平资料参见[法] 热拉尔·穆赛、[法]布里吉特·阿帕乌主编，耿昇译：《1659—2004 入华巴黎外方传教会会士列传》：《16-20 世纪入华天主教传教士列传》，广西师范大学出版社 2010 年版，第 760 页。

　③ Charles H. Desgodins, *La Mission du Thibet de 1855 à 1870*，d'après les lettres de l'abbé *Desgodins*, Pairs: VICTOR PALME, 1872.

l'Afrique）中发表《西藏民族志》（*Notes Ethnographiques sur le Thibet*）。其中说：

> 大约在三、四百年前，么些人占领了曾经属于藏族的丽江府。为了巩固统治，么些人在当地屯军，在潞子江、澜沧江和金沙江沿岸我们仍然会遇到这样的殖民地式的村子。周围都是藏族人，么些人虽然接受了所有藏族人的习惯，但是仍然保存着自己的语言。为了了解真实的么些人，就应该到云南丽江府附近去做调查。藏族人很是看不起么些人，叫他们作"姜国"，这是一种污蔑式的称呼。我们必须承认，么些人已经跟藏族人相互融合，可能很早已相互通婚，此时的么些人跟过去已经大不相同了。我在其他地方提到藏族人的恶习，在此我必须增加一条：争吵、小气、爱和别人起冲突，而且大多数喜欢酗酒，我认为这是一种人类的退化。物理性状的改变，使现在的么些人并不代表真正的么些人，但是我们仍然可以识别么些人的某些特征：前额凹陷，高鼻梁，上下额骨稍微分开，下巴比藏族人更扁。更细腻的差别表现在漂亮的儿童和年轻人的面孔上，然而老人的特点在于上了年纪的女人脸上的皱纹。我往往搞不清楚哪些么些词语是借自藏语的。它可能的原因是：么些士兵没有把妻子一起带到他们的驻地，于是他们就娶了一个藏族的女人。但是，当这些么些人士兵和家属形成独立的村庄时，然后他们同族内可以相互结婚，但这种结合是不完整的，异族通婚一定长期存在。我今天仍然坚持这个意见的理由是：么些人之间几乎不通婚，但也有例外，尤其是道德上的混乱，有助于两个民族的融合。[①]

除了记录纳西语之外，使德斯古丁斯名扬天下的是他复制了 11 页用象形文字书写的东巴经。

（六）德微理亚

德微理亚（Jean Gabriel Deveria，1844—1899），法国东方语言学家。1860 年，德微理亚进入法国外交部任随员，当年以学生身份来华从事翻译，先后在天津、福州的法国驻华领事馆任职，并从事汉学研究工作。德微理亚于 1873—1880 年之间任法国驻华公使馆一等翻译，1880 年回国，1882 年起担任法国外交部汉语翻译官员和秘书官员，1888 年担任总领事。1889 年，德微理亚担任教授，主持巴黎现代东方语言学校汉语讲座。他在该校任教直至 1899 年逝世，他的学生中有法国著名汉学家沙畹。德微理亚在 1886 年出版的《中国和安南的边境：有关地理学和人种志学的描述》（*Frontière sino-annamite, de-scription géographique et ethnographique*）中介绍了广西、

---

① Père Auguste Desgodins, *Notes Ethnographiques sur le Thibet*, Annales de l'Extrême Orient et de l'Afrique, Juillet 1879- Juin 1880, 11-12.

四川、云南等地区的少数民族概况。其中一节提到纳西族的历史地理,此外还刊布了两页德斯古丁斯收集的东巴经图片。

（七）佩福来

佩福来（G. M. H. Playfair, 1850—1917）,1906 年任奥匈帝国驻福州领事。他于1877 年,在《中国评论》著文介绍、翻译他购于北京的三册苗图:两册贵州苗图,无题佚名;一册云南苗图,题名为《丽江府十种彝人图》,其中关于纳西族的描述是:

> 他们的房子是由木板搭起来的茅舍,门是石头的。关于他们的服装,男人穿耳洞,戴着绿松石的项链。他们的头发被拧在一起,在头上包一个头巾。他们的上衣长领、宽袖。腰间会扎一根红的或绿的绣花腰带。女人穿短上衣,尖头巾,圆桶裙,扎一条做工精细颜色鲜艳的绣花腰带。他们所有人都戴着羊皮披肩。当人死之后,既不用棺材也不用其他的盒子来装尸体,尸体被焚烧,骨头被扔在荒地中。烧了一半的圆木被拿回家,把它供起来。藏传佛教很盛行,喇嘛受到极大的尊敬。但是他们也有其他的仪式。在新年的时候,家族的每个成员都要沐浴、上香。然后手里拿着香,背上背着米,他们所有的人都要去修建祭坛。仪式的女巫师十分恭敬地进入代表家族献牲。这些仪式要持续 11 天,被称作"祭天仪式",以确保来年幸福平安。在 6 月和 11 月,女巫师要种一棵栗树,作为神栖居之所。这棵树要享用祖先的祭品。因为天气太冷,他们的土地不能种稻子,他们只能种植小麦、稗等其他粮食作物。[①]

（八）亨利·奥尔良

亨利·奥尔良王子（Prince Henri of Orléans, 1867—1901）,法国探险家。他有皇家血统,是法国沙特尔公爵罗伯特王子和弗朗索瓦·奥尔良公主的长子。1895 年至1896 年之间,亨利·奥尔良为了探明中国境内的湄公河流域,他们一行从东京湾出发,取道西行抵达印度。他们的旅行的起点是安南,从红河水道逆流而上进入中国西南地区。首先来到蒙自地区,然后向西到达思茅,进入湄公河流域,又向北来到大理,又向西来到怒江流域,后又返回澜沧江流域到达维西县叶枝镇一带。后又继续前行,最终到达印度布拉马普拉河流域。途中跨越了五大流域:红河流域、澜沧江流域、怒江流域、伊洛瓦底江流域和布拉马普拉河流域。亨利·奥尔良将这些经历写进游记《从东京湾到印度》中,游记中可以看到彝族、白族、哈尼族、纳西族等民族的影子。亨

---

① T.M.H.Playfair, *The Miao Tzu of Kueichou and Yunnan From Chinese, China Review.* Vol. V. 1877, 92-108.

利·奥尔良在纳西族居住的村子记录下了他的所见所闻。

　　么些人属于藏缅语族，他们的分支散布在上印度支那。现在，他们归中国政府管辖，居住在丽江附近地区，离这儿有几天的路程。北边湄公河左岸一直到盐井都有么些人分布；在右岸一直到离真扑两天的地方都有么些人聚居。从前，他们的王国宽广辽阔，远达西藏和江卡之外的地方。著名的藏族史诗《格萨尔王传》就歌颂了一个英雄打败么些人的功绩。

　　么些人一律汉式打扮。妇女戴的帽子很特别，头发挽成一个小发结扎在前面，像一个发角似的，上面坠着个银扣子。扣子后面的头发上裹着一块头巾，也坠着银钉子，头巾上还有两个凹陷的银球，一直垂到耳朵下面。这种打扮只适合已经结婚的妇女，他们生了小孩的时候，丈夫送给他们这样的饰物。少女也带着坠着钉子的头巾，但是没有圆球。这些首饰都有一定的价值，代代相传，很难搞到手。他们的衣服跟汉族妇女的服装差不多。么些土司的老婆可能是个例外，她有一件宽大漂亮的衣服：背上一张黑羊皮，装饰秀美；腰间有一两斤白银首饰；铃铛，梳子和牌子。她的头饰跟普通妇女一样，但是纯金做成的；颈项上套着金扣子；丝质的上衣，珊瑚尖上镶嵌银子的纽扣，绿色的裙子。

　　么些人也信鬼神。村子入口的地方都立着木桩子，上面绘着图案，最常见的就是一只眼睛，这是用来辟邪用的。屋子里也有含义相同的摆设，中间一根木桩，插着画有图案的树枝，竹片，竹子以及一些小旗帜。么些人不知道大洪水的历史传说。他们有祭司，甚至有些么些人不管自己情愿不情愿，就糊里糊涂成了巫师。只要大家公认某个人具备了驱鬼辟邪的条件，不管他自己怎么想，都必须得发挥作用，治疗病人。通常都没有什么效果，大伙有时候要将他杀害。新年第一天，人们要杀一头用鱼喂大的猪来祭祀，吃饭的时候只讲么些话，如果村里有藏族人，过节的时候都要被赶走。祭司只是正月初一出来，在居民的肩膀上留下一个白色的月亮印，在接下来的二十五天，他要躲到山里面去，由人给他送饭。

　　么些人实行火葬。举行仪式的时候，要邀请死者的邻居参加，收获季节从来不举行丧事。如遇上这个季节就只要等待，他们把尸体放在盐里面。

　　准确地说，么些人没有文字。么些祭司保存和使用一种象形文字的册子，每页从左到右分成平均的小格子。在每一个格子里面，都有一个或几个比较粗糙的图案，像是兽头，人物，房子，比如用约定俗成的图案代表天或者雷等。我有幸带回好几本这样的册子，有两本是帝德神父送我的，一本是叶枝土司送给我的，还有一本在真扑获得的。旅行家吉尔和德斯哥丹神父也带了好几本回欧洲，可惜没有解释。一些祭司给我讲解了其中两本册子的意思：这是祈祷的经文，先是讲创造世界，结束的时候又列举威胁人类的苦痛，说如果信仰虔诚也就是要给巫师送礼的话，又可以避免云云。通过不同地方获得的小册子，我发现同样的符号表达同样的意思。祭司说没有什么字母；象形文字由他们代代相传。

　　碰到一个处于文字发展初期阶段的部族，确实很有意思。最早的时候，很多汉字也只是表达简单的意思，如果么些人能够长期存在下去，他们也会取得巨大的发展，说不定还会看到他们的经书，也会产生自己的文字。①

　　此外，亨利·奥尔良在《从东京湾到印度》一书中记录了旅行中所收集的 30种土著民族语言的词汇，其中包括纳西族、彝族、傈僳族、白族、藏族等。并且刊布了 8 页东巴经摹本图片，并对其进行了翻译。

（九）戴维斯

1894 年至 1900 年，英国学者戴维斯（H. R. Davies）在参加英国拟在云南修筑铁路，从而连接起印度和中国长江中下游的可行性研究项目，先后 4 次到云南进行徒步调查。著有《云南：连接印度和扬子江的链环》（*Yunnan, the Link between India and Yangtze*）一书。书中提到，他曾到达中甸地区，他应该是第一个到达中甸的外国人，但他没有提到中甸纳西族。

　　中甸的土著不同于木里的种族。后者属于半藏化的族群，处于称谓上的方便就叫西番。据说，木里国有两个不同的部落，分别叫作"卡米"和"普米"。中甸居民是真正的藏人，他们自称"本"或"蕃"。书简语里即"b'ot"，这可能就是"Tibet"的、这个词后面的音节，前首的音节在藏语里是"ten"这个词，意为"高"或"上层"。

　　在我在中甸记下的词汇来看，这一地区的语言与拉萨语只有口音上的差别。与之相反，木里话中虽有一些藏语词，但更接近于保保语和其他西番的口音。②

二、19 世纪末西方纳西东巴经传播史略

19 世纪中后期，法国传教士和探险家首先发现、收藏和研究东巴经。中国学者据此知道了东巴经的存在和价值。例如，刘半农就是在看到法国学者巴克（Jacques

---

　　① [法] 亨利·奥尔良著，龙云译：《云南游记——从东京湾到印度》，云南人民出版社 2001年版，第 196 页。

　　② [英] H. R 戴维斯著，李安泰等译：《云南：连接印度和扬子江的链环·19 世纪一个英国人眼中的云南社会状况及民族风情》，云南教育出版社 2000 年版，第 271-272 页。

Bacot）的《么些研究》之后才知道中国西南纳西族地区东巴文的存在，并嘱咐纳西族学生方国瑜回乡调查，从而开启了中国纳西学研究之门。海外东巴经的传播和收藏是纳西学的发端，其研究有着重要的意义，对于总结历史经验尤为重要。

最早关注东巴经在海外传播的是美国学者洛克（Joseph F. Rock），他在《纳西语—英语百科辞典·引言·东巴经的发现》中对此做过简单的介绍。20 世纪 60 年代，英国学者杰克逊（Anthony Jackson）对西方东巴经的传播和收藏情况做过一个详细地调查，著有《神奇的么些文本》一文。国内学者对此的了解大都来源于杨福泉、白庚胜的《国际纳西文化研究述评》一文，对其中具体细节的叙述不是很清楚，甚至于以讹传讹。东巴经在西方的传播对研究纳西学史和东巴经海外传播史有着极为重要的意义和价值。

最早发现并收集东巴文献的是法国传教士德斯古丁斯，他 1855 年赴藏区传教，一直活动在澜沧江、怒江和伊洛瓦底江沿岸。1867 年他复制了一本 11 页的东巴经书，并将它们寄回法国的家，但没有做任何解释。1885 年，英国学者拉克伯里（Terrien de Lacouperie）在《西藏及其周边文字的起源》一文中最早报道并刊布这 11 页经书。他在文中指出："1879 年，我通过里亚尔（Gerard de Rialle）得到了这 11 页的复印件中的 8 页。"[①]后来他又与德斯古丁斯取得联系，获得 11 页东巴经的复制件，并附在文章之后。拉克伯里的文章中没有这本经书的封面，我们无法确定这本经书的名字。经书每页分四行，每一节都有阿拉伯数字的编号，编号应是收集者自己加的，一共 121 节。如果这是一本经书的话，应该是两个故事合写在一本书当中的。经书文字古朴，并且没有出现哥巴文。1886 年，这 11 页经书的头 3 页被法国东方语言学家德微理亚（Jean Gabriel Deveria）刊布在《中国和安南的边境：有关地理学和人种志学的描述》中[②]，区别在于他刊布的经书照片没有阿拉伯数字编号。洛克在《美国地理学会所藏尼尔么些经书》中指出，德斯古丁斯收集的这本经书讲述的是穆鬼起源的故事[③]。此外，拉克伯里又在《中亚和东亚文字的起源》一书中提到另一册东巴经："巴黎的穆瑟·托卡迪奥（Musée de Trocadéro）收藏着一册来自中国西南地区么些经书，这册经书用两种文字写成，它是一个传教士笛拉维（père Delavay）送给他的，是一本至今仍然没有命名过的经书。""这本经书共 18 页，前面 4 页几乎全是么些文，后面

---

① Terrien de Lacouperie, *Beginnings of writing in and around Tibet*, *Journal of the Royal Asiatic Soiety*, n.s. 1885, 459-460.

② Jean Gabriel Deveria, *Frontière sino-annamite, de-scription géographique et ethnographique*, Paris: Ernest Leroux, 1886, p. 166.

③ Joseph F. Rock, *The Nichols Mo-so Manuscript of the American Geographical Society*, *Geographical Review*, 27,1937, p. 230.

的 9 页中夹杂有一些不为人所知的字符，而最后的 5 页几乎不包含么些言语。在这本经书中出现的两百多个符号中，许多实际是是汉字的偏旁和汉字的简化或模仿。"①洛克断定拉克伯里所说的"不为人所知的字符"就是哥巴字。但拉克伯里和洛克都没见过这册经书，我们也无从查证。

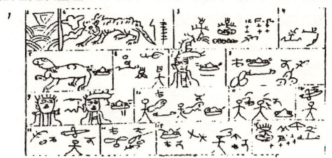

德斯古丁斯收集的经书首页（每节都带有编号），选自《西藏及其周边文字的起源》

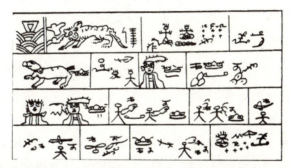

德斯古丁斯收集的经书首页，选自《中国和安南的边境：有关地理学和人种志学的描述》

1876 年，英国探险家吉尔（W. Gill）开始了在中国的旅行，当旅行至云南丽江时得到三本东巴经，其中两本被他的同伴迈锡尼（Mesny）寄回了自己在英国泽西岛的家，从此没了踪迹。另外一本被吉尔上尉自己捐给了大英博物馆。首先报道这一消息的也是拉克伯里。他还指出："但是捐献者（指吉尔上尉）不知道这本经书准确的地区，他是从两个看起来像法国人打扮的欧洲人那里买来的。很明显，这些人是倮倮人（彝族），他们可能是从么些人那里抢来的。否则么些人是绝对不愿意把这么稀有和珍贵的经书送给他们的。"②大英博物馆对这本经书的描述是：来自于缅甸与中国之间山区的用于祭祀的象形文字的经书。拉克伯里同样将这本经书的复制本附在文章之

---

① Terrien de Lacouperie, *Beginnings of writing in central and Easterrn Asia*, London: D. Nutt, 1894, 183-184.

② Terrien de Lacouperie, *Beginnings of writing in and around Tibet, Journal of the Royal Asiatic Soiety*, n.s.(July,1885). p. 460.

后。这是流入海外的第一本东巴经原本。这本经书一共 18 页，有封面，封面竖着书写着经书的名字，纳西语读作：$ka^{33}le^{21}tshy^{55}o^{21}\text{ʂər}^{55}$，译作汉语：高勒趣招魂经。每页分三行，每一节都有阿拉伯数字的编号（这应是收集者后加的），一共 169 节。首页的两边分别画着两幅画像，左边是纳西族的祖先，也是这本经书的主人公高勒趣。这本经书的书写比德斯古丁斯收集的那一本经书要精美，文中多次出现"上"这个哥巴文。洛克认为这本经书属于祭署仪式，并在《纳西族的纳加崇拜及其有关仪式》中翻译了该册东巴经。

吉尔收集的《高勒趣招魂经》的封面

　　1880 年，荷兰传教士斯恰顿（E. Schartten）在丽江收集到 15 册东巴经。他简单地翻译了其中的一册，但没有公开发表，现藏在荷兰莱顿的瑞吉克斯博物馆（Rijksmuseum）。[1]

　　1895 年至 1896 年，法国探险家亨利·奥尔良（Henri Orleans）从北京出发，经过华北，穿过四川、云南到达印度。经过云南时，发现并带回 5 本东巴经，并且翻译了其中的 8 页，附在他的游记《云南游记—从东京湾到印度》中。亨利·奥尔良所翻译的 8 页经书分属于两本不同的经书。其中一本现藏在法国巴黎东方语言文化学院图书馆。另一本的封面刊布在考狄的《么些》一文，考狄的注释说明，这本经书是巴克在丽江收集的。为何说成是巴克收集的，其中的原因不得而知。

《云南游记——从东京湾到印度》刊布的第一本东巴经的封面（复制件）

① Anthony Jackson, *Mo-so magical texts, Bulletin John Ryland Library*, 48(1): Manchester University Press, 1965, **p. 142**.

上图原件，现藏于法国巴黎东方语言文化学院图书馆

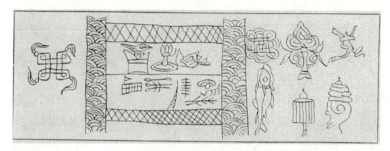

《云南游记——从东京湾到印度》刊布的第二本东巴经的封面（复制件）

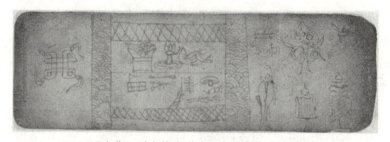

《么些》刊布的注明为巴克收集的东巴经封面

　　1895 年，法国档案学家、古文献学家泊宁（Charles-Eude Bonin）跟传教士一起来到中国，他们沿着扬子江在川滇边界旅行，从丽江到中甸再到永宁、木里，最后转入甘肃境内。在丽江城从一个当地东巴祭司的手中得到一本东巴经。1897 年，他出席了在法国巴黎举行的第 11 届国际东方学家大会，并提交了《么些手抄本笔记》一文，文中详细描述了东巴经收集过程："这本经书是长方形的，由 12 张非常坚硬的纸组成。纸的两面都写有文字，经书的最后一页有一朵红花。首页的两侧分别画着两幅神像。经书用彩色的象形文字书写，这在东巴书写的经书中是罕见的。每页都分成三

行，每一行用垂线分成二或三节。每一个字代表一个短语，所以垂线的功能相当于标点。这本经书是从金沙江边一个叫卡罗瓦（Keloua）的村子的一个东巴那里得到，这个东巴偷偷地把经书的前 6 页翻译成汉语，翻译采用对译的方式，每一个象形文字下都对应相应的汉字，我的翻译是将象形文字对应的汉字再翻译成法文。由于同一个字在经书中会反复出现，所以，以这本经书的翻译本为基础可以翻译其他经书[①]。"

三、19 世纪末西方纳西族语言文字及文献研究

（一）德斯古丁斯等的纳西语研究

西方传教士、探险家和学者在早期接触纳西语并进行学习和研究的过程中，由于没有任何现成的可供使用的材料，他们往往很自然地以自己的母语为蓝本，将其与纳西语进行对照，或采用拉丁字母给纳西语注音，或直接套用西方语法理论来分析纳西语的结构等，从中不断深化对纳西语的认识。

前文已经提到，德斯古丁斯、泊宁、亨利·奥尔良、曼德勒和庄士敦都记录了纳西语词汇。他们记录的词汇的数量较少，所用的标音符号也不尽相同，但是在一定程度上可以反映当时纳西族地区的语音状况。

德斯古丁斯记录了 110 个纳西语词汇，其中名词 75 个，数词 22 个，动词 9 个，形容词 4 个。这些词汇是他 19 世纪中后期在中国澜沧江、怒江以及缅甸的伊洛瓦底江地区传教时收集的。

泊宁记录了 70 个纳西语词汇和短语，其中名词 30 个，数词 13 个，动词 7 个，代词 7 个，短语 13 个。这些词汇收集于丽江地区。

亨利·奥尔良记录了 74 个纳西语词汇，其中名词 55 个，数词 14 个，形容词 2 个，代词 3 个。这些词汇于 1896 年 8 月 14 日在维西收集。

曼德勒记录了 130 个纳西语词汇，其中名词 101 个，数词 21 个，动词 8 个。这些词汇是由居住在维西的传教士彭神父收集的。曼德勒记录的 21 个数词与纳西语的读音不合，我们经过考察发现，曼德勒记录的古宗人的数词与纳西语读音相合，因此，我们认为这是曼德勒的失误所致，或者借用了藏语的数词。

庄士敦记录了 103 个纳西语词汇，其中数词 28 个，名词 56 个，动词 11 个，代词 1 个，形容词 6 个，副词 1 个。这些词汇是在永宁收集的。

和即仁、姜竹仪的《纳西语简志》将纳西语分成东、西两个方言区。西部方言区

---

① Charles-Eude Bonin, *Note sur un manuscript Mosso*, Actes du onzième Congar. Inter. des Orientalistes, 2d section. Pairs, 1898, 281-296.

主要包括云南省丽江、中甸、维西、永胜等县。东部方言区包括云南的宁蒗县和四川省的盐源、木里、盐边等县。因此，德斯古丁斯、泊宁和曼德勒记录的应该属于西部方言，庄士敦记录的应该属于东部方言。为了印证这个推测，我们将德斯古丁斯、泊宁、曼德勒和庄士敦所记录的词汇与《纳西语简志》中所记录的纳西语东、西部方言作对比，列表如下：

词义	德斯古丁斯	泊宁	亨利·奥尔良	曼德勒	庄士敦	纳西族西部方言	纳西族东部方言
一	djre lu	diêu	De(kou)	djeru	chih	$du\mu^{21}$	$d\eta^{33}$
二	gni lu	ngié	Ni(kou)	nyi	nyi	$\underset{}{n}i^{21}$	$\underset{}{n}i^{33}$
三	se lu	sse	Su(kou)	seu	so	$su\mu^{21}$	so^{21}
四	lo lu	lou	Lou(kou)	lô	ru	lu^{33}	$z\underset{}{v}^{55}$
五	ngoa lu	oa	Ngoa (kou)	ngoua	nga 或 ua	ua^{33}	ηua^{33}
六	tchoa lu	ts'oa	Tchoa (kou)	tcha	k'ou 或 k'o	$t\underset{}{s}hua^{55}$	$kh\partial r^{13}$
七	che lu	chea	Sin(kou)	cheu	shih	$\underset{}{s}\partial r^{33}$	$\underset{}{s}u\mu^{33}$
八	ho lu	h'eu	Hou(kou)	ho	ho	xo^{55}	xo^{13}
九	ngo lu	gou	Ngou (kou)	ngou	gu	ηgv^{33}	gv^{33}
十	tsê lu	ts'ai	Tse(kou)	ts'e	t'zŭ 或 t'zu	$tshe^{21}$	$tshe^{33}$
十一	tsê djre lu		Tsede (kou)	ts'e djreu	t'zŭ chih	$tshe^{33}du\mu^{21}$	$tshe^{21}d\eta^{33}$
十二	tsê gni lu			ts'e nyi	t'zŭ nyi	$tshe^{33}\underset{}{n}i^{21}$	$tshe^{21}\underset{}{n}i^{33}$
十三	tsê se lu				t'zŭ so	$tshe^{33}su\mu^{21}$	$tshe^{21}so^{33}$
十四	tsê lo lu				t'zŭ ru	$tshe^{33}lu^{33}$	$tshe^{21}z\underset{}{v}^{55}$
十五	tsê ngoa lu			ts'e ngoua	t'zŭ nga	$tshe^{33}ua^{33}$	$she^{21}\eta ua^{33}$

十六	tsê tchoa lu				ťzŭ k'o	tshe^{33} tṣhuɑ^{55}	tshe^{21} khər^{13}
十七	tsê che lu				ťzŭ shih	tshe^{33}ʂər^{33}	tshe^{21}ʂɯ^{33}
十八	tsê ho lu				ťzŭ ho	tshe^{33}xo^{55}	tshe^{21}xo^{13}
十九	tsê ngo lu				ťzŭ gu	tshe^{33}ŋgv^{33}	tshe^{21}gv^{33}
二十	gni tsê lu	ngié‑ts'ai	Nitse (kou)	nyi ts'e	nyi‑ťzŭ	ɲi^{33}tshər^{21}	ɲi^{33}tshɯ^{33}
二十一					nyi‑ťzŭ‑chih	ɲi^{33}tshər^{21}dɯ^{33}	ɲi^{33}tshɯ^{33}dʐ^{21}
三十				seu ts'e	so ťzŭ	sɯ^{21}tshe^{33}	so^{33}tshe^{21}
四十				lo ts'e	ru ťzŭ	lu^{33}tshe^{33}	zʑ^{55}tshe^{21}
五十				ngoa ts'e	nga ťzŭ	uɑ^{33}tshe^{33}	ɲuɑ^{33}tshe^{21}
六十					k'o ťzŭ	tṣhuɑ^{55}tshe^{33}	khər^{13}tshe^{21}
七十					shih ťzŭ	ʂər^{33}tshe^{33}	ʂɯ^{33}tshe^{21}
八十					ho ťzŭ	xo^{55}tshe^{33}	xo^{13}tshe^{21}
九十					gu ťzŭ	ŋgv^{33}tshe^{33}	gv^{33}tshe^{21}
一百	djre chi		Dichi (kou)	djreu si		çi^{33}	çi^{55}
一百零一				djreu si nyi			

				djreu gou			
一千	tong tchra		Ditou	djreu tou		tv²¹	tv³³
一万				djreu mou			
天	mou		Men	mou	mu	muɯ³³	mv³³
太阳	gni mê		Nimé	nyi ma	nyi me	ȵi³³me³³	ȵi³³mi³³
月亮	hê mê tze		Hémé	hé mè tseu	le 或 hle me	xe³³ me³³	ɬe³³ mi³³
星星	kheu			keu		kuɯ²¹	kuɯ³³
日子	gni		Digni		t'i nyi	ȵi³³ua³³	ȵi⁵⁵ ŋuə³³
月份	hê				le 或 hle me	xe³³	ɬe³³
年	khou				du k'u	khv⁵⁵	khv¹³
地	mou deu				djǐ	dy²¹	de¹³
世界	dzom bou ling						
夜			Moukou	tseu rin		mv³³ khv⁵⁵	mv²¹ khv¹³
水	guié	gnie- k'ié	Djié	gji	dji	dʑi²¹	dʑi²¹
木头	sé		Seu		ssǔ	sər³³	suɯ³³
石头	lou		Loupa			lv³³pɑ³³	lv³³mi³³
铁	chou		Chouo	cho	shi	ʂu²¹	ʂe³³
银	ngou		Hun	ngou	ngu	ŋv²¹	

金	ha		Ha		ha	xa²¹	xa⁵⁵
铜	heu, eu		Ai			ər³³	a³³
空气	heu					xər³³	xa³³/ɬa³³
纸		ťai-guêu				se³³suɯ⁵⁵	ʂv²¹ʂv¹³
沙				chié ma		ʂə²¹	tʂuɯ²¹mv¹³
身体	goumo			gou mou		gu³³mu³³	gv³³mi³³
脸				dou ke	pa kʼua	phɑ³³me³³	ɓha³³khuɑ²¹
头	koulu	cou‑leu		go	wu‑kʼua	kv³³ly³³	ɣo³³khuɑ²¹
脖子				tyé pa		ɹər³³pər²¹	ɣe³³tər⁵⁵
眼睛	men		Mien	mig	nya lü	miə²¹ly³³	ȵɑ²¹lv⁵⁵
耳朵	hè tze		Aidzeu	na pa		xe³³tsuɯ²¹	ɬe³³pi²¹
鼻子	gni ma		Nima	na	nyi ga	ȵi⁵⁵mər²¹	ȵi³³gə³³
口	kroube		meta	nu ta		nv⁵⁵tɑ³³	ȵi³³to³³
骨					shang ö	ʂo³³lo³³	ʂa³³ɣə̃r³³
手	la	là	La	la	lo kʼua	lɑ²¹	lo²¹khuɑ³³
手指				la nyi	lu	lɑ²¹ȵi²¹	lo²¹ȵi⁵⁵
指甲				se mo		lɑ²¹dʑuɯ²¹kv⁵⁵	kv³³tʂuɯ¹³
食指					lu nyi		
中指					lu so		
无名指					lu ru	lɑ²¹ly³³	lo²¹lu³³

小指					lu nga		
拇指					lu mi	$la^{21}me^{33}$	$lo^{21}mi^{33}$
腹部	deu men					$dv^{21}me^{33}$	$bi^{33}mi^{33}$
奶				nyi nyi		$ȵi^{55}ȵi^{33}$	$ȵi^{33}bi^{33}$
脚	kheu	k'êu	Kou		k'ö ts'e	$khɯ^{33}$	$khɯ^{21}$ $tshə^{13}$
头发				kou fou		$kv^{33}fv^{33}$	$ɣo^{33}kə^{33}$
胡子				mou- tseu		$mɯ^{55}$ $tsɯ^{33}$	mv^{33} $tsɯ^{33}$
臂				la eul			
肩				la p'i		$la^{21}phi^{21}$	lo^{21} $khua^{33}$
肺				tchra		$tʂhər^{55}$	$tʂhər^{13}$
吃	dzé	hung– tse		tseu		$ndʑɯ^{33}$	$dʑɯ^{55}$
喝	tchré			t'eu		$thɯ^{21}$	$thɯ^{21}$
饭	ha					xa^{33}	xa^{33}
米	tchoa		Tchoua	reu gné/ djreu jin		$tʂhua^{33}$	$çi^{33}$ $tʂhua^{33}$
茶	lé	lai				le^{55}	lie^{13}
肉	chi					$ʂɯ^{33}$	$ʂe^{33}$
油	marpeur					ma^{21} $phər^{21}$	ma^{13}
盐	tsé		Tsai			$tshe^{33}$	$tshe^{33}$

烟	yo		Ien			iə^{21}/ʑə^{33}	ʑə^{33}
乳汁				nyi nyi		no^{33}/ ȵi^{55}ȵi^{33}	ȵi^{33}bi^{33}
玉米				k'a tze		khɑ^{21} ʥe^{33}	khɑ^{33} ʥe^{33}
蜂蜜				djrou		mba^{33}	
沙拉		ts'e pe le					
酒		a-qui				ʐɯ^{33}	ʐɯ^{33}
糖		bain				mba^{33}	ʥe^{33}
祖父			Apa	a p'ou		ə^{21}phv^{33}	ə^{33}sɯ^{33}
父亲	aba/aou			a pa	a-da	ɑ^{21}bɑ^{33}	ɑ^{21}dɑ^{33}
祖母				a tzeu		ə^{21}ʥɿ^{33}	ə^{33}sɯ^{33}
母亲	amè		Ama	a mè	a-me	ə^{21}me^{33}	e^{33}mi^{33}
兄弟	bezé					bv^{21}zɿ^{21}	
兄				a bou	a-mu	ə^{33}bv^{21}	ɑ^{33}mv^{21}
弟				gneu zeu	ke-ssŭ	gɯ^{33}zɿ^{33}	ge^{33}zɯ^{33}
姐妹	mèhè					me^{33}he^{21} gu^{33}me^{33}	
姐				a bou		ə^{55}tsi^{33}	ɑ^{33}mv^{21}
妹				se mo		gu^{33}me^{33}	gv^{33}mi^{33}
儿子	zo		zué		zo	zo^{33}	zo^{33}
女儿	mi	mi-tchuen	Mizuzu	mi	mǐ zo	mi^{55}	mv^{13}
丈夫				i ka zeu		ʐa^{33}ka^{21} zɯ^{33}	xa^{33} tʂhv^{33}

							pɑ³³
妻子		gni mou me	Mitchou	ze mou		n̠i³³nv²¹	tʂhv³³ mi³³ sɯ¹³
配偶				ze mou			
儿童		jeu jeu		zeu heu		zy⁵⁵zy²¹	zo¹³nv⁵⁵
男孩				zo			
男性				me			
母的				ou zou			
男人		chi-diêu-con	Zoutchou	si	hyi	çi³³	xĩ³³
主人	daha					dɑ³³hɑ³³	dɑ³³pv³³
长官	su/mouquio/aqua					sue³³	sɻ³³phi³³
皇帝				kha		kha³³	
神			Poula				
仆人	guieu zo					ɣo²¹zo²¹	
桌子				sa-la		sa³³la²¹	sɯ³³ɣa³³
房子	guié	guiě	Dji	gji	yi k'ua	dʑi²¹	zi³³ khuɑ³³
门	kho	k'o		go		khu³³	khe⁵⁵
窗户	kho ka/go tchra					la³³kə²¹	tʂhua³³ tsɯ³³
屋顶	kia kou					dʑi²¹kv³³	
灶	koua					kuɑ²¹	

马厩	tso bou					dʑo²¹	
动物	goghé						
马	joa	joi	Joa	joua	rouen	ʐua³³	ʐua³³
牛	lèghé		Nagueu	gheu		le⁵⁵ɣɯ³³	
猫	ha lé			houa leu bou		hua⁵⁵le²¹	
母牛	ghé mé				ye	ɣɯ³³	zɿ³³
狗	khè		Ku	k'eu	k'u	khɯ³³	khv³³
鸡	â		A	chiu		a²¹	a¹³
公鸡				a meu		a²¹phər³³	a²¹phv³³
小鸡		ạ					
母鸡	â mè			chia mo	a	a²¹me³³	a²¹mi³³
绵羊	iu		Iou			ʐu²¹	ʐu³³
山羊	tsi			tseu mé	t'zǔ	tshɯ⁵⁵	tshər¹³
水牛			Tchigueu	gji gheu	dji ye	dʑi²¹ɣɯ³³	tso³³ khər³³
鸭		à				ɑ⁵⁵	ba³³mi³³
鹿			Tchoua	tch'oua		tʂhua⁵⁵	
猪			Bati	bo		bu²¹	
猪肉			Bou			bu²¹	
乌鸦				la ka		le⁵⁵ka²¹	
大象				tso		tso²¹	
蚂蚁				tcheu eul		tʂhua⁵⁵ua³³	tʂhər³³ ər³³
蛙				pa		pa³³ɻe³³	

骡子		n-guea			dər^{21}	
鱼			nya		ȵi^{33}	
鼠			chi oua		fv^{55}	xuɑ^{21} tsɯ^{33}
蛇			djreu		ʐɯ^{21}	
龟			sem bou tou ter			
虎			ta		lɑ^{21}	
豹		Njeu			ndʐɯ^{33}	ʐɑ^{24}
鸟嘴			ko beu		khv^{55}	
爪子			houa leu theu		tʂɯ^{21}	
红	hu lu	He	mé mer		xy^{21}	
白	pe se	Tai	p'eul mé		phər^{21}	phv^{21}
蓝	he le	Pie			xər^{21}	xər^{21}
绿	guiong ko		ngo seu			
黑	na mê	Na	na na		nɑ^{21}	nɑ^{13}
黄			cheu mé		ʂɯ^{21}	ʂɯ^{21}
山	guieu	Ndiou	reu,la		dʑy^{21}	ku^{33}/ dʑi^{33}o^{55}
平原	pa tze lo					

河	i bi guii		Loke	lom ba		i^{33} bi^{21}	
江				i bi		i^{33} bi^{21}	
土地	mou deu					dy^{21}	
草地	ko khou					ko^{33}dy^{21}	
悬崖	hâ					æ^{21}	
船			Lou			lɯ^{21}	tʂhuə^{24}
溪				lom ba			
小路				lam			
村				tchrom ba			
路			Joukou		zha me	zɯ^{33}gv^{33}	zʐə^{21}mi^{13}
衣服	bala					ba^{33}la^{21}	
腰带	bouke					bɯ^{33}kɯ^{55}	
皮靴	zâ					za^{33}	
小刀	je té		Jeute			zʐr^{33} the^{33}	
剑	dapia− dapre					dɑ^{33} phiə^{21}	
短刀							
枪							
扣子				he tsa		hæ^{21} zɿ^{33}	
手镯				la dyo		la^{21}dʑy^{21}	
帽子		cou−mo		kou mou		ku^{33}mu^{21}	
服装		ba-lan				ba^{33}la^{21}	
长裤				nam bou		le^{33}	

词义							
头巾				go tchreu			
麻布		ťou pou				phe^{21}	
灵魂	oua hê			Tazoa		o^{21}he^{33}	
爱	chi to ba					bæ^{21}	
想	choun drou					sɿ^{33}dv^{33}	
成为	mou					mu^{33}	
有	guiou	gueu			ťe djo	dʑy^{33}	dʑu^{33}
去想	djra/djor da						
做	fou				ťe djo	fv^{21}	
说	chado			queu- tse		ʂə^{55}	
走		bêu			hü 或 hü ze	buɯ^{33}	se^{33}
踩踏		lou la					
来					yi ze		ʐu^{33}
登上		giêu				gə^{21}do^{33}	
下来					me ch'a be		
火			Mi	mi	hle dji	mi^{33}	mv^{13}
雨			Heu	kia ba			
雷				tson diob			
雪			Mbé			mbe^{33}	bi^{33}
高兴	ba					bæ^{21}	
痛苦	chou djrou						

汉字						
	guiem mâ bâ					
富有	hè la gni				hɯ^{21}	
贫穷	ma ha				ha^{33}me^{55}	
贼		chi c'ou			çi^{33}khv^{33}	
飞		c'ou				
早饭		ning nong tse				
午饭		yong tse				
晚饭		tsong tse				
睡			i ngou	lei zhi	ʑi^{55}	ʑi^{13}
死			cheu	le shih	ʂɯ^{33}	ʂɯ^{33}
树			ndzeu	ssŭ tzŭ	ndʐər^{21}	sɯ^{33}dʑɯ^{33}
叶子			seu p'ya		tshe^{55}/phiə^{55}	
开花			ba ba	ba ba	bɑ^{55}bɑ^{33}	ba^{21}ba^{13}
水果			seu lu			sɯ^{33}o^{33} sɯ^{33}lv^{33}
草			zeu		zɯ^{33}	zɯ^{33}
森林			bi na		bi^{33}	
我		ngô	Neu		ŋə^{21}	
我们		ing-guea				

你		nà	Nga				na²⁴
你们		nà					na²⁴
他		nà ho	Ouo				
他们		nà ho					
是						k'ë	ua²¹	ȵi²¹
不						me be	mə³³ua²¹	mə³³ guɯ¹³
打						la	lɑ⁵⁵	lɑ¹³
杀						k'o	kho⁵⁵	kho¹³
官						ssŭ p'in	sye³³	sʅ³³phi³³
北方						hung gu lo	ho³³gv³³ lo²¹	ʑi³³ tʂʅ⁵⁵ tuɯ³³
南方						i ch'i me	mɯ³³ly²¹	ʑi³³ tʂʅ⁵⁵ mi³³
东方						nyi me tu	ȵi³³me³³ thv³³	ȵi³³mi³³ thv³³
西方						nyi me gu	ȵi³³me³³ gv²¹	ȵi³³mi³³ gv²¹
左				Ouata			ua³³ɹy²¹	o³³tho²¹
右				Ita			ʑi²¹ɹy²¹	ʐu²¹ tho²¹
好						djei	ɣɯ³³	ɣɯ³³
坏						mo djei	mə³³ɣɯ³³	mə³³ ɣɯ³³

小的					dji	ɹi⁵⁵	ɹi¹³
大的					chih	dɯ²¹	ɖɻ³³
冷			Tche			ɹhi⁵⁵	ɹhi³³
热			Tseu			tshər³³	tshɯ³³
你将去哪		zai-cou-ke-lai					
我要回家		ngo-lai-o-lai-bêu					
你是哪里人		zi-cou-ni-tse					
猪肉		bou-che					
牛肉		guiêu-che					
羊肉		yu-che					
您		ya-mou-gueu					
我不知道		ngo-mou-gueu					
它的成本多少		kiêu-ze-da					
告诉我		na-co-ke-tse					
请		ngou-di-ka-sou-na					
这是		chi-ťy					

谁		-kou						
喝茶		lai-ťeu					$le^{55}thɯ^{21}$	
糖		bain-tse						
晚						hua k'o	xo^{21}	$xuɑ^{13}$
我						nya	$ŋə^{21}$	$n̠ɑ^{33}$
昨天						a nyi	$ə^{21}n̠i^{33}$	$e^{33}n̠i^{55}$
今天						nyi	$n̠i^{33}$	$tshɯ^{33}$ $n̠i^{33}$
明天						su nyi	$so^{21}n̠i^{33}$	$so^{21}n̠i^{33}$
春天						nyi so-le		
夏天						dje so-le		
秋天						ch'u so-le		
冬天						ch'ih so-le		

　　通过对比可以看出，德斯古丁斯、泊宁、亨利·奥尔良和曼德勒记录的词汇与西部方言接近，庄士敦记录的词汇与东部方言接近。

　　从所使用的标音符号来看，庄士敦与其他三人的记音差别比较大。原因有二，其一，是前面所讲的庄士敦记录的纳西语东部方言，而其他三人记录的西部方言。其二，德斯古丁斯、泊宁、亨利·奥尔良和曼德勒是法国人，使用的应该是拉丁字母在法语中的发音。庄士敦是英国人，使用的应该是拉丁字母在英语中的发音。英语和法语都属于印欧拉丁语系，但分属不同的语族，英语属于日耳曼语族，法语属于罗曼语族，它们在发音习惯上有很大的不同。英语有 48 个音素，法语有 36 个音素，英语的元音和辅音音素都比法语的多，法语的元音和辅音都比较单纯，只有单元音和单辅音，而英语不仅有单元音和单辅音，还有双元音和双辅音，甚至还有三元音。[①]因此，用英语和法语字母记录同一个音时，可能会有一些细微的差别。例如，"天"，德斯古丁斯和曼德勒记作 mou，庄士敦记作 mu。实际读音是 mɯ^{33}。在法语中字母组合 ou 发[u]；在英语中字母 u 可以发[u]。所以，他们所记录的实际音值是一样的。

　　德斯古丁斯、泊宁、亨利·奥尔良和曼德勒都是法国人，他们所采用的标音符号也不尽相同，主要原因也有两个：其一，同一个音可以用不同的字母表示。例如，"帽子"，泊宁记作 cou-mo，曼德勒记作 kou mou，实际读音是 ku^{33}mu^{21}。法语中字母 c 和 k 都可以读[k]，ou 发[u]，o 发[ɔ]。将他们的标音转写为国际音标，泊宁读 ku mɔ，曼德勒读 ku mu，差别不大。其二，个人听音的差异和各地语音细微的差别，即使不同的人记录同一个地区的语音也有差异，更何况是不同的人在不同的时期记录不同地域的语音。例如，数字"二"，德斯古丁斯记作 gni，泊宁记作 ngié，亨利·奥尔良记作 Ni，曼德勒记作 nyi。纳西语中数字"二"的实际音值是[n̠i^{21}]，[n̠]是舌面前鼻音。在法语中 gn 的拟音为[ɳ]，舌尖后鼻音。ng 的拟音是[ŋ]，舌根鼻音。n 的拟音是[n]，舌尖中鼻音。ny 的拟音是[ɳ]，y 在法语中读作[i]，所以舌尖后鼻音[ɳ]可以看作是舌尖中鼻音[n]和介音[i]的组合构成的。德斯古丁斯和曼德勒的注音还是较为准确的，首先，[n̠]和[ɳ]比较接近，傅懋勣也把"二"记作[ni^{21}]。其次，他们意识到数字"二"的声母与一般的[n]是有差别的。泊宁和亨利·奥尔良的注音就相差比较远了。

　　（二）拉克伯里的纳西语言文字研究

　　拉克伯里（1844—1894），法国人，1844 年出生于法国西北部诺曼底地区的哈佛尔（Havre），幼年随当工厂主的父亲移居香港。在香港，他学得一口堪与母语法语媲美的汉语，同时掌握了英语，习得了英国人的生活方式。拉克伯里返回法国后，因为厌恶法兰西共和国的政治氛围而移居英国，并加入英国国籍。大约在 1874 年前后，拉克伯里被引介给大英博物馆的 S. Birch 博士，到大英博物馆任职。稍后他获得了印度事物局的亨利·裕尔（Henry Yule）的资助。裕尔是当时英国汉学研究中心的重量级人物。此外他还在伦敦大学东方语言学院担任印度支那语教授，这是一个没有薪俸的职务。期间他主编了一份名为《巴比伦与东方纪事》（*Babylonian and Orientalrecord*）的小报，并先后出版《古巴比伦文字及其中国的起源》、《中国文化西源考》等著作。

　　拉克伯里以 19 世纪后半叶欧洲考古界对近东地区的发掘成果为基础，大胆提出

---

① 郑立宪：《英语语音和法语语音的比较》，《福建广播电视大学学报》2011 年第 3 期。

中国文明源于两河流域古巴比伦文明。[①]他在《中国上古文明的西方起源》中撰写了关于中国文明的起源的故事：

> 公元前 2282 年，两河流域的国王 Nakhunte 率领巴克族（Bak tribes）从迦勒底亚出发，翻越昆仑山，历经艰险，来到了中国西北部的黄河上游。此后，巴克族四处征伐，传播文明，最终奠定了中国历史的基础。

Nakhunte 又作 NaiHwangti，即黄帝之谓，巴克族为"百姓"（Bak Sings）转音。被中国史书奉为文明始祖和帝王谱系之源的黄帝原来裔出巴比伦，中国人（汉人）的祖先原来是巴比伦人。这就是所谓中国文明源于巴比伦的"西来说"。[②]

这一观点受到到中外学者的一致批判，包括当时的汉学权威英国牛津大学的理雅格（James Legge）和莱顿大学的施列格（Gustave Schlegel）。法国著名汉学家考狄（Henri Cordier）在《中国通史》中评价拉克伯里说："此人富于神思而拙于科学，其学识博洽有余而精审不足，既不谙巴比伦之历史，复不审中国之情形；不顾历史之年代，仅依据近人之论著，于此中搜取不甚可信之材料以适合其一己之成见；其学说骤视之颇觉规模宏大，门面辉煌；然稍加检察即全体瓦解有如冰山之融化"。[③]

1877 年，拉克伯里在《大不列颠及爱尔兰皇家亚洲学会会刊》（*Journal of the Royal Asiatic Society of Great Britain and Ireland, New Series*）发表《西藏及其周边文字的起源》（Beginnings of Writing in and around Tibet）一文。《西藏及其周边文字的起源》共 68 页，4 章，100 段。第一章 胚芽文字，第二章 文字的凋零，第三章 西藏与中国边境的么些象形文字，第四章 字母文字在西藏。

拉克伯里所说的"胚芽文字"（Embryo Writing），是指文字产生之前人们用于交际的实物、结绳、刻画符号等原始的记事方式。此处选译文中的一部分内容。

Ⅰ.胚芽文字

> 人类用文字记录语言是人类的一种特殊才能。结果人类在实践中使用各种方法和设计，它们或多或少地用来传递信息，这些方法包括图像、记号或任意的符号。原始的文字系统随处可见，有些还在应用。随着时间的流逝，更多的文字已经完全消失了，它们被更为完善的文字所代替，这些文字更先进，更能适应环境的需求。用图画进行交流的方式可能并不是最低级的。孤立的约定符

---

① 杨思信：《拉克伯里"中国文化西来说"及其近代中国的反响》，《中国文化论坛》，2003 年第 2 期。

② 孙江：《拉克伯里"中国文明西来说"在东亚的传布和与文本之比较》，《历史研究》，2010 年第 1 期。

③ 转引自李帆：《人种与文明：拉克伯里学说传入中国后的若干问题》，《西南民族大学学报》，2008 年第 2 期。

号或者相关的图像在胚胎文字中占绝大多数。材料的组合和约定的符号频繁使用。

低级的交流手段或胚胎文字可以分成两类：(A) 实物或符号；(B) 记号或约定符号。

(A) 实物或符号分为 5 种：

(a) 独立使用的。

(b) 连成一串。

(c) 固定在有节的棍子或绳子上。

(d) 固定在一个平面上。

(e) 刻画、绘画或线条画。

(B) 记号或约定符号也有 5 种：

Ⅰ.(a) 细枝、芦苇、小圆石、羊粪分别放在不同的地方。

(b) 豆穿成一串。

(c) 结绳。

Ⅱ.(d) 刻画。

(e) 石头上的符号，像陶符。

(f) 各种线条。

当然，对于低等民族来讲，实物表示方式是除去眼睛和耳朵之外最为便利的系统。例如，有一种文字在大流士战争时期的赛特人中流行，据费雷西底 (Pherecydes of Leros)①讲述，当大流士已经穿过伊斯坦布尔的时候，斯基泰人将面临战争的威胁，斯基泰人国王给他们发出的不是一封信，而是一些象征物，其中包括一只老鼠、一只青蛙、一只鸟、一支箭和一把犁。很多人对这些象征物所表示的意思产生怀疑，千夫长 Orontopages 认为这表示帝国已经投降了。他推测老鼠的意思是他们的住所，青蛙是他们的水，鸟是他们的天空，箭是他们的军队，犁是他们的国家。但是 Xiphodres 的解释是不同的，他的解释是除非像鸟一样飞到高处，或者像老鼠一样躲在洞里，或者像青蛙一样躲在水里，否则我们绝不能逃脱他们的屠杀。因为我们没有掌握他们的国家。

Heodotus 讲了这个故事的另外一个版本。

在中国—西藏边境，鲁子和傈僳仍然用相同的方式交流。

---

① 约活动于公元前 5 世纪早期。古希腊雅典编年史家之一，他多年致力于神话方面的研究与写作工作，著有 10 卷本的神话及谱系的历史，在古希腊曾具有一定的影响力。

鲁子不会读写，他们用汉族的一些符号和标记来传递重要的信息。例如，一块鸡肝、三块肥鸡肉、一个红辣椒，把它们卷在一张红纸里，意思是"马上准备打架"。

在藏族中，之前也存在这种方式。在 7 世纪的汉族史书中记载："为了招揽武士，他们使用金箭头。他们用 7 寸长的金箭头代表一个职位。每隔一百里有一个驿站。如果战争很重要，信使就会在胸前带一个银鹰。如果是既紧急又重要的事，可以在胸前带几个银鹰。"

拉克伯里认为，在"胚芽文字"之后就产生了表音文字，但是表音文字很快的就被人们所遗忘。所以，文章的第二部分讲"文字的凋零"，下面选译其中的一部分。

Ⅱ.文字的凋零

文字的存在价值在于生活的需要。文字可以满足人们彼此之间的交流，并将思想传递下去。满足人们彼此之间交流的需要是文字最直接的目的。它主要取决于环境而不是完美的内在系统和高标准的文字体系。我认为还没有人从这个角度来看待文字发展的问题。我们经常会在一些经典论著中遇到相反的观点，他们认为文字的发展好像是事物的一个过程（从表意到表音）。表音符号系统和字母文字在表意文字产生之前就已经存在，但是后来已经消失了，因为对于环境来讲，它们太先进了。在一些情况下，它们已经消失了，在其他的情况下它们已经放弃了这种先进的能力。这些情况还不在少数，让我们看一些例子。

阿依努人有一个传统，那就是在他们所有的东西上都刻上标记，每个人刻的都不相同。这些符号由曲线和直线构成。这跟人们用竹箭头来标记森林中属于自己的那棵树是一个道理。这些标记的复制品被一个博学的学者发表在一本书中。但这不能丝毫削减我心中的疑虑，现在有一个例子满足我的假设：使用这种标记的人曾经熟悉字母文字，有些人现在还在用比如，朝鲜人，有些已经忘记了，比如日本人。一些标记仍然混杂在他们现在的字母文字当中，结果容易读。比如，oku, sao, sno, us, yes, 容易读。当其他的文字凋零到超过预期，更多的需要被耐心的解释。因此用这些标记的现代人使用物质上的东西表意，对他们的书写和价值完全不知道。此后，我查到一个样本，它被 Herr H. von Siebold 发表。B. Schube 博士发表了一幅阿依努人的刻画符号。很明显，古老的字母文字再次被遗忘。很多字母仍然会被记起来，这些字母就掺杂在象形文字和象征符号之中。

文章的第三部分主要以东巴文为例，讲了表意文字的发展。由于涉及纳西学的相关内容，我们将该部分全文翻译如下：

Ⅲ.印支地区的么些象形文字

3.文字

关于纳西族的文字，我们了解这种文字主要是通过百折不饶的传教士德斯古丁斯。1867 年，他复制了一本手抄本中的几页，这本手抄本用象形文字书写，它属于么些的东巴祭司的。这些复制本，共有 11 页，被他寄回了家。1879 年，我通过 Mr Gerard de Rialle 得到其中的 8 页。我保存下这些复本，等待有更多的信息再将它们公布出来。

同时，一本真正的手抄本被收藏进大英博物馆。吉尔上尉与他的忠实的伙伴迈锡尼在赴西藏旅行途中的康定（Ku-deu）得到三本东巴经，康定位于中国与西藏交界的理塘以东。其中两本寄往迈锡尼在英国泽西岛的家。我曾经试图联系迈锡尼，询问这两册手抄本的下落，但是没有回音。另一本被吉尔上尉送给了大英博物馆。捐献者并不清楚这本经书属于哪一个民族，他是从两个看起来像法国人打扮的欧洲人那里买来的。很明显，这些人是倮倮人（彝族），他们可能是从么些人那里抢来的。否则么些人是绝对不愿意把这么稀有和珍贵的经书送给他们的。

尽管如此，这本经书的描述是："来自于缅甸与中国之间山区的用于祭祀的象形文字的经书。"我被这个标题所吸引，仔细观察之后，我认出这是一本么些人用象形文字书写的经书，因为自从得到德斯古丁斯收集的东巴经复本之后，我对东巴经的外部特征十分熟悉。我马上把这个发现通知了裕尔，裕尔把这一消息插入吉尔《金沙江》的《地理介绍》（Geographical Introduction）一章中，这是我第一次试验的结果。

1882 年 4 月 25 日，我收到一封来自大吉岭（Darjiling）的信，德斯古丁斯很友好的讲述了更多关于手抄本的细节，并回答了我的几个问题。从之前这些含糊的表述来看，它们与语言并不是准确对应的，这种文字虽然现在被废弃了，但是之前在当地人之中是通行的。尽管如此，它们对普通文字学很重要，因为它们自封为唯一还在使用的象形文字。根据这些观点，显然这种象形文字是由东巴或者巫师由于种种目的创造出来的。这种文字是不完美的，它杂糅了中国古代汉字的印章符号、动物、人、身体及各部分的形象，再加上几个藏文和梵文字母、佛教徽章等等。当这些象形的符号不明显的时候，会在这些象形符号上加上汉字、藏文、梵文和佛教符号加以区别。动物的尾巴、人的帽子等等。另一方面这些修饰符号也可以独立使用。这些特征受到比我们想象的更多的关注。我们本应该为这些经书做一个逐音的翻译，这些附件是音节的补充。

现在让我们回到一个简单的事实，它们通过这些聪明、积极的传教士传达给我们。我们翻译这封信："象形文字不是口语，而是书面语，仍然是很少通行的书面语。这些象形文字只有东巴会用，当人们请他去做背诵这些所谓的经文时，伴随着仪式、祭祀，也会向人下咒语。只有他们知道怎么去读，知道其中的意思。结合骰子的数量和其他他们在巫术中要用到的占卜，只有他们才能认识到这些符号的价值。因此象形文字不仅仅是符号，它或多或少还带有象征性和专制性。东巴一般把这些知识传授给大儿子，儿子成为他的继任者。这是么些经书的价值所在，他们不是通行的和一般的文字，它们是一种宗教文字。"

我们不禁会想到这种宗教文字在图画文字的阶段，它们完全是独立的产生和发展的。除了白人之外，这看起来对于所有的其他种族都是可能的。之后这个符号系统越来越完美，符号化和约定性更强。点、勾、直线、曲线、波浪线、圆形、三角形和方形，这些图形简单的组合就足够了，低等民族往往想创造一种可以看得见的书写符号系统。我们相信象形文字可以传播到各个角落，但是很少在与文明的斗争中保存下来。从图画或表意文字阶段发展到更完美的或者更适合周围环境的文字系统，使之完全代替表意文字是一个长期的过程。

这种文字唯一能够存活下来的原因在于它与难以理解的迷信和巫术相联系。我们认为，么些文字就是最好的例子，除非使用这种文字的人是为了某种目的将它们改成现在的样子。我们可以通过再现的方式支持这种观点，在 Emil von Schlagintweit 的《西藏佛教》中，通过他哥哥罗伯特的旅行发现，一些魔力被写作象形的符号，这些象形符号与东巴经中的符号不一样。现在 Schlagintweit 来到西藏，不过他只到了西藏的西部地区，在那里发现的标本与文字指示的事物是有联系的，而且比我们想象的区域要大。或者至少对于那些更原始的手稿来说，目前的文字已经发展了。么些没有像教东部的西藏人那样教西部的西藏人写东巴文，与之相对比，西部的西藏人学了更多。我们必须理解这种文字起源于西藏地区，时代不能确定。这个推论是符合常理且不会受到批评的。当这块禁地向科学的研究开放之后，它引起了未来西藏探险家的注意。

直到德斯古丁斯发现东巴经，没有人知道么些族存在这种文字。汉文文献没有涉及他们的这项成就。对于么些族我们没有更多的关于他们的细节，并且之后的库帕肯定地指出：么些族没有文字。这种文字已经存在了很久，但是大家都不知道，他们通过秘密的方式传播，只有少数人才熟悉这种文字，我们必须想到，西藏人也存在相同的困难。唐代的文献记载，在 16 世纪以前西藏没有文字，他们在木头上刻划和结绳来订立盟约。我们知道很少通过被动验证证明这一事实，在这种情况下，我们提出这一观点。在这一点上，上述引述的情况是个例子。我们必须通过进一步的研究和新材料来阐明这个争论。

我们在这里谈论一种属于上缅甸的克钦人的原始象形文字不是无意义的，这种文字也是除了祭司不被任何人所理解，但引述的这段描述十分有趣。

我从 1882 年出版的《缅甸人》一书中摘出一段：

作为克钦人入口的一条大街经常是存在的，在铺满草的路的两边是很多竹子的门柱，大约四英尺高。每隔十步有一个更高的柱子，延伸线横穿小路。被劈开的藤或其他的东西上支撑着小星星。有一种象形文字，只有祭司才知道其中的意思。

在接下来的几页中，我们听到 toomsah 这个词，它可能跟 Tom-ba 是同源词。ba 可能是藏语的后缀。

悬挂的符号和象形文字与么些文字没有明显的联系，除非在么些文字中有些符号跟克钦人的符号是相同的。两个民族相邻而居，么些文字更发达，可以假设克钦人的 toomsah 是么些 Tomba 的学生。

么些人除了象形文字之外是否还有一套书写系统？对此德斯古丁斯做了调查，但是现在得不到任何有价值的信息。在这些日子里，住在南部的么些人，比如金沙江边丽江人，维西人，澜沧江边的德钦人，用汉字居多。北部，北纬 29 到 30，这个区域被藏族占领，用藏文。尽管文字和影响的差异，语言还是保留了下来。他们被强制说藏语和汉语，使用的文字既有汉字又有藏文。

4.语言

我们没有任何关于纳西语的语法或者现代文献的材料。唯一的信息是德斯古丁斯发表的一份短的词汇表。这些词汇是毕神父和杜伯纳收集的。

序号①	词义	标音	序号	词义	标音
1	一	djre lu	56	盐	tsé
2	二	gni lu	57	烟	yo

---

① 序号是笔者后加的。

3	三	se lu		58	父亲	aba/aou
4	四	lo lu		59	母亲	amè
5	五	ngoa lu		60	兄弟	bezé
6	六	tchoa lu		61	姐妹	mèhè
7	七	che lu		62	儿子	zo
8	八	ho lu		63	女儿	mi
9	九	ngo lu		64	主人	daha
10	十	tsê lu		65	长官	su/mouquio/aqua
11	十一	tsê djre lu		66	仆人	guieu zo
12	十二	tsê gni lu		67	房子	guié
13	十三	tsê se lu		68	门	kho
14	十四	tsê lo lu		69	窗户	kho ka/go tchra
15	十五	tsê ngoa lu		70	屋顶	kia kou
16	十六	tsê tchoa lu		71	灶	koua
17	十七	tsê che lu		72	马厩	tso bou
18	十八	tsê ho lu		73	动物	goghé
19	十九	tsê ngo lu		74	马	joa
20	二十	gni tsê lu		75	牛	lèghé
21	百	djre chi		76	猫	ha lé
22	千	tong tchra		77	母牛	ghé mé
23	天	mou		78	狗	khè
24	太阳	gni mê		79	鸟	â
25	月亮	hê mê tze		80	鸡	â mè
26	星星	kheu		81	绵羊	iu
27	日子	gni		82	山羊	tsi
28	月份	hê		83	红	hu lu

29	年	khou	84	白	pe se
30	地球	mou deu	85	蓝	he le
31	世界	dzom bou ling	86	绿	guiong
32	水	guié	87	黑	na mê
33	木头	sé	88	山	guieu khou
34	石头	lou	89	平原	pa tze lo
35	铁	chou	90	河	i bi guii
36	银	ngou	91	土地	mou deu
37	金	ha	92	草地	ko khou
38	铜	heu, eu	93	悬崖	hâ
39	空气	heu	94	衣服	bala
40	身体	goumo	95	腰带	bouke
41	头	koulu	96	靴子	zâ
42	眼睛	men	97	小刀	je té
43	耳朵	hè tze	98	剑	dapia/daper
44	鼻子	gni ma	99	灵魂	oua hè
45	口	kroube	100	爱	chi to ba
46	手	la	101	想	choun drou
47	腹部	deu men	102	是，存在	mou
48	脚	kheu	103	有	guiou
49	吃	dzé	104	去想	djra/djor da
50	喝	tchré	105	做，走	fou
51	饭	ha	106	说	chado
52	米	tchoa	107	高兴	ba
53	茶	lé	108	痛苦	chou djrou guiem

					mâ bâ
54	肉	chi	109	富有	hè la gni
55	黄油	marpeur	110	贫穷	ma ha

这些词汇必须用法语规则来读。尽管其中翻译和印刷有些错误，但是亲属语言是显而易见的。纳西语与傈僳语词汇相似度达到百分之五十以上。纳西语与藏语和缅甸语同源词的数量也是可观的。语法和词典一致，看起来与傈僳方言一样，有缅甸语的特色，以致于纳西语的归类是比较容易的，它一定是属于藏缅语族的一种特殊的缅语。

除了这份词表，我们只找到一个词组和一个短语，这个词组是法国人安邺收集的。这个词是 hɑntse，意思是吃。我们在德斯古丁斯的词表中也找到一个词 dzé。这个短语是 Khépɑ khé tche mɑ seu，汉语是"我不懂汉语"或者"我不会说汉语"。

用生活在同一地区和一些云南南部地区和印度—中国地区的的几种其他语言，我们可以把它们分在藏缅语族这个大家庭之中。如果有更多的资料的话，可以继续往里面添加。这些语言与缅语有着千丝万缕的联系具体如下：

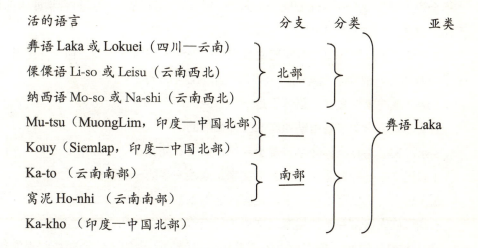

拉克伯里在文章中阐述了自己的文字发展和演变理论。他认为，表音文字比表意文字产生的时间早。表音文字才是最完美、最适合用于交流的，而表意文字根本无法准确的表达语言。我们之所以看到的考古材料中都显示表意文字的产生早于表音文字，那是因为表音文字后来被人们所遗忘，没有传承下来，之后才产生表意文字。这一观点在现在看来是完全错误的。

抛开他的观点不论，他无意之中成为第一个研究东巴文的学者。拉克伯里从来没有到过纳西族地区，但他作为大英博物馆的馆员有机会接触来自中国的文物和大量的文献，他对原始材料的分析能力很强，所以得出一些十分有意义的结论。下面我们就从民族属性、语言、文字三个方面分别归纳一下拉克伯里对纳西族的认识。

1.民族属性方面，拉克伯里认为纳西族源于西北边疆的古羌族，从民族血缘上讲，纳西族与傈僳族最近，与彝族同源。这个观点是目前学界所认可的。

2.语言方面，拉克伯里认为纳西语属于藏缅语族，并且从属于傈僳语。百分之五十以上词汇与傈僳语相同，与藏语和缅语也用相当数量的同源词。他翻译了德斯古丁斯发表的一份纳西语词汇表，这些词汇是毕神父和杜伯纳在纳西族地区收集的。他还在法国探险家佛朗西斯·安邺《印度—中国的旅行探险》一书中找到一个词汇和一个短句。词汇是 hantse，意思是吃。他在德斯古丁斯的词表中也找到一个同义词 dzé。短句是 Khépa khé tche ma seu，汉语是"我不懂汉语"或者"我不会说汉语"。纳西语中 ha^{33}是饭，dʑ^{33}是吃。ha^{33} dʑ^{33}的意思是吃饭。虽然使用的标音符号不同，但是可以看出 dzé 与 tse 是同一个词。至于 Khépa khé tche ma seu，ha^{33}pa^{21}是汉族；kɯ^{33}是"话"，tʂ$\i$^{33}是"这"，mə^{21}"不"，ʂə^{55}"说"。ha^{33}pa^{21} kɯ^{33} tʂ$\i$^{33} mə^{21}ʂə^{55}意思是"不会说汉语"。Khépa khé tche ma seu 发音与纳西语相似，并且符合纳西语的语法，因此，记录的应该是纳西语。

3.文字方面，拉克伯里对东巴文认识完全来源于德斯古丁斯，但在其基础上，又做了一些阐发。他对东巴文的认识可以归结为以下 6 点：

1.纳西族的象形文字与语音不是一一对应的。

2.纳西族象形文字是由纳西族的巫师创造的。

3.东巴文中还有一部分字符源于汉字、藏文和梵文。

4.东巴文是一种自源文字，象形文字是原始文字的一般形式。

5.东巴文之所以可以保存下来是因为它与宗教巫术有关。

6.纳西族人日常并不使用东巴文来进行交流，大多使用汉字或藏文。

由于材料的限制，拉克伯里的有些观点是错的。比如，他解释纳西族为什么以 Na-shi 自称时说，因为"纳西"与汉语的"女子"同音，所以纳西族是一个女性化的民族。他解释为什么汉族称纳西族为 Mo-so 时说，德斯古丁斯的纳西语词表中没有"女人"这个词，藏语"女"读作 mo，汉语"母亲"读作"mu"，所以推测纳西语中"女人"应该读 mo，正好跟 Mo-so 中 mo 同音。而德斯古丁斯词表中"儿子"读 zo。Mo-so中的 so 可能是 zo 的变音。所以，Mo-so 的意思就是"女人儿子"。这种不考证历史，只通过语音比较的研究方法得出的结论也只能是荒谬的。

（三）泊宁和亨利·奥尔良的纳西文献研究

前文已经论及泊宁和亨利·奥尔良对纳西族地区的考察。此外，泊宁和亨利·奥尔良几乎同时刊布了东巴经翻译本，他们应该是最早翻译东巴经的西方学者。

1.泊宁的研究

1897 年，泊宁在《么些手抄本笔记》一文中首次发表了东巴经的翻译本，又将此文收入 1911 年出版的《雪白的王国：喜马拉雅王国》一书。但泊宁的翻译本没有附上经书的图片，泊宁一共翻译了 30 个小节，我们节译其中的 6 节。

1.海螺符号：虎，太阳和月亮升起来了，

2.星星、天空、强大且美好的，延伸的大地。

3.太阳升起，太阳落在黑暗里。

4.住在神山上的藏族（古宗）人喜欢狍子（麝）。

5.民家喜欢月。

6.么些人喜欢在夜间休息。

通过泊宁前 6 节的翻译，我们很难将这些零散无序的词汇组织成一个完整的句子。但根据经验推测，这 6 句很像东巴经开头的几句套话，几乎在每一本经书中都会出现。因此，我们以《纳西东巴古籍译注全集》（下称《全集》）第 13 卷《延寿仪式·向祖先战神献饭·供养祖先战神》中的首页为例，将此页译文与泊宁的译文作对比。

《全集》13—27

全段标音：

（1）a³³ la³³ mə³³ ʂər⁵⁵ ɲi³³，mɯ³³ la³³ kɯ²¹ tʂʅ³³ dʑŋ²¹，kɯ²¹ dʑŋ²¹ tʂʅ³³ ɲi³³

　　　　呵　也　不　说　日子　天　也　星　这　增长　星　增长　这　日子

ɯ³³。dy²¹ la³³ zə²¹ tʂʅ³³ y²¹，zə³³ y²¹ tʂʅ³³ ɲi³³ hər²¹。uæ³³ i³³ bi³³ thv³³ lv²¹，

好　地　也　草　这　生　草　生　这　天　绿　左（助）太阳　出　暖

bi³³ thv³³ tsʅ³³ ɲi³³ lv²¹；i²¹ i³³ le²¹ tʂhe⁵⁵ bu³³，le²¹ tʂhe⁵⁵ tʂʅ³³ ɲi³³ bu³³。（2）

太阳　出　这　天　暖　右（助）又　光亮　月光　这　天　亮

gə²¹ i³³ la³³ sa²¹ to⁵⁵ khɯ³³ phər²¹ nɯ³³mɯ²¹ dɯ⁵⁵ dɯ³³，gv³³dʑŋ²¹ khv⁵⁵ tsŋ²¹

上（助）　拉萨垛肯盘　　　的　下　大概　　藏族　年　算

ɯ³³，khv⁵⁵ ɯ³³ me³³ tʂʅ³³ khv⁵⁵；mɯ²¹ i³³ bv³³ lv⁵⁵ zɿ³³ za²¹ mæ³³ nɯ³³

好　年　好　的　这　年　下（助）　补鲁日饶满　　　的

gə²¹dɯ⁵⁵dɯ³³，le³³ bv³³ he³³ tsŋ²¹ ɯ³³，he³³ ɯ³³　tʂʅ³³ dɯ³³ he³³；dʑi³³ dʑŋ²¹

上　大概　白族　月　算　好　月　好　这　一　月　人　住

ly⁵⁵gv ³³ha⁵⁵，（3）na²¹ɕi³³ ha⁵⁵ tsŋ²¹ ɯ³³，ha⁵⁵ ɯ³³ tʂʅ³³ dɯ³³ ha⁵⁵。

中　间　集　　纳西　日　算　好　日　好　这　一　日

意译：天上出星星，星星出的最灿烂的是今天；地上长青草，青草长得最碧的是今天。左方出来的太阳最暖，太阳出得最暖和的是今天；左方出来的月亮明亮，月亮出得最明亮的是今天。从上边拉萨垛肯盘地方以下，藏族人计算年份计算得最好，在年份最好的一年；从下边的补鲁日饶满地方以下，白族人计算月份计算得最好，在月份最好的一月；好人住中央，纳西人择算日子算得好，在日子最好的一天。

对照泊宁的译本，我们发现他连续犯了几个错误，才使整个句子不通顺。第一，东巴文"虎"字，应该表示"远古的时候"。第二，在第 4 节中，泊宁可能将东巴文"鼠"认作"狍子"。实际上，此处"鼠"表示"年"的意思。第三，在第 6 节中，泊宁不知"夜"在此处表示"日子"。第四，泊宁不知道 ▰▰▰▰ 在这里可以表示"算"。

2. 亨利·奥尔良的研究

亨利·奥尔良在《从东京湾到印度》一书中还刊布了 8 页东巴经图片，并翻译了这 8 页经书。他的翻译本共 4 页，在第 1 页上排列 4 页经书摹本，在第 2 页上，按照经书的形制在相应的空格内给出经文大意。

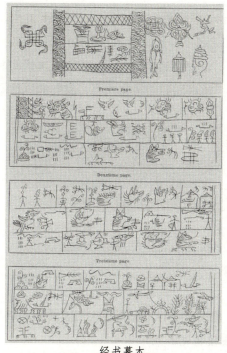

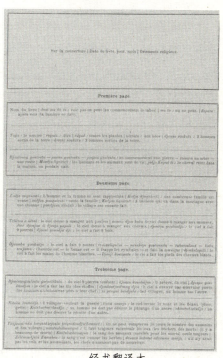

经书摹本　　　　　　　　　　　　　　经书翻译本

这种经书摹本与翻译本相对照的翻译模式便于读者阅读。但是亨利·奥尔良的翻译不甚准确，有些翻译甚至与经文毫无关系。下面我们将亨利·奥尔良的翻译本译成汉语，为了便于阅读，在翻译本前也附上经书摹本。

封面

封面/日，月，日/宗教装饰物

这个翻译除了指出这是经书的封面之外，其余部分与封面提供的信息之间毫无关联。这个封面方框周围是一些装饰性的符号，与经文内容无关。关键的信息是方框里面的文字，它是这册经书的书名。第一行应该是这本经书所属仪式的名字，　　象

鸟形，此处读作 ʥŋ³³飞；▱uə³³村寨；⚘py²¹吟诵，三字连读：ʥŋ³³uə³³py²¹。方
国瑜译作《原籍经》，ʥŋ³³uə³³是一个部落神的名字。把它列入东巴经的零杂类。[①]洛
克认为，这是一个祭山神和河神的仪式。是一个小仪式，ʥŋ³³uə³³py²¹既是仪式的名字
又是经书的名字，可以在祭天仪式上吟诵。[②]根据后面的经文内容，我们知道这册经
书讲述的是人世间各种灾祸的起源。

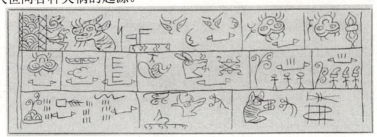

首页

　　第一行：书名/ doni ma do tu：不能看（世界开始是混沌一片的）/ ma to：
世界是无力的/ dapatu：看到后（光线被创造出来）

　　第二行：Topa：巫师/ regatu：说/ régué：所有的植物/ sassatu：已经形成/
djouso soukotu：三个男人从地上出现/ djouni soukotu：三个女人从地上出现。

　　第三行：Djouloung gouloutu——jousin gouloutu——joupou gouloutu：最初是一个石
头——然后一棵树——一条路/ Moudju lignanti：人和动物已经出现/ jadjo Kogné
ti：马仍然在马厩里，小马驹出生。

为了便于对比，我们参照《全集》35 卷《退送是非灾祸·灾祸的产生与传播》
的译文将这一页经书全段标音和意译。

全段标音：

　　　　（1） a³³la³³mə²¹ʂər⁵⁵n̩i³³，ʥi³³ʥŋ²¹la³³lər³³dy²¹，do²¹nu³³mə³³do²¹thv³³，
　　　　　　远古的时候　　　人住　辽阔地　见与不见出

(2)mə³³do²¹na³³pa²¹thv³³，（3—4）tha³³pa²¹na²¹pa³³thv³³，(5) mu²¹la³³gɯ³³gɯ²¹

　不见　娜八　出　　　　淘八　娜八　出　　　姆拉　无数

thv³³，(6)gɯ³³gɯ²¹sa³³sa²¹thv³³，（7—8）ʥv³³zo³³s̩⁵⁵kv³³thv³³，(9) ʥv³³mi⁵⁵

出　　无数　扩散　出　　　祸男　三个出　　　祸女

---

① 方国瑜：《纳西象形文字谱》，云南人民出版社 2005 年版，第 642 页。
② Joseph F. Rock, *The Mùan-bpö Ceremony or the Sacrifice to Heavenas Practised by the Na-khi*, *Monumenta Serica*, 13, 1948, 146-153.

sʅ⁵⁵kv³³thv³³，⑽ dʑv³³lv³³gv⁵⁵lv³³thv³³，dʑv³³sər³³gv³³lər²¹thv³³，dʑv³³bər²¹

三 个 出　　　祸 石 九 个 出　　祸 木 九 根 出　　祸 绳子

gv³³khɯ²¹thv³³，　⑾ mɯ³³dzv³³ dy²¹ŋə²¹ɹi³³，ɯ³³dʑv³³zɯɑ³³ŋə²¹ɹi³³。

九 根 出　　　　　天 祸 地 上 放　　牛 祸 马 上 放

意译：在远古的时候，在人类那富裕辽阔的大地上，产生了可见之物与不可见之物，产生了难以查视的娜八，产生了淘八和娜八，产生了无数的姆拉。产生了三个灾祸男子，三个灾祸女子，九个灾祸之石，九根灾祸之木，九条灾祸之绳。天之灾祸降临到了地上；牛之灾祸落到了马身上。

文中的"淘八"、"娜八"和"姆拉"都是魔鬼的名字。

第一行只有两条直线将经文分成 3 节，但亨利·奥尔良却翻出四节。我们认为是他误将开头的虎头当成了经书的名字。但实际上，东巴经通常以虎头作为经书的开始，读作 ɑ³³lɑ³³mə²¹ʂər⁵⁵ɳi³³，意思是"远古的时候"。后面两页经书的翻译与第一页模式相同，但译文仍然与经文实际表达的意思相去甚远，在此不再赘述。

上图是亨利·奥尔良翻译的第 2 本经书的封面。他译出了第 1 节经文：兔年二月三日。埃莫森——巫师的签名。第 2 和第 3 节是经书的名字，他没有译出。这册经书讲述的是几种鬼的来历。经书的名字用纳西语读音为：khə³³gv³³thv³³pɯ⁵⁵，zɑ²¹thv³³pɯ⁵⁵，tse²¹thv³³pɯ⁵⁵，tər²¹thv³³pɯ⁵⁵。译成汉语为：《科固鬼的来历·忍鬼的来历·争鬼的来历·恶鬼的来历》。经书名中没有显示这本经书属于哪一个仪式。

下面我们将亨利·奥尔良翻译的经书第一页译成汉语。

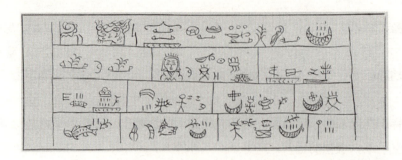

　　第一行：在远古时代，天地一片混沌。/在最开始的时候，天和地被创造出来，接着是太阳、月亮、三颗星星、树木、水、三块石头——自然界包括 13 种东西。

　　第二行：然后自然界对人产生伤害——地龙、石头的精灵、神秘力量的袭击。/保护人类免受灾祸的巫师教 80 种文字。/没有被玷污的灵魂挡住对人类的伤害。

　　第三行：他不会毁坏——金、银、绿松石都被进献给这个灵魂/上天给了三个礼物，人和动物繁荣起来，粮食也长得很茂盛。/（那个符号不再代表坏的）大地注意这个符号，所有的事物都会繁荣起来。/如果这个符号被忽视，将会出现 113 种灾难。

　　第四行：人类将会遇到这些灾难，像鱼被钩住一样。/叶将会被当成草、树和石头一样投进火里。/如果叶再出现，世界上会出现 7 座大山，它们会满足叶的要求。/这些小山包。

我们参照《全集》第 49 卷《抠古鬼的来历·争鬼的来历·无头鬼的来历》和《抠古鬼、呆鬼、臭鬼的来历》两本经书的译文将上页经文译出。

全段标音：

（1）a^{33}la^{33}mə^{21}ʂər^{55}ȵi^{33}, mɯ^{33}thv^{33}dy^{21}thv^{33} be^{33} thɯ^{33} dzʅ^{21}, bi^{33} thv^{33} le^{33}

　　　远古的时候　　　　天 出 地 出 的 那 时 日 出 月

thv^{33}be^{33}thɯ^{33} dzʅ^{21}, kɯ^{33} thv^{33} za^{21} thv^{33} be^{33} thɯ^{33} dzʅ^{21}, dʑy^{21} thv^{33} lo^{21} thv^{33}

　出 的 那 时 恒星出 行星出 的 那 时 山出谷出

be^{33}thɯ^{33} dzʅ^{21}, sər^{33}thv^{33} lv^{33} thv^{33} be^{33} thɯ^{33} dzʅ^{21}, mi^{21} nɯ^{33} tshe^{21}ȵi^{33} pɯ^{55},

　的 那 时 树 出 石 出 的 那 时 下面（助） 十二 产生

ə^{33} me^{33} gv^{33} kv^{55} thv^{33}, khə^{33}gv^{33}tshŋ^{21}thv^{33}tshŋ^{21}pɯ^{55}le^{21} mə^{33}be^{33}(2)mi^{33}ma^{21}

　母亲 九 个 出　　抠古鬼 出 鬼 出现 又 不 做 米麻沈登

se^{21}de^{55} thv^{33}, kɯ^{21}za^{21}na^{21}mu^{33} thv^{33}, thuɯ^{33} ŋi^{33} kv^{55}nuɯ^{33}pɯ^{33}pa^{33}be^{33}。

出　　　　庚饶拿姆　　出　　那两个来　变化 做

(3)sa^{33} lər^{55} sʅ^{21} py^{33} dʑy^{33}, phə^{21} na^{55} lɯ^{33} kæ^{33} tʂu^{55} nuɯ^{33} nɯ^{21} le^{33} tv^{21}。

麻种三升　有　白黑地　相接来 往下又种

tshʅ^{21} nuɯ^{33} lv^{33} na^{21} lv^{33} gɯ^{33} kua^{55} nuɯ^{21} le^{33} u^{55}。(4)sʅ^{55} ha^{33} i^{33} so^{21} le^{33}

鬼来石黑石　裂间　来又倒　三天两早又

gv^{33} ŋə^{21}, mə^{33} ly^{21} mə^{33} tha^{55} kv^{33}, mi^{33}ma^{21}se^{21}de^{55} nuɯ^{33}, lv^{33} khɯ^{33} dɯ^{33}

到时　不看 不 能　成 米麻沈登　　来　石 处 一

ly^{21} le^{33} ne^{21} khɯ^{55}。(5)lər^{21}ty^{33}khə^{33}zo^{33} tshʅ^{21} dɯ^{33}gv^{33} the^{21} nuɯ^{33} pɯ^{55},

看 又 这 去　　 朗墩抠若　　鬼　一 个 这 从 产生

(6)lər^{21}ty^{33} khə^{33}mu^{33} tshʅ^{21} ŋi^{33} kv^{55} the^{21} nuɯ^{33} pɯ^{55} le^{33} tshʅ^{21}, (7)tsho^{21}sy^{55}la^{21} y^{21}

朗墩　抠姆　鬼 两个 这 从 产生 又 来　　　崇徐拉余

sʅ^{55} kv^{55} the^{21} nuɯ^{33} pɯ^{55}, (8)mu^{21}na^{33}khə^{33}gv^{33}tshʅ^{21}, lu^{55} kv^{55} the^{21} nuɯ^{33}

三 个 这 从 产生　　 木拿抠古　 鬼 四个 这 从

pɯ^{55}, (9)dʑi^{21}na^{33}khə^{33}gv^{33}tshʅ^{21} ua^{55} kv^{33}

产生　　 绩拿抠古　鬼 五 个

意译：远古的时候，天和地产生的时候，日和月产生的时候，恒星和行星产生时候，山和谷产生的时候，树和石产生的时候，自然界产生了 12 样东西，抠固鬼还没有产生。最初产生了九个母亲，但没有产生出抠固鬼。就在那个时代，米麻沈登和庚饶拿姆两个做变化，他们有三升麻种，这三升麻种撒在了白地和黑地相连的地方。鬼又把麻种倒进了黑石缝里。到了第三天早上，不去看一下心里不踏实，米麻沈登去往石缝里看。天下的抠固鬼产生出来了。产生了第一个朗墩抠固鬼，产生了第二个朗墩抠姆鬼，产生了第三个崇徐拉余鬼，产生了第四个木拿抠固鬼，产生了第五个绩拿抠固鬼。

通过对比发现，亨利·奥尔良对单字的解释大致是正确的，但他的译本与参照本差异较大。

总之，无论是泊宁还是亨利·奥尔良，他们的东巴经译本都十分粗糙。其中的原因可能有两个：其一，语言不通。泊宁和亨利·奥尔良既不通纳西语又不通汉语，只能依靠他人的转述，在这之间就会造成很大的偏差。其二，停留时间短。泊宁和亨利·奥尔良在纳西族地区都只停留了很短的时间，对经书不可能有那么深刻的理解。

四、结论

　　西方纳西学肇始于 19 世纪中晚期，其时大批西方传教士、探险家、外交家涌入中国内陆，他们大多是为了考察西藏地区。当时清政府禁止西方人进入西藏，西藏也经常发生西方传教士、探险家被害的事件，很多人只能停留在接近西藏的四川和云南等地。这些人无意间发现了藏族之外的中国西南的其他少数民族，并将这些见闻写进游记，纳西族也位列其中。但是，初期鲜见关于纳西族的专论，纳西族的相关信息散见于西方人在川、滇、藏地区的游记和笔记，我们称这个阶段为传教士、游记纳西学。

　　传教士、游记纳西学是西方纳西学的萌芽期，之前意大利旅行家马可波罗在《马可波罗游记》中对纳西族的记载只是只言片语，且描述十分模糊。19 世纪末纳西族才第一次出现在西方探险家的游记中，进入西方人的视野。起先，西方人认为，纳西族跟中国西南边疆众多的少数民族一样，只是在语言、习俗、服饰、建筑等方面区别于汉族，但是直到西方传教士发现了纳西人用象形文字书写的宗教经典并将其带回欧洲之后，纳西族引来更多的关注。他们认为，这种文字跟在埃及发现的象形文字一样神秘，他们渴望破译纳西族象形文字中隐藏的秘密。因此，更多西方人来到纳西族地区，有关纳西族的描述也开始频繁地出现在西方文献当中，尽管这些描述很多只是停留在感性层面，且有些看法并不十分客观，但这是一个不断深化的认识过程。随着越来越多的象形文字的经典及经典的翻译本被带回欧洲并被大英博物馆、法国东方文化语言学院图书馆等欧洲著名的博物馆或图书馆收藏，使之受到西方汉学家的广泛关注。一些专业学者开始加入到纳西学的研究当中，例如，拉克伯里和劳费尔他们并没有亲自到过纳西族地区考察，而是依据其他学者所提供的材料进行语言、文字等方面的研究，这是西方纳西学研究的开端。由于材料的限制和这些西方学者所持的观点不同，他们得出的结论在现在看来存在很多问题。我们认为，传教士、游记纳西学研究呈现出以下特点：

　　1.西方纳西学以东巴经的发现和传播为开端。19 世纪末的纳西族只是一个生活在滇藏交界地区的一个人口很少的族群，论影响力它远不及藏族和彝族。德斯古丁斯、吉尔等人发现东巴经并将其带回欧洲，西方人对这些形态奇特的文字产生了极大地兴趣，他们认为这种文字就是与埃及古文字一样的图画文字，那么这种用象形文字书写的经书肯定年代久远且价值连城，于是西方各大图书馆开始大肆收购。之后又出现专门解释和研究东巴经的学者，将纳西学的研究引向正途。因此，我们将德斯古丁斯发现东巴经的时间定为西方纳西学的开端。

　　2.西方纳西学的研究者从传教士和探险家逐步过渡到专业学者。工业革命以后，西方传教士和探险家的足迹几乎遍及世界各个角落，欧洲各国利用他们掠夺财富、传播信仰。德斯古丁斯和吉尔等人发现东巴经后立即决定将它们带回欧洲，他们在很大程度上起到了信息传播的作用，但是他们毕竟不是专业学者，缺少相应的知识储备，没有能力对这些材料进行进一步的研究，此时必须要有具有专业学科背景的学者对其进行深入的研究，所以，泊宁、拉克伯里、沙畹等人的加入把纳西学的研究引向深入，西方纳西学也在慢慢萌芽。

3.无论传教士或探险家的考察还是专业学者的研究都出现很多谬误。前面讲到19 世纪末至 20 世纪初，这些西方传教士和探险家的目标不是纳西族而是西藏。他们记述当地的语言、习俗、传说、服饰、建筑等信息是一种习惯，而收集东巴经是意外收获。没有一个传教士或探险家对纳西族地区进行过长时间的考察，因此，他们笔下的纳西族只是他们主观的印象，其中难免有失客观。即使有些传教士在某些地区待了很多年，但是他们缺少专业知识，也很难对某些问题进行深入的探讨。而专业学者根据这些有限的且带有主观性质的材料进行研究，很难得出科学的结论，有时候只能依靠臆测。

4.这一时期的研究以语言和文献的研究为代表。上文提到，东巴经的发现是西方对纳西族高度关注的主要原因，因此这一时期，研究最为深入的就是对东巴文献的研究。进行文献的研究肯定回避不了语言，所以纳西语的研究也是这一阶段西方学者最为关注的一个方面。

（李晓亮，西南大学汉语言文献研究所、西南大学民族古文字研究中心，

xndxlxl@126.com）

收稿日期：2014-5-7

契丹大字与汉字、女真文比较研究

——契丹大小字关系略谈

陶 金

提要： 契丹大字进入现代学术视野已经有八十年左右的历史，早期的学术界为了区分它与女真文颇费了一番周折。契丹小字研究在比较语言学的支持下取得了较快的进展，而契丹大字依然需要通过与汉字、女真文的比较才能有所斩获。笔者通过借鉴学者们对女真文的造字法的分析经验，对契丹大字中与汉字、女真文音、形、意关系最直接、最紧密的字符进行梳理，同时以契丹小字、比较语言学作为辅助工具，从而加深对契丹大字造字规律的理解。

关键词： 契丹大字；汉字；女真文

契丹大字进入学术视野，从1935年山下泰藏的发表文章介绍契丹大字静安寺碑开始，已经经历了近八十年。刚开始时，契丹大字先后被误认为女真文和契丹小字，直到1951年《萧孝忠墓志》的出土，才使得契丹大字的定义得到确认。但由于没有字书，且双语墓志铭不严格对译，除了少量能明显看出与汉字存在关联的契丹大字可以勉强识别，更多仍处于难以破解的状态。

与之相比，契丹小字的研究通过比较语言学找到突破口，发展较为迅速，原字的拟音和契丹语语法的总结，已经逐渐摆脱了猜测的阶段。不过依然有许多疑团值得思考，比如契丹小字的创制问题，学者们往往引用《辽史·皇子表》中辽太祖弟耶律迭剌根据回鹘文创制契丹小字的记载，作为契丹小字的源头的根据。《辽史》中有契丹大字的创制时间的准确记载，对契丹小字的创制时间却语焉不详，一般认为是在契丹大字创制后没多久，依然是辽太祖统治时期，这基本上成为大家所默认的常识。而沈汇（1980）先生独辟蹊径，他敏锐地指出：

> （契丹小字）未见有辽兴宗朝以前的遗物，辽庆陵发现的辽圣宗《哀册》也只有汉文刻石。这似乎是一个默证，大字过渡到小字曾经有过一个相当长的酝酿过程，小字直到兴宗朝才获得与汉字相同的地位，在一些使用领域并且排斥了大字。

虽然这是三十年前的观点，至今依然具有效力。目前已知发现的最早的契丹小字资料是重熙二十年的"乌隗乌古里部宸安军节度使兀古邻太师墓志"。而辽太祖陵的残石中存在汉文和契丹大字，却没有发现契丹小字，也从一个侧面支持了沈汇先生的观点。

刘凤翥（1993）先生对于契丹大字的性质也有过相关的论述，他认为："（契丹大字）既有表意文字又有拼音文字的情况"。

额尔敦巴特尔（2009）博士在此基础上提出一个很有趣的疑问："契丹大字要是'音节文字'或者是'拼音文字'的话，完全没有必要再创制契丹小字了。"

也就是说，如果契丹大字也包含足够多的表音符号，那么契丹小字是根据回鹘文创制而来的说法就显得摇摇欲坠了。

为了对契丹大字和契丹小字的关系略作阐明，笔者根据构词法将契丹小字的原字分为三类：

1. 词根原字：用一个原字表示特定含义的符号，包括契丹语单词和汉语借词，包含的读音是单音节或多音节，例如 **主、乇**。

2. 音节原字：该原字包含一个音节的读音，一般没有独立含义，可以用于拼写契丹语或汉语借词，也可以作为词缀。一部分单音节的词根原字也可以视作音节原字。如 **坐、马**。

3. 音素原字：该原字包含发音的最小单位，一般没有独立含义，可以用于拼写契丹语或汉语借词，也可以作为词缀。如 **关、仚**。

仿照契丹小字的分类，笔者将契丹大字分为四类：

1. 词根字：性质与词根原字类似。如 **皇、一**。

2. 音节字：性质与音节原字类似。如 **何、公**。

3. 词缀字：具有词缀的功能，部分字也可以作为词根字使用，包含的读音是单音节或多音节。本来词缀和词根可以统一归于语素的概念之中，但为了分析方便，笔者将之单独提出来，作为契丹大字特有的一种分类。如 面、仚。单音节词缀字可视为音节字，音素词缀字可视为音素字。这样会出现相同或相近发音的音素，在词首和词末使用不同的契丹大字表示，这一点与回鹘文的用法有相似之处。

4.音素字：含义与音素原字类似。如 刁、此。

契丹大字和契丹小字按照以上归类，笔者总结出两者的变化特点：

1.音节字、音素字进行归并转写，形成新的音节原字、音素原字体系。

2.用音节原字和音素原字拼音替代大部分词根字，剩余的少量词根字进行同音归并转写，形成新的词根原字体系。

3.用音节原字和音素原字拼音替代词缀字，契丹小字体系中已经不再需要词缀原字。

通过以上方式，将一千多个契丹大字简化为四百多个契丹小字原字。契丹小字中依然保留了许多词根原字，同时音节原字与音素原字归并不彻底，所以字符数量远多于回鹘字母、突厥儒尼文字母甚至日本五十音图两种假名的集合。

契丹小字除了对大约十二个词根原字做了加点处理外，几乎没有创造新的表音符号。只是对契丹大字原有的符号体系进行简化，似乎并没有直接借鉴回鹘文的迹象。依照沈汇先生的观点，我们可以划出一条界线：辽兴宗之后一直到金代，契丹大、小字的概念应该与现在我们所认识的观点保持一致。那么辽兴宗之前是否存在契丹小字？耶律迭剌创制的契丹小字和目前发现的契丹小字是不是等同的概念？可能需要重新谨慎地思考。

笔者在进行契丹大字与汉字、女真文的比较过程中，也会涉及到与契丹小字的比较，故而对契丹大小字之间的关系略作阐述。

正文中契丹小字拟音标音如无特别注明，则依据乌拉熙春《契丹小字の音価推定及び相関問題》（《立命馆文学》627，2012年7月）。女真文拟音标音以《女真文辞典》为基础。涉及到音韵系统以《广韵》为基础。

一、以汉字为“基字”的契丹大字造字法

于宝林（1996）先生将契丹大字借用汉字归结为直接借用和改变笔画两种情况，提出契丹大字借用汉字走的是一条“去其繁、从其简”的道路。聂鸿音（1999）教授则将借用情况归为四类，综合而言，将于宝林先生提出的改变笔画扩充为添笔、减笔、变笔三类。这些归纳主要是从宏观角度对比汉字与契丹大字在字形上的关系，没有涉及太多语音、语义的借用情况。

相对而言，中外学者对于女真文已经总结出较为全面的造字理论。

由于多种版本的《女真译语》很早就被发现，有字形，有释义，有音译，日本学者山路广明在此基础上总结出十种女真文制字法。如果将这些制字法分解来看，只是着眼于汉字和女真字之间来回地借音借义，最终向已知答案靠拢。有的制字法理论甚至经过三四重转换，显得过于复杂，而且没有考虑到契丹大字在女真文制字中所起到的作用。

金光平（1980）先生对山路广明的女真制字法进行提炼，并引入契丹文作为媒介。将制字的原型"基字"分为三种：1.汉字（楷字、行草、宋元俗字、敦煌异体字）；2.契丹文（契丹大字、契丹小字）；3.女真字本身。每种"基字"又分为取义和取音两种借用方法，整理出六种女真文制字法，再加上一些疑似象形的造字法，一共七种造字法。

金光平先生提出的造字法是用于研究女真文的，但实际运用分析过程中也涉及到对契丹文造字法的讨论。我们有必要将契丹大字造字法与女真文分离开来，在女真文造字理论的基础上提炼出契丹大字造字法。

首先是"基字"集合的选取，既然研究对象改为契丹大字，"基字"就只能选择汉字，范围如上所述，是否存在以契丹大字本身为"基字"，然后造出新的契丹大字的情况，笔者目前尚未发现典型例子，因此暂不将契丹大字本身放入"基字"的集合之中。

金光平、金启孮（1980）将借用了"基字"含义的字称为"意字"，借用了"基字"读音的字称为"音字"。契丹大字中还存在几乎完全借用汉字的字，笔者称为"音意字"。

这样我们可以总结出三种汉字到契丹大字的造字法。当然这三种造字法不能涵盖契丹大字所有的文字。与这三种造字法关系不大的契丹大字暂不涉及。

聂鸿音（1999）也从女真文造字研究中获得了启发，其研究方法即假定某契丹大字是某汉字的"音字"，通过汉字的读音来分析契丹大字读音，这样的尝试是有益的，当然具体分析过程尚有值得探讨之处。

笔者下面以"音意字"、"音字"、"意字"为大分类，对一些可以一眼辨认出与汉字有着密切关系的契丹大字进行分析，过去学者已经有所述及的内容从略，以附表的形式显示其与汉字、女真文的关联关系。

（一）音意字

目前此类字主要包括：皇、帝、太、王、后、主、平、京、都、水、小、覐、道、茚、公、守、吾、子、天、将。

其中有取汉字中的异体字，比如：京；

有对原有字做减笔处理，比如：覐、道；

有行草体楷化处理，比如：茚；

有的字不仅借用其本意和读音，并扩展谐音作为其他汉字的假借字，比如：公、守、吾、子、天、将。

茚

用作"节（度）使"的"节"。借用汉字"节"的繁体"節"的行草体楷化而成。契丹大字中用 茚景 表示遥授节度使，用 㞢天 或 㞢景 表示实授节度使。在契丹小字中表示遥授节度使写作 伞夊 门 兆，释为"节度使"；表示实授节度使有 夊关、兆、夊关、夊关 多种拼写方式，释为"度使"。

刘凤翥、王云龙（2004）认为 茚 音译为汉字"度"或"节度"，拟音为 tu 或 setu，非是。"节使"作为"节度使"的省称唐朝就已经出现，契丹小字中是补全了节度使的全称。因此笔者认为 茚 对应的契丹小字即是 伞夊，拟音为 siæ，并不包含 门 的读音。女真文 芮、芮、苒 转为音字，音译为"塞"，与契丹小字拟音相近。我们能从中看出其从契丹大字演化而来的痕迹，汉字行草体中也可找到相似的字形，它也间接证明了 茚 的读音。金启孮（1984：295）怀疑此字是由汉字"美"形变而来，非是。另有同音契丹大字 夰、夰。

宋 苏轼《中山松醪赋》中的"节"

宋 米芾《珊瑚帖》中的"节"

元 赵孟頫《嵇叔夜山巨源绝交书》中的"节"

水

用作"漆水郡"的"水"。契丹小字拼作 **又尖**。女真文 **亢** 可能是"水"的行草体楷化变形而成，承袭读音。金启孮（1984：34）举《辽太祖陵墓残石》之 **亢**（应为 **亢**）字，非是。

唐 怀素《自叙帖》中的"水"

附表：

汉字字源	契丹大字	契丹小字	假借汉字	女真字流
皇	皇	主		
帝	帝	王、令关 关		
太	太	巫、令中 关、久中 关、六中、久中		天、天
王	王	杰		
后	后	介		
主	主	亥尖、朱尖		
平	平	业用		
黄	黄	主		
京（京）	京	九用		
都	都	门、门及、令及		
节（節）	节	伞攵		岢、岢、岩

水	水	又火		九
小	小	仐号		
公	公	几太、爪火	功、控	
守	守	又土	叔、寿	
吾	吾	火及	五	
子	子	廿、伞谷、仐谷	紫、司	
天	天	令文方、公文方	田	关
将（将）	将	伞廾、仐各	相、详	

（二）音字

此类字可确定者包括：孔、亢、之、犀、穷、伐、承、舍、玫、尚、殿、倉、何、其、庫、已、没、卬、打、亜、此、庆、伋、珀、卣、负、牙、牛、口、岔、纟。

其中有减笔处理，如：犀、穷、伐；

有行草体楷化字，如：承；

有借汉字音表示完整契丹语词，如：舍、玫；

有借汉字音作为音节字，如：何、其、庫、已、没、卬、打；

有借汉字音作为音素字，如：亜、此、庆；

有借汉字部分读音作为其他汉字的假借字，如：伋、珀、卣、负、牙、牛；

有借汉字部分读音作为音节字，如：口、岔、纟。

承

又写作承。用作“懿祖庄敬皇帝”的“敬”，“景宗皇帝”的“景”。系汉字“敬”的行草体楷化而成。敬（见母映韵）景（见母梗韵）同音假借。契丹小字拼作几吊，与契丹大字京同音。女真文录、示为契丹大字的音字，略有变形。金启孮（1984：275）认为此字是汉字“京”笔画拆散后重组，非是。

《月仪帖》中的“敬”

唐　孙过庭　《书谱》中的"敬"

伋

用作"圣宗"、"道宗"的"宗（精母冬韵）"。"伋"为见母缉 B 韵。两者发音差异明显，弥合难度较大。聂鸿音（1999）认为伋是俗体汉字"从"变笔而成，尝试根据"从"的发音推导契丹人读"宗"的读音，存疑。

后来又使用契丹大字 罕尽 来匹配汉语"宗"的读音。契丹小字拼写为 仐屮 或 伞屮。从其他用例来看尽对应契丹小字炎，而契丹小字中曾用 仐炎 拼写汉字"宋（心母宋韵）"。宗宋音近，因此 仐炎 与 罕尽 之间才存在更严格的对应关系。

珀

用作"印牌司"的"牌（並母佳韵）"。珀（滂母陌韵）牌音近假借。契丹小字写作业中。

卣

用作"枢密院"的"院（云母线 B 韵）"。契丹小字写作仲公。"卣（以母尤韵、以母有韵）"可能是契丹人对"院"字早期的读音。

宁

用作"懿祖庄敬皇帝"的"懿（影母至 B 韵）"。是将汉字"宜（疑母支 B 韵）"的异体字"宜"减笔而成。懿宜音近假借。契丹小字写作洦关或关关。

何

借用汉字"何（匣母歌韵）"。对应契丹小字为音节原字坐。借其音拼写汉字"韩（匣母寒韵）"的声母。女真文付、付、付在契丹大字的基础上略加变形，音译为"哈（疑母合韵）"。金启孮（1984：211）认为此字直接从汉字"何"形变而来，实则经过契丹大字中转。另有同音契丹大字禺，作为表示"可汗"专用字。

其

借用汉字"其"（群母之韵、见母之韵）。对应契丹小字为 八关。借其音拼写汉字"卿（溪母庚韵）"的声母。女真文 其、其 为音字，减横加点而成，音译为"其"。金启孮（1984：12）认为直接对汉字"其"变笔而成，实则经过契丹大字中转。

牛

借汉字"牛（疑母尤韵）"。对应契丹小字为 几丙。用于拼写汉字"九（见母尤韵）"。亦是借用"牛"的韵部转而表示同韵的"九"。

口

借汉字"口（溪母厚韵）"。对应契丹小字为 几丙 或 几凶。用于拼写汉字"宫（见母东韵）"的声部。

仝

其中 仝 系汉字"全（从母仙 A 韵）"之异体（周祖谟）。《北大王墓志》第三妻中哥之"中"写作 仝。系"全"字加横而成。仝 左半边则类似山字旁，《耶律昌允墓志铭》另有异体 仝。总之都与"全"有关。契丹大字中另有 仝 字，但音义不详。

契丹小字可用一个音节原字 马 表示，亦可用两个原字 朩土 或 朩及 拼写发音。最初契丹人读"中（知母东韵）"如"烛（章母烛韵）"，将汉人官名"侍中"读作"世烛"。仝 表示汉字"中"，但读音类似"烛"。后来在 仝 后添加 尺 来匹配汉字"中"的发音。

契丹大字 北大王墓志 中哥之"中"

舍

单独使用可表达契丹语"好"的意思，也可与其他词缀组合组成新词。借用汉字"舍"的异体字"舍"。汉文史料记其读音为"舍"、"奢"。契丹小字写作 又才。女真文 舍 为契丹大字音字，有减笔。金启孮（1984：234）认为此字是直接源自汉字，实则经过契丹大字中转。

亚

借用汉字"亚（影母祃韵）"的异体字"亜"。对应的契丹小字为音素原字**为**，拟音为 a。在北方话体系中影母逐渐消失。由此看来，契丹大字是借了"亚"的音来表示 a。

此

借用汉字"此（清母纸 A 韵）"。对应契丹小字为音素原字**公**。在契丹大字中**此**主要用于表示复数词尾，而契丹小字**公**除了此功能外，还扩展到拼写端母汉字的声部。可能是契丹大字体系转换成契丹小字体系之后，由于字符归并带来发音用法的调整。

唐 欧阳询《九成宫醴泉铭》中的"此"

庆

借用汉字"知（知母支 B 韵）"的异体字"庆"。对应契丹小字为音素原字**木**。在契丹大字中**庆**主要作为词尾的词缀使用，而契丹小字**木**除了此功能外，还扩展到拼写章母、澄母、禅母汉字的声部。可能是契丹大字体系转换成契丹小字体系之后，由于字符归并带来发音用法的调整。

庫

借用汉字"库（溪母暮韵）"的繁体"庫"作为音节。对应契丹小字为音节原字**仉**。**仉**亦可表示汉字"库"。

已

借用汉字"已（邪母止韵、以母止韵、以母志韵）"。契丹大字**已**主要用于拼写契丹语"乙辛"和作为复数词尾。作为拼写"乙辛"的时候，发音前面还附加了一个弱化的音ə。对应契丹小字为音素原字**夲**，除了沿用契丹大字的此功能外，还扩展到拼写其他契丹语和心母、精母、清母汉字的声母。可能是契丹大字体系转换成契丹小字体系之后，由于字符归并带来发音用法的调整。

牙

　　用作人名"×家奴"的"家（见母麻韵）"，"点检"的"检（见母琰 B 韵）"拼音的上半部，"静江军"的"江（见母江韵）"拼音的上半部。"牙"为疑母麻韵，与"家"同韵，聂鸿音（1999）指出阿尔泰诸语言无鼻音声母 ng，以塞音声母 g 代之。故契丹人读"牙"、"家"无别，以"牙"代"家"，在契丹小字拼作 几牙。女真文 朱 为契丹大字音字，加点而成，音译为"甲"（金启孮1984：79）。

兵

　　用作"管（见母缓韵）"、"观（见母桓韵）"。借用汉字"员（云母文韵）"的异体字"貟"略加变形。云母易与匣母合并，而匣母与见母有互通的迹象。故而推测契丹"员"、"管"、"观"不分。契丹小字用两个原字拼作 屳公 或用三个原字拼作 几及不 。

纠

　　这个字涉及到辽金元史上的重要军事力量"纠（纠）军"。关于此字的性质和读音问题引起学术界广泛的争议。刘凤翥先生（1979）力主此字原为契丹大字，后混入汉字。

　　贾敬颜先生（1980）曾举胡聘之（1901）所录后汉乾佑元年（948年）《重修建禹庙记》碑文中有"特议建修，纠募七乡"之语。虽然948年契丹大字早已创制，但中原地区的后汉政权居住的人们不会无缘无故将契丹大字混入汉字，这个字应该只是汉字"纠（纠）"在唐末五代时期所产生的异体字。

　　金代官印上又将"纠"字添加单人旁，形成一个专用汉字，这种写法仅见于官印，不见任何字书收录。

　　金代《新修素音引证群籍玉篇》（1184年编，简称《新修玉篇》）和《改并五音类聚四声篇海》（1196年编，简称《四声篇海》）还收入了源于《会玉川篇》（简称《川篇》）的同义字 瞤、㬥。《会玉川篇》已经失传，无法判断其时代，但估计其早于金代。《新修玉篇》卷端所引《大定甲申重修增广类玉篇海序》有：

　　《龙龛手镜》、《会玉川篇》唯明梵语，而余无所载。

　　据此推测《川篇》与《龙龛手镜》的性质的类似，主要记录佛经俗字。而《龙龛手镜》是辽朝唯一流传的字书。根据崔智慧（2012）对《川篇》音系的研究，发现其与《广韵》（1008年编）音系基本吻合，可推知《川篇》为1008年至1184年间宋人编写的可能性较大。

　　此外南北朝至五代以来的俗字中，亦有一些将作为偏旁部首的"糸"写作"幺"的例子，不过相对少见而已。根据以上例子笔者认为，"纠"本身首先是产生于汉字

的俗写体，契丹人在造字之时为了尽量避开常用汉字字形，有意选择一些冷僻字形，
"乿"便被选中成为契丹字。

刘凤翥先生指出其作为契丹大字读音为"又"、"酉"没有问题，但举《北大王墓志》中出现的两例乿，认为在契丹文里表示"酉"的音译则并非正确。阮廷焯先生（1993）指出其含义为"夭"，即"去世"。乿的另一个用例是拼写汉字"牛"的韵母部分。根据这两种用法可以找到其对应的契丹小字为音节原字丙，除了用于拼写汉字"刘"、"留"、"休"、"游"、"牛"等尤韵字，也可以拼写契丹语词汇，独立使用时表示"无、去世"的含义。

乌拉熙春（2004b：118）以**刃伏**（上标：**令丙**）译作"乿邻"为依据，且"乿"、"乿"音近可通，"乿"音为 dju。没有刻意区分"乿"作为汉字和契丹大字读音的区别。但她的研究使我们注意到，契丹小字是用**令丙**来拼写汉字"乿"和"乿"的读音，而作为契丹大字的乿的发音中不包含**令**的发音。

汉字"纠"为见母黝韵，而乿作为契丹大字只保留韵母部分的发音。这一点也提醒我们，契丹大字在借取汉字读音的时候，并不一定完全移用本音，可能会根据需要截取声母或韵母。因此笔者认为"乿（乿）军"一词的用法应该站在汉文的用法和发音角度去理解，而非按照契丹大字的用法和发音。

女真文**外**为契丹大字音字，音译为"又"，略作变形。金启孮（1984：87）认为此字由汉字"幼"变笔制成，非是。

后汉乾佑元年（948年）《重修建禹庙记》中的"乿"

《四声篇海》中的 𥆩

《四声篇海》中的 𥆩

金代 "西北路苏母典乣么胡记" 官印

没

借汉字"没（明母没韵）"的异体字"没"。契丹小字可用一个音节原字与或屮表示，也可使用两个原字**冇伏**或**冇又**拼写读音。拟音为 bin 或 bir。契丹人读汉字"没"如"保"，声母 m 转为 b，借其音用于契丹语后缀。

唐 颜真卿《颜勤礼碑》中的"没"

卬

借汉字"印"的行草体楷化而成。可单独使用作为汉字"印（影母震 A 韵）"，"发引使"的"引（以母轸 A 韵）"；也可拼写汉字"秦（从母真 A 韵）"的韵母部分；可作为契丹语法中"皇帝"等名词的属格后缀。契丹小字用音节原字**丙**表示。

打

借汉字"打（端母梗韵、端母迥韵）"。用于拼写汉字"丹（端母寒韵）"的声母部分，也可用于拼写契丹语词汇。契丹小字用音节原字**伃**表示。

汉字字源	契丹大字	契丹小字	假借汉字	女真字流
孔	孔	火夾、几夾	空	
宄	宄	屮丙	刘、留	
之	之	与	旨、志	
犀	犀	仐关、伞关、为关	西、齐、漆	
宜（冝）	穷	洦关、关关	懿	
伐	伐		发、杷	𫝀、找、我
敬	㑛	几同	景	𫞩、㕦
舍（舍）	舍	又丬		舍
玻	玟	非	婆、破、颇	玟、玟
尚	尚	吊气	常、敞	
殿	殿	令夂方、仌夂方	天	
仓（倉）	倉		葬	
何	何	坐		伺、伺、伺
其	其	火关		
库（庫）	庫	仉		
巳	巳	仐		
没	浸	与、屮、丹伏、丹又		
印	卬	丙	引	
打	打	伃		
亚（亜）	亜	为		
此	此	仝		
知（庋）	庋	仐		
伋	伋		宗	
珀	珀	业中	牌	
卤	卤	仲公	院	

员（貟）	貟	屮公、几及尒	管、观	
牙	牙	几丬	家	朱
牛	牛	几丙	九	
口	口	几丙、几屮		
全（仝）	亽	丂、朩土、朩及	中、烛	
纠（纠）	纠	丙		朴

（三）意字

此类字包括：国、杏、臣、仁、身、云、吹、絞、兇、弟、冊、半、山、氷、馬、下、行、面、有、走、孝、一、二、三、五、十、玖、百、万、夏、禾、冬、束、南、西、比、日、月。

其中有借用汉字异体字或简化字，如：国、身、云、万、面、冊；

有对汉字进行减笔处理，如：馬、夏、禾；

有对汉字进行添笔处理，如：束；

有通过契丹语训读得声后转借为汉字谐音字，如：杏、氷、五、百；

有对本意略作调整，如：玖。

身

借汉字"厥"的异体字"身"，表示契丹语指示代词"该"。契丹小字写作口。读音有待进一步研究。

云

借汉字"雲"的简化字"云"，表示契丹语的"云"，亦可作为"故去"、"使无"的词根。契丹小字拼作土平。《蒙古秘史》"云"音译为"额兀连"。女真文广、广为契丹大字意字，添撇加点变形，训读为女真语发音，音译为"秃"（金启孮1984：271）。

吹

此契丹大字与契丹小字业平存在对应关系，拟音为pul。比较诸阿尔泰语系诸族中"吹"的发音，与契丹小字拟音存在一定的关联性。笔者据此推断此字为汉字"吹"的意字。亦可作为音节和其他词缀拼写"闰"或其他词汇。

古突厥	ür-/ürül-
维吾尔	pylɛ-
哈萨克	yrle-

图瓦	yr-
柯尔克孜	yjlø-
乌孜别克	pyflɛ-
塔塔儿	yrlɛ-
撒拉	fur-
西裕固	pude-
蒙古	uliye-/uləə-
东裕固	piile-
达斡尔	xuul-
土族	fili-
东乡	fəiliə-
保安	hilə-
满	fulgijə-
锡伯	filxi-
赫哲	fuligi-
鄂温克	uwu-
鄂伦春	uu-

阿尔泰语系诸族"吹"的发音

絞

借汉字"统"的繁体"統"的变形,表示契丹语"统领"。汉文资料记其音为"菊儿"。可用契丹大字戌朱拼写其读音。契丹小字拼作亚仐。

丗

借汉字"贯"的省体"丗",表示契丹语"居",可作为词根,连接后缀。可能是借用"籍贯、本贯"的含义。契丹小字拼作仐为。

半

借汉字"半",表示契丹语"半",可作为词根,连接后缀。《耶律祺墓志铭》中用作地名裂峰。突厥语"裂开"yaril;"一半"yarim;《蒙古秘史》"半"音译为"札舌林",拟音 jarim。契丹小字拼作万丹。

行

借汉字"行"表示契丹语的"行走",亦可与词缀拼写其他词汇。契丹小字拼作万丸。契丹小字又用于拼写汉字"姚"、"宥"等字。

囬

借汉字"面"的异体字"靣"，可能表示契丹语"面"。在契丹大字中常作为词缀音节拼写在词根之后。契丹小字拼作**岙屮**。

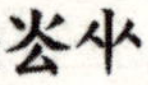

有

借汉字"有"，表示契丹语"有"。契丹小字拼作**万攵**。契丹小字又用于拼写汉字"仆射"的"射"。

走

又写作**赱**。借汉字"走"或其异体字，表示契丹语"去"，文言文"走"有去的含义，可接后缀表示其他契丹语词汇。契丹小字拼作**屮幺**。《蒙古秘史》"去"音译为"亦列"。

孝

契丹小字拼作**伏行**或**卅行**。汉文资料记其读音为"粘睦"、"粘米"、"涅木"、"岩木"、"岩母"。《穆卡迪玛特蒙古语词典》有namaɣan、namuɣan、nomuɣan、nomuqan，表示"柔顺的、驯顺的"，满语亦有nemeyen表示"柔顺"，似对应汉文资料中记录的契丹语"粘米衮"、"岩母根"、"岩母斤"、"岩母董"、"涅木衮"，常用作人名。提取其词根为 nama、namu、nomu，与契丹小字拟音相近。汉语"孝顺"常常连用，此契丹大字可能是借汉字"孝"表示契丹语"柔顺"的含义。

契丹语中另用"赤寔得本"亦译为汉语"孝"。此词的词根为"赤寔"，与《蒙古秘史》中"赤速"同源，表示"血"，喻意血亲关系。"赤寔得"为复数形式，"本"为词缀，"赤寔得本"所表达的本意是"众多血亲所形成的关系"。因此，这两个契丹语词汇在本意上有所差别。

词根比较如下表：

词根音译	契丹大字	契丹小字
粘睦、粘米、涅木、岩木、岩母	孝	伏行、卅行
赤寔	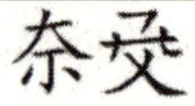 �	 朩关 吞

万

借汉字"萬"的简化字"万"略加变形而成，表示契丹语"万"。契丹大字《北大王墓志》墓主人名万辛，其中的**万**可能是音读用法，这种例子比较特殊，目前没

有更多的线索来解释。契丹小字用词根原字及或开表示。汉文资料记其音为

"图没"、"秃没"、"图木"。其中开似乎是及的变体，与　六丹/父　中的开似乎发音完全不同，可能是形近混淆。女真文万为意字，音译为"土满"（金启孮1984：2），读音略有变化。

唐　怀仁《集王羲之圣教序》中的"万"

汉字字源	契丹大字	契丹小字	文献音译	秘史音译	假借汉字	女真字流
国（國）	国	几女				囻
杏	杏	几火			国、归	
臣	臣	出灭				
人	仁	几				伜
厥	身	口				
云	云	圡平				広、厷
吹	吹	业平				
统（統）	絞	亞个	菊儿	古舌儿		
兄	兄	才		阿中合		克、尭
弟	弟	方		迭兀		棠
贯（冊）	冊	仐为				
半	半	万丹		札舌林		
山	山	尓				
冰（氷）	氷	半			墓、睦	
马（馬）	馬	又仈	抹里、弥里	秣舌骊		
下	下	雨圠				
行	行	万丸		约舌儿		
面（面）	面	岺屮		你兀舌儿		
有	有	万灾				
走	走、走	屮幺		亦列		
孝	孝	伏行、丹行				
一	一二	乇、乇				一、乚
二	二	圣、圣				

三　五	三　五	包、包　戋、戋		塔奔	讨、陶、淘、桃	弎、头　五
十　玖	十　玖	乇、乇				卉
百　万	百　万	乑　及、丹	图没、秃没、图木	札兀　土篯	招、爪	百　方
夏　秋	夏　禾	马火、公乃、安		谆　纳木舌儿		叓、叓　乱、乱
冬	冬	宀平、及平		兀不勒		
东（東）	東	丙、大化				朱
南	南	小				南、匋、幸
西	西	十				覀、兩
北	比	一尺				丠
日	日、日	天	涅离、捏咿呪	纳舌阑		日、日
月	月、月	女	赛离、赛咿呪	撒舌刺		月、月

二、以契丹大字为"基字"的女真文造字法

女真文也和契丹文一样，分为女真大字和女真小字，它们的认定也一样经历了一番周折。甚至连契丹大字和契丹小字也在某些场合被人误认为是女真字。从目前的研究来看，现在所发现的大部分女真文资料为女真大字，而过去被认为是辽代的"敕宜速"符牌上的文字，则可能是女真小字。我们这里所说的女真文特指女真大字。

李文信（1942）无意间运用了女真文对契丹大字进行比较研究。但当时还没有区分契丹大字和契丹小字的概念。

由于长期书写过程中形变过甚，很多女真大字已经很难辨认其与契丹大字的源流关系。而另一些本来并无源流关系的女真文，则可能被写成和某契丹大字相似的结构。这就使得两者的源流关系的梳理存在极大的障碍。

孙伯君（2006）也尝试用女真文解读契丹大字，但未能充分考虑到其中复杂的关

系，其研究结果难以保证可靠性。

女真文与契丹大字的比较研究虽然比预想的要困难得多，但两种文字的研究依然存在紧密的联系。通过对女真文的梳理可能还会发现破解契丹大字的线索；反过来，寻找女真文的契丹大字基字，有助于理清女真文的造字规律和音值测定。

前面已经提到金光平先生设定的女真文"基字"中包括契丹大字和契丹小字，笔者在这里主要讨论契丹大字"基字"。与契丹大字借用的汉字基字类似，除了意字和音字之外，还应该包括几乎完全借用的音意字。

女真文的汉字"基字"可能没有预先划定的那么多，与契丹大字共有的汉字"基字"应当从女真文的"基字"集合众排除掉，另一方面可以把一些新确定的契丹大字"基字"添加进来。

例如金光平、金启孮（1980：56）所列举的"直接以汉字为基字而增减其笔画"的文字，除了"六"和"九"之外，都是契丹大字的汉字"基字"。应该把这些字算到女真文的契丹大字"基字"中去。

以下主要是讨论以与女真文存在明显传承关系的契丹大字（刨去以汉字为基字的契丹大字）。

（一）音意字

这类字包括：凧、毘、禹、竞、亼、仸、杲。

凧

契丹小字拼为**丹劝**。表示契丹语的"孩子（无性别区分）"。女真文毘加两横，用于拼写表示首领含义的"孛堇"、"贝勒"等词汇，音译为"背"，拟音为 bəgi，从发音来看，与契丹大字也存在联系。金启孮（1984：184）举《北大王墓志》毘为字源，非是。

毘

此字见于痕13、17、18，北17、18，太师1、2、3、10、29，乌衍1、19，祺5、31、42、44。与契丹大字何对应同一个契丹小字並，说明两者基本同音，用于拼写契丹语"可汗"。女真文毘略作变形，读音为"罕"。金启孮（1984：191）认为是女真文毘加笔制成，而毘源出契丹大字毘，此论过于曲折。

禹

又写作宁，对应契丹小字拼为丙ち圡ち，表示契丹语"实际"。女真文用改变点的位置，音译为"牙剌"，读音仅取契丹大字的前半部。金启孮（1984：103）举出《辽太祖陵墓残石》（实为辽上京残石）之用，此字下文残缺，拓片左上角无法判断是笔画还是凿刻痕，可能非一字。乌拉熙春（2004a：90）亦有论及丙ち圡ち与女真文用之间的关系。

亮

对应契丹小字为ち。表示契丹语"印章、礼仪"的含义。女真文乖、乖略作变形，音译为"多罗"，取"印章"之意。刘凤翥、王云龙（2004）已经指出。金启孮（1984：16）认为是由女真文押字击变形加笔而来，非是。

仐

对应契丹小字拼作朩土。用于拼写汉字"州"。女真文又加横，音译为"州"，也用于表示汉字"州"。金启孮（1984：23）举《辽太祖陵墓残石》之又字，非是。

侟

契丹小字拼作扎几。表示契丹语"文字"的含义。《蒙古秘史》"文书"音译为"必赤克"。女真文侁略有变形，表示"书籍、文字、文章"，音译为"必忒黑"（金启孮1984：209），与"必赤克"音近，故而推测女真语、蒙古语"文字、文书"皆承袭契丹语而来，"克"、"黑"对应契丹小字几的发音。

昃

契丹小字拼为几亦。表示汉字"军"。女真文乔、乔减笔而成，音译为"君、军"（金启孮1984：195）。另有同音契丹大字伬，用作汉字"郡、军"。聂鸿音（1999）认为契丹大字源于汉字"景"，上半部"日"减横，下半部"京"行书，可从。唐人楷书"景"有将"日"写为"口"者，不必看作契丹人减笔，整体可看作行草体楷化而成。

唐 颜真卿《多宝塔碑》中的"景"

唐 李世民《屏风帖》中的"景"

契丹大字	契丹小字	文献音译	秘史音译	女真字流	女真音译
凢	丹为			凬	背
禹	巫	汗		凬	罕
禹、宰	万与 丄与			用	牙剌
亮	与			乑、乑	多罗
仐	朿土	州		乑	州
伕	氿几		必亦克	徒	必忒黑
杲	几亦	郡、军		彔、东	君、军

（二）音字

这类字包括：邑、及、央、刈、王、乑、兄、灮、升、夭、买、寸。

邑

早期写作巴。契丹小字用音节原字为表示，用作汉字"司徒"的"徒"。女真文邑减竖添点而成，音译为"秃"、"突"（金启孮1984：115）。金启孮（1984：93）将邑视作邑变笔制成；刘凤翥亦（1993）认为此字是邑的字源，拟音为ʃi，推测此字表示为"私第"之"私"，后来（2009）修正了观点。

及

对应契丹小字为音节原字同，拟音为ĭn，主要用于拼写汉字词汇。女真文及略作变形，音译为"因"（金启孮1984：243）。

央

对应契丹小字为音节原字刈，汉文资料记其读音为"兀里"。女真文炎略有变形，音译亦为"兀里"，可见两者可能存在承袭关系。

刈

对应契丹小字为音素原字 **关**，拟音为 i。广泛用于拼写契丹语和汉字发音。女真文 **利、列、刈、利** 略作变形，音译为"因"，拟音为 in。与契丹大字相比，i 后附加 n。金启孮（1984：89、244）举《辽太祖陵墓残石》（实为辽上京残石）之 **利** 为字源，可从，并指出"女真文凡 n，辅音收声的语词，遇到变化词缀时，要把 n 音去掉，因此 n 音就不能固着在词干上，以便随时去取，但女真文没有音素 n 字，所以用 **米**an、**列**in、**炱**on、**土**un 等字，配合词干末音节的元音 a、i、o、u，这就是以上这几个词缀制成的原因"。

圭

又写作 **尘**，对应契丹小字为音素原字 **及**，拟音为 u，广泛用于拼写契丹语和汉字发音。女真文 **土、土** 略作变形，音译为"温"，拟音为 un。与契丹大字相比，u 后附加 n。金启孮（1984：62）举《辽太祖陵墓残石》**土** 字，恐非是。

疓

契丹小字拼作 **及孖** 或 **冗孖**，用于拼写契丹语的后缀，未见其作为词根使用。女真文 **疓** 与此契丹大字形似，音译为"追"，拟音为 ʤui，可视为在契丹大字发音基础上略加变化。但是作为词根表示"子、孩儿、儿子"，又和契丹大字 **凡** 有关，可能同时受这两个形似但发音含义完全不同的契丹大字的影响。金启孮（1984：225、264）也分别举出 **凡、疓** 两个契丹大字作为字源，算是一种比较特殊的造字法。

旡

用于拼写契丹语"沙里（郎君）"的前半部。契丹小字拼作 **又为**。女真文 **旡、旡、旡** 略作变形，音译"撒"、"上"。"上"的发音似在契丹大字发音的基础上附加后鼻音。（金启孮1984：98）

众

用于拼写汉字"龙"的前半部。契丹小字拼作 **屮尖**。女真文 **灭、欠、买、丈** 略作变形，前两字音译为"笼"，后一字音译为"鲁"，当属同源分化，"笼"的发音似在契丹大字发音的基础上附加后鼻音。（金启孮1984：20）。金启孮（1984：100）举《萧孝忠墓志铭》之 **欠** 作为字源，恐非是。

升

又写作 **丹**，用于表示汉字"节"、"姐"，亦可用于拼写汉字"签"的前半部。契丹小字拼作**仐夬**或**仐夬**，还可表示"谢"，拟音为siæ。女真文**升**在字形上几乎和契丹大字相同，音译为"黑"，拟音为 xei。与契丹大字发音相比，略有变化。金启孮（1984：25）疑为汉字"卉"字变形而来，恐非是。

夭

实授"（节）度使"的"使"专用字。契丹小字可用一个词根原字**兆**表示，也可使用两个音素原字**叐关**拼音。另有同音契丹大字**杲**，使用范围比**夭**略宽。女真文**夭**转为音字，略有变形，音译为"失"。金启孮（1984：147）认为此字可能是出自汉字"失"。

奕
仐夬
方

用于表示汉字"千"。契丹小字拼作 **方** 。女真文**吏**转为音字，略有变形，音译为"千"。（金启孮1984：131）

寸

用于表示汉字"陈、臣"。契丹小字拼作**朩雨**或**朩朹**。女真文**寸**转为音字，加两点，音译为"称"。金启孮（1984：278）引山路广明观点，认为从"称"的近声字"争"简化而来，非是。

契丹大字	契丹小字	文献音译/假借汉字	女真字流	女真音译
邑、芭	劣	徒	邑	秃、突
叐	同		叐	因
英刈	列	兀里	炎	兀里
关	关		列、列、刈、刔	因
壬、坐	叐		土、土	温
肵	叐孖、冗孖		肵	追
兂	叐为	沙	兄、兄、兊	撒、上
仌	屮屮		仌、仌、仌、仌	笼、鲁
升、丹	仐夬、仐夬	节	升	黑
夭	兆、叐关	使	夭	失

夹	仐文 方	千	夬	千
丂	朴雨、 朴朴	陈	寸	称

（三）意字

这类字包括：丘、泺、歪、安、夬、쏲、圣。

丘

对应契丹小字为词根原字**癸**。此字除了出现在墓志铭之外，还出现在契丹大字钱币上。学者根据女真大字的**丘**，认为其读音为"朝"。乌拉熙春（2010）指出它对应的女真大字并非**丘**，而是**五**，汉译为"千"，音译为"皿干"（金启孮1984：61）。旧译"天朝万岁"钱文应释为"天神万千"。

夬

契丹小字拼作**尤安**，表示契丹语的"元、初"。乌拉熙春（2011：128）通过考证"矢"一词确定契丹小字原字**尤**的发音当如《辽史》所载耶律兀没之名"兀没"，尾音**安**的发音被省略。因此**夬/尤安**的完整拟音为 umur。女真文**夬**略作变形，训读为女真语，音译为"阿只儿"（金启孮1984：106）。

쏲

此见于乌衍6，永主12。契丹小字拼作**仐杏**，表示契丹语的"夜"。《蒙古秘史》"夜"的音译为"雪泥"，与契丹语相近。女真文**歪**加横，两点连笔而成，训读为女真语，音译为"多罗"。金启孮（1984：16）认为是由女真字**仄**加笔而来，非是。

圣

对应契丹小字为词根原字**了**，表示契丹语"四十"。女真文**禾**减横而成，音译为"忒希"（金启孮1984：23）。

附表：

契丹大字	契丹小字	文献音译	女真字流	女真音译
丘	癸	猛安	五	皿干
泺	平		弃	阿捏
歪	夬		歪、禾	阿卜哈
安	发	禄	炎、炎	木杜

火	尤女	兀没	火	阿只儿
炎	仐杏		灭	多罗
圣	了		卆	怂希

参考文献

［清］胡聘之（1901）：《山右石刻丛编》四十卷，光绪二十七年刻本。

李文信（1942）：《契丹小字"故太师铭石记"之研究》，伪满《国立中央博物馆论丛》第 3 期。

于宝林（1996）：《契丹文字制字时借用汉字的初步研究》，《内蒙古大学学报》（哲学社会科学版）第 3 期。

聂鸿音（1999）：《契丹大字解读浅议》，《民族语文》第 4 期。

金光平（1980）：《女真制字方法论——兼与日本山路广明氏商榷》，《内蒙古大学学报》（哲学社会科学版），第 4 期。

金光平、金启孮（1980）：《女真语言文字研究》，文物出版社。

金启孮（1984）：《女真文辞典》，文物出版社。

额尔敦巴特尔（2009）：《契丹大字研究概况与展望》，韩国"契丹研究的现状与研究方向"研讨会论文集，10 月。

沈汇（1980）：《论契丹小字的创制与解读》，《中央民族学院学报》，第 4 期。

刘凤翥（1979）：《关于混入汉字中的契丹大字"糺"的读音》，《民族语文》，第 4 期。

刘凤翥（1993）：《若干契丹大字的解读及其它》，《汉学研究》，第 11 卷第 1 期。

刘凤翥、王云龙（2004）：《契丹大字〈耶律昌允墓志铭〉之研究》，《燕京学报》，新 17 期。

贾敬颜（1980）：《纠军问题刍议》，《中央民族学院学报》，第 1 期。

乌拉熙春（2004a）：《契丹语言文字研究研究》，东亚历史文化研究会。

乌拉熙春（2004b）《辽金史与契丹·女真文》，东亚历史文化研究会。

乌拉熙春（2009）：《爱新觉罗乌拉熙春女真契丹学研究》，松香堂书店。

乌拉熙春（2010）：《"天朝万顺（岁）"臆解可以休矣——辽上京出土契丹大字银币新释》，《宋史研究论丛》。

乌拉熙春（2011）：《韓半島から眺めた契丹·女真》，京都大学学术出版会。

孟达来（2001）：《北方民族的历史接触与阿尔泰诸语言共同性的形成》，中国社会科学出版社。

丁声树、李荣（1981）：《汉语音韵讲义》，《方言》，第 4 期。

崔智慧（2012）：《〈四声篇海〉所引〈川篇〉音系研究》，温州大学硕士论文。

（德）A. 冯·加班（2004），耿世民（译）：《古代突厥语语法》，内蒙古教育出版社。

陈宗振赵相如编（1990）：《中国突厥语族语言词汇集》，民族出版社。

孙伯君（2006）：《蒙古国肯特省契丹大字刻石考释》，《世界民族》，第 4 期。

附录 契丹大字材料简称及年代：

痕　　痕得隐太傅墓志铭（960）

北　　北大王墓志铭（1041）

俄　　俄罗斯藏契丹大字册子本（1045+）

太师　　故太师铭石记（1051）

永主　　永宁郡公主墓志铭（1092）

乌衍　　乌衍都监墓志铭（1093）

祺　　耶律祺墓志铭（1108）

注：《痕》、《乌衍》尚未被学界所熟知，可参见爱新觉罗乌拉熙春新著《契丹大小字石刻全释》：1 痕得隐太傅墓誌，29 六部怹隣可汗帐乌里衍都监墓誌。

（陶金，苏州市吴中区，tjtj122001@163.com）

收稿日期：2014-8-31

比较文字学浅识*

林枫敬著　苌丽娟整理

一

　　文字学是一种科学，研究文字的本质、起源、分类和演变。讲清楚了这四种，方能作比较的研究。

　　文字的本质有二种，一是内在的意义，一是外在的作用。文字的内在意义，好譬图画，使人能依着这图画，引起一个事情——有人称之为思想。假使你把"鸟在飞"三个字给一个识字的中国人看，他马上会引起这样一段事情：一个尖嘴、细足、姣小的东西，在空中振起翼子飘动。如果你不用"鸟在飞"，而用一幅画，描一只鸟在青天中飞，他也会有同上面一样的感受。文字，跟图画一样，是一种表示事情的符号，用以引起人的感受；不过比图画简单、奥妙一些。所谓简单，就是不必用许多线条构成，用更少的点划拼成写起来就可以。为什么奥妙呢？请看下段。

　　一幅鸟飞的图画，不论什么人，都能感受到一个事情；不过"鸟在飞"这个"文字的图画"，只限于中国人能感受；一个不识汉文的英国人不能。如果把下面一种"文字的图画""Bird flies"给英国人看，他一定说了一声："哦，原来如此"；接着就感受到与我们一样的事情：一个尖嘴、细足、姣小的东西，在空中振起翼子飘动。所以"文字的图画"，有社会上习惯的不同；好像我们的作一方块一方块，他们的作一

---

　　* 本文原发表于《东方杂志》1937 年第 34 卷第 8 号。我们将其整理重刊，文字亦由繁体改为简体。

曲一曲。①我们不知道谁改变了这"图画"的样子，但各地却能感受各地的文字样子，很自然，很习惯，都是不约而同，却有一些理由可追索（待后再说）。文字是社会上无明文的但最坚固的契约。文字本身不需要这种，但是外在的社会势力把这种契约加上去，加强了感受成共感。因此文字没有了图画的自由，增加了思想交换与书写的便利。所以，我们常常说，文字是约定俗成的，是社会而非个人的所有物。

我们来个提要：文字的内在意义是图画性的感受，外在作用是社会性的共感。

二

上面说过，文字的社会化尚有线路可索，我们现在暂缓讨论；我们不妨再追索上去，来讨论文字的起源，线路或可更清楚一些。

文字怎样发生的？什么时候？为什么？都很渺茫。牠发生的时候，大概很古很古，与火的使用差不多时候，我们不必计算这些满是圈的数字。怎样发生，才是个很有趣的问题。我不是侮辱我们的祖宗都是乌龟与猪猡一类畜生。你总没见过乌龟与猪猡有文字；但是你总听见过猪猡叫。叫就是发出声音，说话。这种"起码货"会发音，我们当然也会的。我们的话比牠们多，好，是优胜的事实。在一百万年前，我们的祖宗猩猩，也能讲很好的话，有一个英国人研究过牠的语言，好像：

Whoo-w（吃的东西）	Ch-eu-y（喝的东西）
Iccgk（恶敌来了）	Ch-in（拿什么东西）
Yoo-hu（来）	Oo-on（爱）

猩猩的话，你看，好像说来很费力的；这是因为牠们还不能立得很直。人类能立得很直，所以骨盆能平放加大，头能居中，下巴不致突出，口腔——这是发音的重要机关——能运用自如，说话便容易而清楚了。乌龟不发音，猪猡会发音，猩猩会发困难的音，人类会发便利的音。

人类的音，也随着人的脑力而发达。何以发达的呢？大概有二派：一主张摹声说（Theory of onomatopoeia），一主张惊叹说（Theory of interjection）。前者好像"即足者谓之雀，亚亚者谓之鸦，岸岸者谓之雁"②；后者好像刘师培先生说的："喜怒哀惧爱恶，古人称为六情。而喜字之音，即象嘻笑之声；怒字之音，即象盛怒之声；哀字之音，即象悲痛之声；惧字之音，即象诧怪之声……盖人意所制之音，即唇舌口

---

① 整理者按："做一方块一方块"指中国的汉字，汉字的外部形体结构是平面组合的方块形体；"做一曲一曲"是指拼音文字，其字母是流线体，并按线性方式排列。

② 整理者按：此句出自近人杨树达《高等国文法》。

气所出之音也；音蓄于中，赖唇舌口气为之达。昔《乐记》有言：凡音之起，由人心生焉；又曰：感于物而动，而形于声。"不过这二种也不尽然：譬是我们听亚亚而作鸦，英国人也听见鸦鸣亚亚，为何不作 ya，而作 raven？我们象悲痛之声而作哀，法国人悲伤时也哀哀然，为何不作 é，而作 malheureux？但是世界上也有不少摹声惊叹之字；我们姑且承认牠都有一半真理，其余的一半暂时保留：因为语言的契约不知谁创作的。

语言无非为了便利大家交通，但语言不能传至久，传至广，尚要一种记号把语言记录下来，让别地可以感受，后代可以追想；这样一来，便有了文字的发生。海根（Hacken）说过："文字的起源，实在是个很渺茫的故事。"真的，故事太远了，我们不必计算。我们就姑且承认文字是记录声音的符号。

读者不免要问：你刚才说过文字表示事情，现在又说文字表示声音，甚么缘故？我回答：事情就是声音，声音就是事情，毫无二致。譬如我们说"而之"①，英国人说"生"②，法国人说"费而"③，德国人说"松"④，日本人说"母斯哭"，这些声音里已安置了事情：父母的孩子。谁安置事情在声音里？约定俗成是也。

我们来个提要："天下事物之象，人自见之，则心有意；意欲达之，则口有声……声不能传于异地，留于异时，于是乎书之为文字。文字者，所以为意与声之迹也。"
——陈澧《东塾读书记》。

三

我们已略知文字起源的大概情形。那么为什么文字有种种不同呢？在一个地方文字又相同呢？这便是分类学上的事了。先讨论后一个。

文字的老祖宗是辅助记忆的符号（Mnemotechnic marks），好像结绳，画卦，木棍上刻洞，都是留着一个记号，使事不易忘却。起初是个人的事，别人不得其解。后来，人事日繁，须要种种交易，传达消息等事情；于是大家用惯了，不觉把那种符号"共产化"，久而久之，便趋一律。不过，后来加上了种种声音，——我们记住：先有意，次有音，后有字——种种文字变化，经过社会默许，在这个社会里便统一相同。——这便是文字社会化的追索；的确是否，未敢确断。

---

① 整理者按："而之"为汉语"儿子"的直音。
② 整理者按：为英文 son 的音译。
③ 整理者按：为法文 fils 的音译。
④ 整理者按：为德文 Sohn 的音译。

一个社会默许某种字样，就产生文字（包括文体）的分野。这个原因，完全出自地理的阻隔。一地有一地的人种类别，社会习惯，语言差异，自然状态，文字历史，发生于自然，无法推究。

文体的分野有三个原因。（1）书写工具。如写在金石上，字易方正，尖形；写在纸、皮、木等柔软物上，字易浑圆，曲折。用硬笔及软笔写也会不同，硬笔易转弯，软笔则否；汉文正楷属于后者，其余大部分为前者。（2）连写结果。字须连写方有意义，初民写在不平滑的东西上，如石的螺纹，草纸的凹凸，连写结果，无形中成了或颠或倒，或上或下，或左或右，（我们甲骨、鼎彝上之字，可见一般）用得多了，选定某种做标准。（3）装饰结果。经典上，文书上，法令上，须用装饰才可显"神气"，后来不觉也采作普通的了。英文与德文就可见其大概。

文字的分野有二：衍形的与衍声的。文体的分野有三种：由左至右，由右至左，由上至下。汉文为衍形，其余几全为衍声。欧洲字由左至右，希伯来、土耳其等由右至左，汉文由上至下。

四

倍根[①]有言："科学的区分，不是像许多不同的线交于一角，乃是像许多树枝附于一干。"文字的分类亦然。我们尽管依文字结构、读音、形体分别，总有个源流，从这源流，因各种趋势，分成种种支流。天下事总如此的。我们把各种文字，归纳起来，约经过四个时期。（1）辅助记忆符号时期，前面已讲过，牠是文字史上的盘古。（2）图画时期。譬如《说文》上有种种说明："仓颉之初作书，盖依类象形，故谓之文"，"文者；物象之本"，"书者，如也"。我们看篆字，可知文字与实物无异。现在像各地土人还习用着。欧洲的文字也都脱胎于古埃及等象形字。这一期是文字史的第一页。（3）表意时期。有许多抽象空洞无形的字，不能象之以形，那末[②]就把该意的音，用个同音，意义相近的字，加上一个义旁，来代表牠。这种字我们叫形声，外国人叫组合文字（Combining characters），在我们文字中最多。梁启超先生有一段很好的叙述："用 M 母发音，含有模糊不明的意味。由是而晚色微茫不明者谓之暮，有物为之障而不能透视者谓之幕，不可得见而徒寄思焉谓之慕……视而不明谓之蒙，雨之细而不易见者谓之蒙，视官本身不明者谓之蒙，蒙之甚者谓之盲……"[③]他举出八十三个 M 的

---

① 整理者按：现在一般都译作"培根"。
② 整理者按："那末"应为"那么"，下同。
③ 整理者按：出自梁启超《从发音上研究中国文字之源》，1921 年。

形声字。其他如"戋"音者皆有细小之意，如线、笺、贱、钱、盏等，"八"音者皆有背别之意，如辨、辩、判、芬等。汉字除少数象形字外，余悉为形声字。（4）标声时期。因语音中已有了义，其中相同之音，都可归纳为几个基本音标，拼成了就可达意。假使承认标声为文字演化的最高阶段，那末汉文停止在表意时期，诚是可惜。

我们敢断定，文字在辅助记忆与图画两时期，概在一相同树干上；到了表意与标声便分了支别。文字的演变没有什么强迫；整个文字学带着自然主义的色彩。

五

文字学的概念已交代清楚，我们开始比较的研究。比较文字学不必研究各地文字的本质，因其为普通文字学的一部，前面已讲过。以下的程序，将为这样：各地文字的起源和演变，分类及举例，中国文字小论，文字的趋势及文字学的目的。就循着这次序，和着前面得到的结论，一一加以叙述。

文字的老祖宗是辅助记忆的符号，大概是用结绳、画线、木棍刻洞等。《庄子·胠箧篇》[①]："昔者容成氏、大庭氏、伯皇氏、中央氏、栗陆氏、骊畜氏、轩辕氏、赫胥氏、尊卢氏、伏羲氏、神农氏，当是时也，民结绳而用之。"不论我国历史上有无此等人氏，但假设为远古之士，而用结绳，也很当然之事。在西洋，如 Quipus 以彩索记事，Wampums 以贝壳记事，也都可靠。即使琉球，至今尚有结绳之风："琉球所行之结绳，分指事及会意两类。凡物品交换，租税赋纳，用以记数者为指事类；使役人夫，防护田园，用以示意者为会意类。其材料多用蔓藤草茎，或木叶等，今其民尚有用此者。"——林胜邦：《涉史余录》。贵州苗族亦然："苗民不知文字，父子相传，以牛鼠虎马记年月，暗与历书相合。有人控告，必请士人代书，性善记，惧有忘，则结于绳。"——严如煜：《苗疆风俗考》。其实苗民亦有文字，不过不识字者恐系如此。就是我人现在，每有一事易忘，常拿手帕结在手指上，或在胸前挂张纸条，便是再现。此外，如我人的握手、掷香槟、种种带戒指法，一一考查起来，至少都存留些蛮风。

文字一进到图画时期，因有迹可考，便非常热闹了。一种是已消灭的，像埃及等，一种至今还被野蛮民族沿用着。所谓图画时期，详细讲来，一种是文字画，那简直与画无异，现今各地土人就是用这种；另一种便是象形字，因为也从图画蜕化而来，结构虽可称字，仍可归之于图画时期。

据说，迈阿文字（Maya）[②]是埃及文字的大哥。这种文字的结构，非常粗陋，象

---

① 整理者按：此处应为《庄子·外篇·胠箧》或《庄子·胠箧》篇。
② 整理者按：现在一般译成"玛雅"。

征意味非常重；所以极少能直觉了解。迈阿文字有繁体、简体之分，下面所举例中，
（1）是繁体，（2）是简体。

(1)	
(2)	

讲到埃及，谁不知道她的伟大？她的文字，对欧洲文字有很大影响。文体可分为
三种，（1）象形字（Picturegram），（2）祈神字（Hierotic），（3）官书字（Demotic），
越后越便利，好像大篆到小篆到隶书。象形字比迈阿精致，也许受了尼罗河的恩泽，
可以从容描画。祈神字与官书字，已有弯曲，可知为用草纸的结果；这二种更说不定
为欧洲文有大小写之滥觞。

(1)象形字	
(2)祈神字	
(3)官书字	

在古代象形字中，尚有克利特的米诺文（Mino）、希底特文、苏美利亚文（Sumeria）、
古墨西哥文、古中国文等；我们不妨每种举几个出来。

米诺	
希底特	
苏美利亚	
古墨西哥	
古中国	

因为使用象形字求简的结果，字刻在较硬的东西上，不得不带尖头形，这样，产
生了楔形文字。楔形字才开始带有近代字母的样子。楔形字的开始约当纪元前四千五
百年间，到巴比伦才集大成。我们的漆书也带这种意味。左边是楔形文字的一般，右
边是亚述与巴比伦的。

亚述	
巴比伦	

我们这里要约略介绍几帧现代野蛮人的文字画。你们看了一定会奇怪，这是文字吗？你们要原谅，他们既没有更简单的文字，但事情总要记录，于是就用图画了。他们的图画，非常幼稚，好比三四岁孩儿描的；但表示一桩事情也足够。我相信，此种文字，才能当图画时期而无愧。

这为墨西哥某蛮族所刻于石上的画。倒下的是马，上向的是羊。此画常悬于危崖上，以作警告。以意为："羊虽能上去，马却要倒下而不能。"

这两幅是印第安人的剧作。1.幅表示一个渡湖的旅行，带了五只独木舟，舟上的点子表示人数，鸟表示领袖。三个圆圈（日）在三曲线中（天），表示为三天。乌龟，一个地方的记号，表示已安然抵达。2.为一群印第安人送达美国议会的议案，种族名表以图腾（Totems），像貂、熊、鲶；鹤为领袖。每种兽类的眼中心中有线通到鹤的眼中心中，表示一心一意；鹤有一条线通到左角一方块，表示湖域，盖此种印第安人，欲在此湖域中得到渔权故也。

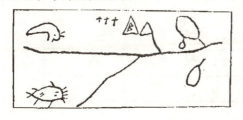

这幅是奥治巴处女送她爱人的艳书。其大意为："我和我的二个朋友都在此地勾留，请你快来。"

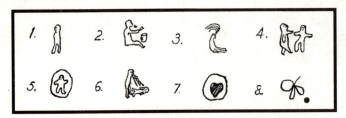

这是阿拉斯加地方所作的图书文字，其大意为通知狩猎海豹以几日预定出发之象。

这是秘鲁某族的情诗：1.描写爱者，2.唱歌打鼓，3.秘密围其身，4.融成一体，5.她在小岛上，6.虽睡能使其听见声音，7.心的表示，8.有结果。

大概身势或辅助记忆记号，文字学上很难推究，因无遗迹可查；图画时期则可以考古学方法，从洞穴、碑石、遗物等加以研究；即使在我们今日，也有很多原人遗风，如卍、△、+等，以及种种商标、表号，如推进机表飞机，法国用牡鸡，英国用雄狮，俄国用大熊，镰斧为工人，中国用龙，以及我们的五蝠（福）、子、丑、寅、卯等，日本的樱花……此例甚多，读者可参阅陈之佛所编《表号图案》。图画时期才是文字的开始。表意时期，就是我们的汉文。标声字已为语言学问题，无多大兴趣；因文字学重于字形，不在乎字音。欧洲各国，文字就是语言。

因远适异域，寻求新地，或为侨民、经商，侵略其他种族或胜或败，在交通逐渐发展的当儿，文字乃起变化；或省或加，或左右倒之，生了各种分野和吸收：这叫做文字的演变。海根（Ingo W. D. Hacken）作了一个极宝贵的文字演化图，载于其所著《文字的起源》中；本文根据此文不少。（译者贺昌群先生。）原作者分论各字，我则重合之成一表，以求简单；其中描述各渐变状态，因无法安插，删之；说明亦删了：好在有读者的推想。读者可从此表中，知道世界文字都"出在一只袜统管"[①]，无论音同字异，音异字同，都有共同家谱可索。人类由合而分，再由分而合，其理用之于何物，千古不易。——请看：（下一页接上）

文名＼字名	A	D	F	K	L	M	N	P	S
迈阿文	ⴸ	☐	⸮	ᶜ	ᶜ	ᵔᴸ	ᴸ	ᴘ	𝍄
埃及文	ⴸ	ⴰ	ᵚ	ᴄ	ᶫ	ⵕ	ⵀ	ᴸ	ⵥ

---

① 整理者按："出在一只袜统管"谓同出一源。

爱尔兰文									
日耳曼文									
拉丁文									
俄罗斯文									
格拉哥力司文									
希腊文									
科布替文									
撒马里亚文									
希伯来文									
满洲文									
蒙古文									
门得替文									
叙利亚文									
阿拉伯文									
帕息文									
亚美尼亚文									
佐治亚文									
阿谟赫尔文									
绚甸文									
辛加尔文									
孟加拉国文									
梵文									
西藏文									
坦密耳文									
提卢谷文									
格蓝腾文									

恐读者不明白其中渐变经过，兹特举一反三：

我们看了文字演化的图，可知道几点：（1）咸从埃及官书字演化而来；（2）对之或颠倒，或省却，或使圆，或使尖，或顺笔运转；（3）文字中有粗细，可知多少受楔形化的影响；（4）有的保持官书字原形，有的却非常模糊；（5）东方诸地的文字，其笔画较西方诸地少；（6）凡表中地处相近的，文字较共通，互象；（7）表中无汉文，因汉文是单字制，其余为拼字制；单字制为无限的，无法旁通；拼字制为有限的，能旁通，且归纳较便。——这不是一件很有趣的事吗？我们看到世界上种种奇形怪状的字，却能寻到一源，可知人

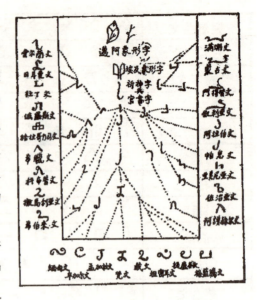

类是怎样一种东西了。多少年代前创了文字，多少年代与地域的分画，还是不脱"乡土气"。我们看到现代的文字，不是能回忆起"茹毛饮血，穴居野处"的情景，无限的历史影片；所以倍根有过这样一句话："写的字，有历史的结晶；牠们奥妙的结构，是永存不变的过去。"

六

过去没有分类，分类是现在的事。

一般逻辑讲来，分类须有三个原则：（1）一个单一的标准，（2）被分类的事物的通性，（3）小类之和等于大类。文字的分类亦然。文字分类的标准是字形。有种文字分类以国为别，例如英文、法文、日文；这是错的：英文法文都为拉丁系，日文为汉文系，印度有几百种变体文字；如果这样，既不胜其烦，又不能使小类之和等于大类。又以读音为标准，则势必取消文字学，因其为语言学之任务。所谓被分类的事物的通性，就是凡用同一字形之文字，皆为其通性；否则为异性。所谓小类之和等于大类，就是同形之字归成一大类，并须受治于大类。在这三个原则中，无疑第一个为最重要。我们这里的分类，就是严守着字形这个标准。

在第三章中曾说过，文字的分野为衍形与衍声两种；现在不妨加以补充。所谓衍形就是单字制，即一音一字，不用字母拼音；在现在诸主要文字中，除汉文外，恐无其他。衍声就是与衍形相反，为拼字制，占绝大多数。我们承认，文字分类的主系，为衍形的单字制与衍声的拼字制。

　　海根在其同书中有过一张分类树，不过他好像专为拼字制而设，没有汉文。他的分类很好，读者不妨参阅，拙著《历史的过去》也采用，载《东方》三十二卷十九号。安插汉文的法子，在其树干上另画一根树枝好了。

　　我不是说过给每种文字举例吗？现在一想太难了。我那里懂得全世界的文字，所识有限，不免见肘，既然说了，不得不做。有的写上句子或单字，甚至几个字母。其中意义读音一并不志。致于①单写字母的，如读者要使牠成字或句，可从邮票、商标、《圣经》，外人的信札处那里收集。还有一点，本章汉文从略，待下一节再详说。

　　少说闲话。只此一家的文字老店是埃及字。埃及的最古书为 *Ptap Hotep*，此书中述纪元前三千六百年的事。过了八百年光景，出了本《死书》（*Book of Dead*），述宗教的事。这两本书都是用祈神字写的。埃及的祈神字是拼字制的老子。

　　纪元前一千六百年——大约如此——摩西救以色列人出埃及至迦南，他老先生学过埃及字。于是闪族（Semitic）的希伯来人采取了埃及字。

　　闪族的邻舍巴比伦和亚述，因书写用具和求简，楔形化了。用惯了，字形：大起变化；结果，分成拼字系中的两大支：腓尼基（Phoenician）与舍俾安（Sabæan）。

　　腓尼基就是北闪族，有迹可考之文字在"摩押碑"（Moabite Stone）上，在纪元前九百年间。后来，推罗与西顿（Tyre and Siddon）两城衰落，腓尼基商人经商于地中海一带。到了荷马时代的希腊，演化出一个叫做卡德马斯系（Cadmean branch）。

　　同时，埃及遭爱西屋皮亚人（Ethiopean）的侵略，文化衰落，造成亚述巴比伦的武力，征服犹太民族。经过种种变化，造成推罗系（Tyrian branch）。

　　渐后，波斯、米第亚（Modia）与马其顿诸国互争，盛衰交替，造成西顿系（Sidonian branch）。

　　舍俾安属于南闪族，其经商旅程，不如腓尼基人的北、向南的②。因此，腓尼基为地中海与欧罗巴的键钥，舍俾安便成为非洲与印度间的键钥。其文字含有明显的埃及官书字的样子。

　　在纪元前一千年间，舍俾安人与爱西屋皮亚人通商（即今之阿比西尼亚人）。阿比西尼亚的王门尼力克（Menilik）是个漫游家，因此带进了舍俾安文，成了爱西屋皮亚系（Ethiopean branch）。

　　同时，舍俾安人和达罗毗荼人（Dravidia）合伙经商，到印度各地，输入文字，成立一种新文字，叫婆罗门系（Brahmi branch）。这种文字分布最广，成了今日从印

① 整理者按："致於"现为"至于"。
② 整理者按：此处脱一"向"字，全句应为"不如腓尼基人的向北、向南的"。

度洋到南太平洋诸地的复杂文字。

有一系也属于舍俾安支的，叫科布替系（Copts branch）：其文字，仍有埃及官书字的成分，迄今未变，仍为埃及族的科布替人沿用着。

在印度北部发生的一种文字，叫第未那加利系（Devanagari branch），北至西藏，南至暹罗，都受此影响。

上面便是腓尼基支和舍俾安支所分成的七个大系。后来的再分化，其情形如下。

当希腊民族，挟其卡德马斯型的文字，纵横于欧洲的时候，与乎欧洲南北部诸人的经商游历，便造成了今日欧洲诸文字。在东部为诺尔系（Nordic），在南部为罗马系（Roman），在北部为斯拉夫系（Slavic）。诺尔系即爱尔兰人之字。罗马字后来化成拉丁字，为英、法、意等文字，又一种为日耳曼文。斯拉夫系实从希腊原字化出，故希腊也包在内。于是成为基督教的文字了。

推罗系是犹太教的文字。

西顿系那末是宣传回教的工具了。有个信波斯教但雅利安人的大流士转化成伊兰系（Iran）。另一种从阿拉米亚文字演变为哈乌兰系（Haurautic）。君士坦丁总主教涅斯托（Nestorian），用伊斯特兰基罗系（Estrangelo）文字推行其景教。

婆罗门系便成了佛教的文字。阿输迦五推行佛教的结果，在大陆的化为涅巴达系（Nerbuddha），在海洋的化成今日海洋洲①诸地的撰立系（Kari）。

在北印度，第未那加利系，分成了三派：梵文系（Sanskrit），巴利系（Pali）与判查布系（Pumjab）。

单字制重要的是汉文，包括中国及日本。

我们开始举例。

---

① 整理者按："海洋洲"即"大洋洲"。

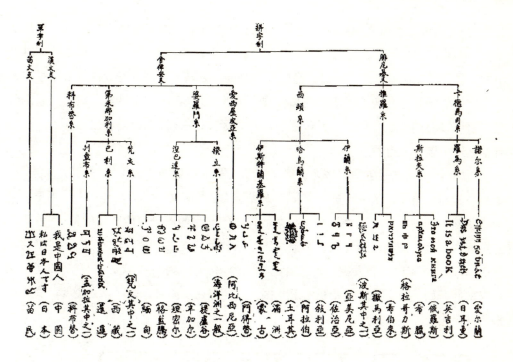

七

研究自己的文字，不应带有偏见。我们不必有"敬惜字纸"的态度，也不可猛视之为"毒蛇猛兽"。

中国文字怎样起源的？这问题难解决，犹似我们民族怎样起源一样。汉族有的说是外来的，像从帕米尔高原、埃及；文字亦然。世界文化的熔炉在小亚细亚，单独发展的只有汉族。我们民族有"北京人"的化石，我们也有古远的文字。我承认中国的历史是自发的，因为有自发的条件，如黄河流域，温良气候。中国与埃及是世界两个策源地。

文字的起源是自然的事，但我们史载中却有创造文字的人。这是传说。在亚美尼亚人中亦有这样的传说：基督教徒麦斯洛宾（Mesrobian）在梦中悟得亚美尼亚文；其实是波斯文与希腊文的混合种。中国的麦斯洛宾是仓颉。好像《韩非子五蠹篇》："仓颉之作书也，自环者谓之私，背私者谓之公。"《吕氏春秋》："仓颉作书。"《淮南子·修务训》高诱注："史皇仓颉生而见鸟迹，知著书。"这还有点儿道理。但道世在《法苑珠林》里的话，未免神话化了："昔造字之主，凡有三人：人长名曰梵，其书右行；次曰佉卢，其书左行；少者仓颉，其书下行。"那末仓颉倒底怎样一个人呢？

有的说："仓颉，黄帝之史官"；"仓颉，古之王者"；"仓颉在羲庖义之前"；"仓颉史皇氏，名颉，姓候刚，龙颜侈哆，四目灵光，上天作令，为百五宪。"算了吧。神话中的人物。诚如沈兼士先生所说，仓颉即"创契"之转音。万一有仓颉其人，也决不是文字的创始者，而如麦斯洛宾的加以混合或改良，《孝经·援神契》载的"仓颉效象洛龟"，《河图玉版》载的"灵龟负书，丹甲青文以授帝。"可说有些道理。——没有谁创造中国字，自然发生。

怎模样①"自然发生"？按之一般文字学。第一期辅助记忆符号："事大大其绳，事小小其绳；结绳之多少，随物众寡。"（虞翻《易九家义》），画八卦；无从查考。可考者图画时期。好像殷墟甲骨文与金文。真正的文字的图画在殷之前的夏："昔夏之方有德也，远方图物贡金九牧，铸鼎象物，百物而为之备，使民知神奸。"（"春秋，左氏"）不过，夏时未曾发掘，到殷时已进化为图画的文字了（象形字）。夏或者可说是汉文的开始。殷文的发掘者开始于罗振玉，地点在安阳县，即武乙之废墟。我们可拟摹几个出来：

金文的样子也差不多。到周宣王有个太史"籀"作了一种文字，叫大篆，或叫籀文，或叫古文，约有五千多字。到东汉，许慎作《说文》，有九千余字，其中八千余字为表意字。中国才进入文字第三期。

假使籀文已进入表意字，则我们今日已定留了二千七百六十二年，还未进入第四期。

埃及从象形到标音只有一百三十五年。

在字体一方面，由史籀的大篆，李斯的小篆，程邈的隶书（官书字），陈遵的楷书，杜度的草书，刘德昇的行书，民间的俗书，无论其目的在求简从速，仍一方块一方块的单字。

中国人的文字邦之风是厉害的。在五四运动前，文字与语言是分开的：我们的语言为"你为甚么不快些死"，我们的文字却为"尔何不遽死"。文字为语言的记号，古文变了"非语言"的记号，无意义之至。现在已语文统一了。

---

① 整理者按："怎模样"现在一般写作"怎么样"。

　　再讲中国文字的分类。第一种是照文字意义分 "（1）象形的，乃是模拟物形而作，如日、月、水、山等字。迨后世应于时代的要求，乃逐次增加其数，从而造成（2）指事的，以象形为本，增减其点画，以表现事物的性质，如一、二、三、四、上、下、本、末等字。还有（3）会意的，合二以上的意义之已经成文字者，而抽其意义，如武、信等字。（4）假借的，已有语言声音，顾无其字，则借用与此声音相符的文字，如竹节之节，可假借为节操之节，竹管之管，可假借为管辖之管。又有（5）形声的，合两文为一字，半以表示性质，半以发出声音，如江、河等字。（6）转注的（建类一首同，而意相受，考、老是也。——因原作者有误，删之）……此等文字，称做六书。" ——日本高桑驹吉：《论中国文字之起源和变迁》。不过，以近代中国文字看来，尚有增为 "七书" 之必要。第七书就是外来的。好像匈奴的单于，突厥的可汗，希腊的葡萄，印度的涅槃，波斯的咸水妹，英国的摩托卡，日本的不景气，南洋的纱笼，化学、物理中的钾冠。

　　第二种以文字的体式分。中国字富于美术意味，所以字体很多，古今的书家真是汗牛充栋。好像八卦、金文、石文、龟甲文、漆文、虫书、科斗文等等古文；隶书一类；行书、草书、章草、飞草等八种草书；宋体、魏碑体、俗体等；以及所谓梁庾元威一百二十体……名称烦多，不必尽录；总称之为 "装饰文字" 吧。此种 "装饰文字" 的变化，可从上面一个图看出：

　　第三种照汉字的势力分。中国虽不敢称为世界文化策源地，但为东方文化策源地无愧。在这三千年的文化历程中，受过中国的恩惠的不计其数。所谓 "岁岁来朝，年年进贡" 的小国，中国抱着宽宏大量的心地，服之以德；即使中国被征服了，仍能使异族同化。中国的 "东蛮西戎南羌北狄"，至今还带些中国的服式、礼节、风气、语言、文字的宿根。

　　（1）日本。在唐太宗贞观五年，日本舒明天皇遣大上御田锹使于唐，并遣留学生来学，其中有清安元理、惠隐等学成归国，提倡文化。先全用汉字，后吉备真备再就正楷片旁作片假名，空海又就草书作平假名，兼用汉字。这样，就造成了目今日本文字。好像：

　　　　コーヒーの中には牛奶を御入れになりますか。

　　这是说："咖啡中要加些牛奶吗？"其中"コヒ"便是片假，"のにはをれになり
ますか"便是平名，"中牛奶御入"便是汉文。所谓片假，即是采取汉文正楷片旁之
一部，如"アイ"读"阿伊"，即取"阿伊"之左旁。平假即仿汉文草楷之状，如"ア
イ"之平假为"あい"，即草楷"安以"之转化。由此可见其受汉文影响之深。

　　（2）朝鲜。朝鲜在汉辽东塞，与中国交通非常方便。有说其人为箕子之后裔。

　　（3）安南①。安南与中国的交通很早开始，故文化甚受中国影响。如安南语的"三"
为 ba，故合其本音参以汉义作"🖼"。亦有直用汉字者，如"没"即"一"，"固"即
"有"。

　　（4）西夏。西夏本党项羌，唐初居灵夏诸州。唐末赐姓李；至宋又赐姓赵。西
夏常与中国作乱，故仁宗时，遣国人主治，助理其王赵元昊，势乃振。永乐一战，宋
死六十万人。后为蒙古所灭。西夏文字云系赵元昊所作，实参照汉文，改头换面而已。

　　（5）金。金本女真族，南北朝时，分七部，曾建国曰渤海国，为契丹所灭。后
阿骨打立，重建国曰金。宋徽宗时，阿骨打之弟吴乞买侵宋，雄才大略，卒破宋。后
宋南迁，重建国土。至宋理宗合蒙古攻之，乘其内乱，遂亡。他们的文字是阿骨打（金
太祖）命完颜希尹仿汉文作的。

　　（6）契丹。契丹即辽，居我国北部，与俄国接近，故俄人呼我们为"契丹"。其
始皇为耶律阿保机。后王天祚不振，宋徽宗合金攻之，就亡。天祚之臣耶律达什率众
西去，建西辽国，到蒙古兴，被灭。其文字即用汉人删隶书而成。兹各举一例以见其
都脱胎于汉文。

　　可是，这都已为历史的陈迹了。日本虽至今仍用汉文，但也在热烈提倡废止，主
张全用假名。朝鲜自亡于日本后，文已不兴。安南以前仿汉文作的叫"chǔ'rôn"，虽
现其架床叠屋，亦可作我国往昔强盛之纪念；但从亡于法国后，此种文字早已在淹没
途中，新兴的是罗马字拼音了。西夏已入我国版图，即其在元昊子谅祚立，早已废止，
全用汉文了。金后入居中原，悉皆汉化。契丹也然。

　　第四种分类以中国境内各文为标准。虽与以字形分冲突，但属于我们国家的。不
必详述，举例如下。

---

① 整理者按："安南"即越南古称。

音义 / 别字	汗腾格里数拉——天山的主峰
满字	（满文）
蒙字	（蒙文）
回字	（回文）
藏字	（藏文）
音义 / 别字	曷阿嚅拉——這個孩子
苗字	（苗文）

郭沫若先生说："中国人的鼓睛暴眼的文字，实在是比穿山甲比猬毛还是要难于接近的逆鳞。"不错，汉文的形状，一方块一方块的单字，累赘的象形与表意字，实在是困难的；无怪外人不能懂，不能吸收外来的拼音字，懂的人不透澈，有百分之八十的汉字牺牲者，种种印刷，打字的不便。但在世界密切关系下，提高自己文化下，都有这种需要。于是有提倡汉字革命的呼声。大概可分成三派：

（1）见于汉字太难写的——如爨鸑黤鬱籲靈

（2）见于汉字不标音的——如日日山水龙淮

（3）见于汉字孤于世的——因拉丁文为通用

一国文字成于自然，但有弊须改亦应该。我们举出几种，假使众人默许某一种，少数人不得不从。

八

世界的进步没一刻停止，从埃及象形字演化到今日各种文字，可说是进步了；但是还有更好的在前面，使人们进而追之。我们就来看这趋势吧。

在罗马系的国家，他们的趋势要从拼音到单字，从综合到分析。好像他们已倦于运用各种语尾变化与拼音了，要求一种更简单的文字。由英文的 through，化成了美国人的 thru，这是拼音上的求简；从 thou shouldst love 到 you

should love ，这是语尾变化的减少；从拉丁的 edo、edio、edit，分析成 I eat、
you eat、he eats……这些便是好例。所以海根说："仍旧沿袭着那拼音的老法，连累
我们子孙也受这种拼字法的烦难，因为：最完美的文字是一字一音，每一音有一字。"
罗马系的人要汉文化起来。

我们汉文呢？却要罗马化。我们已受了几千年强记一音一字的痛苦，所以要改良
为标音的罗马字。又如弱小民族的文字也要罗马化。

我看你的好，你看我的好。倒底谁的好？我也难以回答。海根是个医生，他看惯
了种种医学上的符号，化学上的记号，不免发出这种诅咒缀字之声，喜欢一个个的符
号。我们中国呢？受单字制的患也很显然。想来想去，还是拼音的好，而不妨来个折
衷办法：就是多多采用各种符号，或为世界共通的，或为一国的缩写及特有记号。文
字只求简单，达意：则用拼音易达意，用符号易简单。

> Forte ni staru, fratojamataj,
>
> Por nia sankta aforo!
>
> Ni bataladų Kune tenataj
>
> Por unu bela espero!
>
> —L. L. Zamenhof.

世界最新文字

共通符号	♂（火星）	●（雨）	♀（九）	═（平行）	H（氢）
特有符号	₤（金磅）	CO.（公司）	Y.M.C.A.（青年会）	oz（啊）	

研究比较文字学有什么用途呢？我们有这样一个故事。欧基利得（Euclid）向国
王托勒密说："陛下，到几何学去是没有帝王之路的。"一个呆笨的学生问他："学习
了这些东西有什么好处？"欧基利得就吩咐他的仆人说："给他一个辨士①吧，因为他
必须从学习中得些利益。"研究比较文字学或许可以到某地去赚钱好便利点；除此外，
就是：

---

① 整理者按："辨士"即"便士"。

（1）知道历史。历史是时间的科学，文字是空间的科学，不但须相扶而行，并须在历史不可稽查的当儿，问之于文字。譬如英文中的 foot（尺），可推知原始人的用足计数，犹如孩子们的扳指计数；saturnine（庄睦的人），是原始人对星宿的神话，因 saturn 是木星。我们称"牺牲"，是往昔祭神时供杀戮的牲物。"毋忘，绾衣带作结记之"，这俗语是结绳记事的遗痕。

（2）知道文字的策源。

（3）可以抛砖引玉。研究比较心理学，从猴类鼠类得到人类心理的解决；研究比较文字学可从别的文字中得到自己文字的概念，利用这概念，使自己文字更易整理，更易改良。好像英文中的 sacrifies（牺牲）转为一切东西的毁亡，我们亦然。高本汉（Karlgren）用拉丁字研究中国韵母，使之更清楚，比之我们自己韵母研究，实是新记录。

（4）可知各民族往来交通的情况。佛教输入我国，我们有"佛陀""涅槃""南无"等字。腓尼基的经商欧洲，罗马民族的传教欧洲，造成今日的文字。尤其在近日，世界交通更切密：日文中有英文的 ステキ（手杖）[①]，英文中有日文的 kimono（着物）；中文中有英文的沙发，英文中有中文的 kowtow（磕头）；英文里有法文的 table（桌子），北美土人的 tobacco（烟草），南美土人的 banana（香蕉），阿拉伯文的 algebra（代数），德文的 weltliteratur（世界文学），突厥语的 khan（可汗）。

（5）改进世界文字。将来总有一天，大家为兄弟，要一个自然的世界语，这也要从比较文字学或语言学中搜求共通的文字。好像 mama、papa 全世界都如此。中国字的责[②]、诉、拖、理性、香、君、蜜、鹿、礼都与英文不谋而合（fee、sue、tow、reason、scent、king、mend、roe、rite）。梵语，"比多"为父，"莽多"为母，"婆罗多"为兄弟，"郁特"为水，都与英文及其他拉丁语相通。将来的世界语便是这一种。

（6）他如人种学、社会学、考古学、文学、艺术、文化史等，多少有补益。

九

"屠格涅夫从他的病榻上给与俄罗斯作家们最后的遗言中之一项，会请求俄罗斯的作家们把'我们宝贵的遗产——俄罗斯的语言'（文字）永远保存其纯洁。"（Kropotkin: *Russian Literature, Ideals and Realities*）——算作结论。

---

① 整理者按：此处"手杖"的日文字母应爲ステッキ，脱一小字符ッ。
② 整理者按：根根上下文，此处"责"应爲"费"之误。

一九，一〇，三五。

参考书

编者要我作参考书，难了。因欧洲文字即语言，文字学很不发达。甚至没有文字学之专名，此刻不妨取一个为"Alphabetics"。国人也无此大力，作者不过作介绍者吧了。但下面几本可以供献给读者的。

E. M. Thompson . *Handbook of Greek and Latin Palæography.*

E. Clodd. *The Story of Alphabet.* [1]

Hammerton. *Outlines of Great Books.*

Passy. *Outlines of Comparative Phonetics.*

H. G. Wells . *Outline of History.*

张世禄：《语言学概论》《文字学概论》。

何仲英：《文字学纲要》。

乐嗣炳：《语言学大意》。

李中昊：《文字之历史观与革命论》，其中载有贺昌群译海根的《文字的起源》。

林语堂：《语言学论丛》。

附：文化病院：比较文字浅识[2]

（原著者林祝敔）（《东方杂志》第三十四卷第八号）

院长先生赐鉴。径启者：兹在本年四月十六日出版之《东方杂志》第三十四卷第八号林柷敔氏的《比较文字浅识》[3]一文内发现几种怪病，特送贵院诊治，至盼早日

---

① 整理者按：原书名为 *The story of the alphabet.*

② 本篇文章专为指正《比较文字学浅识》，故我们附录于此。作者署名达人，发表于《社会科学月报》1937 年第 1 卷第 3 期。原文文字为繁体，现改为简体。

③ 整理者按：原文章名称为《比较文字学浅识》，文化病院将其误为《比较文字浅识》。

予以检查疗治为荷，耑此即颂

台祺

米胡图谨上　四月十九日

挂号处签注　　　　　送院长核　　　　　　　　　　四月廿日

院长批　　　　　　　该文确有毛病，即送文化病院疗治　四月廿日

文化病院值日医师检查报告　　查该文名题为《比较文字浅识》该作者在文内引用的文字共有数十种的多，差不多将全世界古今中外的主要文字都罗列引证，足见该作者的"渊博"，但是以如此"渊博"的"方言家""比较文字学专家"，竟在《比较文字浅识》内将最普通的文字也弄错了好几处，殊令人有些难解，兹先将该文内最显明的错误，摘举出来：

（1）法文 fils（儿子）一字读如（费士）；而 fille 或 filles（女儿，女子）读如"费而"，该作者在该期的《东方杂志》第五十二页末段内将法文的"儿子"误读为"费而"未免有些"那个"！

（2）又在第五十九页的大表内，该作者将日耳曼和英吉利的文字作为"罗马系"的代表？足见该作者对于现代欧洲主要方言的系统确能"云人之所未云"！

（3）又在仝^①上一表内所引述的罕用文字中，有几种"花样"未能"依样画葫芦"。

（4）又在第六十八页的上表内所引用的满蒙回藏字体，据满人、蒙人、回人、藏人说："他们有些看不懂！"

（5）又在上表的"音义栏"中的"天山的主峰"，据该作者说：在满蒙回藏文字中，都应读为"汗腾格里敖拉"！想不到这几种绝对不相同的方言，经该作者一"举笔之劳"，竟能完全统一，真是一件"快事"！

关于该作者所引用其他的古奥罕见的文字，我们自问确未能如该作者的"渊博"，不敢强"不知"为"知"。

最后，我们拟在此借用该作者在原文内所引用的一个法国字：Malheureux！

四月廿一日

文化病院主任医师诊案及处方　　　　　　检查报告尚确。该作者为此文时也曾煞费苦心，参考书也看过几本，总算难得；但此后发表此类文字时，总要提防遇着识货人！

处方　　　　　　　　　"知之为知之，不知为不知，是知也。"

---

① 按："仝"同"同"。

廿六年四月廿一日

《比较文字学概论》图书介绍①

Edward Clodd 原著 林祝敬译　二十九年二月商务印书馆出版 一册 二三六面 价壹圆贰角

　　此书原名字母的故事（*The Story of Alphabet*）②。然其第三章《论字母的起源》所谓字母均指初民之文字画图形文字，篇幅约占全书三分之一强，真正讨论字母之本文反在第八章以后。又第四章论汉学，第一章且收录张天师镇诸煞神符与原始人野蛮民族所用巫术符号等列，则此书涉论范围颇广，固不仅以欧西字母为限也。译者改称之为《比较文字学概论》，虽较妥帖，但此书之性质材料体例文笔均与《××学》《××概论》等严肃名称不甚符合，不若改为《古文字的故事》（*The Story of Anceint Writting*③）或较适宜也。

　　此书取材宏博，插图丰富，叙述用故事体裁，通俗简易，在 19 世纪风格之语文论著中，可称饶有趣味者。首章为导言，并论及原始文字与巫术之联系；第二章论字母之起源，按所谓字母即各种文字；第三章论表忆字与表形字，按所谓"表忆字"即辅佐记忆之符号，表形字即图形文字也；第四章论汉文日文韩文；第五章论楔形文；第六章论埃及圣书字；第七章论罗赛塔石；第八章论埃及文与其他文字的关系；第九章论克利特文及其相关文字；第十章论希腊草纸；第十一章论罗尼文与奥干文。惟论及中国语文处，实不免立论荒谬出语荒唐之讥。如能将论汉语之材料重新审择，第三章论中国文字起源，第四章论汉文两部份完全改写，则该书亦可成为文字学方面通俗佳作之一。Clodd 逝世已久，此一番删正修缮之工作，甚望译者留意及之。虽译本第

---

　　① 本文原名为《比较文字学概论》，发表于《图书季刊》1941 年新 3 第 1-2 期"图书介绍"栏目，因为介绍的图书译者为《比较文字学浅识》作者，故我们也整理附录于此。原作者不详，我们现在改为现名，并将文字由繁体改为简体。

　　② 整理者按：原书名为 *The story of the alphabet*。

　　③ 整理者按：应为 *writing*。

七十页，译者因"原作者引第勒之言，错误甚多，乃改用韦尔斯的"，然扬汤止沸，宁济于事？至于译本第卅二页"另一个中国传说云：'最古的形式是五百四十字，由结绳与八卦合成根据各种大小的鸟爪而成，这五百四十字发明者得自沙上印迹（兽爪所留）的提示。'"译者附注云："此说不知原作者从那里得来？典籍遍找无著，错误亦多。如那有八卦与结绳合并之事？那有这么多的五百四十字？八卦至多三百八十四爻。"此段文字原著固失之矣，译者亦未为得也。原著所谓中国传说云云者，乃讹传许慎《说文解字序》："古者庖牺氏之王天下也，仰则观象于天，俯则观法于地，观鸟兽之文与地之宜，近取诸身远取诸物，于是始作八卦以垂宪象。及神农氏结绳为治，而统其事庶业其繁，饰伪萌生，黄帝之史仓颉见鸟兽蹏迒之迹，知分理之可相别异也，初造书契……"之说所致，许氏说文所列五百四十部首，自有清王筠《文字蒙求》以降，迄于近人所编著以说文小篆为宗之文字学书籍，莫不重视，甚且有认此始一终亥之五百四十部首，乃造字时之初文者，亦颇不乏人。辗转讹转，致使 Clodd 有"最古形式是五百四十字"之说。总之，此书乃语言文字学初期研究之作，未能尽美尽善，固非著者之咎，然以文笔质朴，故材料虽多，篇幅虽长犹未能引人入胜。

译本中有笔误两条亟应更正者：一为 Bushmen 译作"布馁人"（见第二十页二行及第四十页九行）按 Sh 对音字用"尸""史"均可，求其滑稽，译作"不是人"亦可。但因我国各地方音歧异，或有不能发 Sh 音，而混读为斯"或希"音者，译者本意想系以"绥"字释 Sh，笔误遂致两处均写作馁（Neei）欤？[1]又第四十五页三行"Future fairy active"译者注云："此系一商业用语，恐是远期活泼之意，但未敢断定，敢断定的是此句省去名词与动词"，按此句甚不可解，又无原著以供校勘，据译本 fairy 乃名词，而译者谓此省去名词，则 fairy 必为 fair 或 fairly 之误。Fair 为名词，意指商业市场，并不作形容词用，此句乃是电报式句法，无论作"Future fair active"或"Future fairly active"均可通。

"因本书缺乏一个总论，译者作了一篇附录《语文学概观》。"然此种文字，颇不容易，虽译者搜辑之功颇勤，然似尚未能单刀直入一语破的，列举条文至廿三页之多，然确有裨益于读者语言文字学方面之知识者则无几，其切实论及语言文字学本身更鲜，殊不如选择语言学名著中论文字之论著或译作附录之为佳也。至若第二百二十页畅论政治学、经济学、教育学、宇宙学、生物学、数学、美学等与语言学之关系，甚至谓化学对语言文字学有"间接辅助"之语，实属牵强。且此书所论重在古文字，译者仅就 paleography 方面补充材料已足，若涉及整个文字学范围便非易事，况自一切

---

[1] 整理者按：现在一般译作布须人。

"科学"说起耶？译者又于 philology 与 linguistics 不能区别划分，终至头绪纷繁，枉费笔墨，宁不可惜？

至于行文离奇，造词怪异，标点错落，又其余事也。而译笔之生涩僵硬，实不能令人卒篇。

（整理者芢丽娟，西南大学汉语言文献研究所、西南大学民族古文字研究中心，909202251@qq.com）

收稿日期：2015-1-14

《纳西东巴文古籍译注全集》时地信息*

白小丽　邓章应

编纂说明：

1. 我们对《纳西东巴古籍译注全集》（以下简称《全集》）所收897册经书建立了相应的地域信息。将地域分成三大块：宝山鸣山大东地区（简称宝鸣大地区）、丽江地区（丽江坝子及周边）、鲁甸地区（丽江西部地区），下边再分小区域，而有些经书我们不能确切知道小地域范围，则标为该类下不详。具体如下：

宝鸣大地区：宝山、鸣音、大东、不详。

丽江地区：坝区、南山、东山、不详。

鲁甸地区：新主村、鲁甸村、塔城、维西、不详。

2. 判断经书地域我们采取了显性标准和隐性标准。显性标准如跋语、哥巴文、印章、文献内容反映出来的地名信息，隐性标准如经书内容、装帧、封面书写行款、语言及用字差异、字符写法（书写风格）等。详见《纳西东巴文分域与断代标准》（人民出版社2013年）、《纳西东巴经跋语及跋语用字研究》（人民出版社2013年）。如能判断出村名等更具体小地名，也标示出来。

3. 对于写经东巴明确者，我们则直接指出东巴名字，有些经书，可以系联为同一人所写，但不知作者，我们暂时代之以字母和数字组合，如A1、B1之类。（A表示宝鸣大地区、B表示丽江地区、C表示鲁甸地区）

4. 东巴经的断代或时代确定所做工作还十分不够，目前仅能依据跋语所载时间信

---

* 本文是国家社科青年项目（编号：12CYY065）"东巴文分域断代与历史层次研究"；教育部哲学社会科学规划项目（编号：11YJA740016）"东巴文谱系整理及历时演变研究"成果。

息对少量经书做了时间段的判断，有些有明确时间记载，有些则只有东巴写经时的年龄。

5.本时地信息最初是白小丽为完成博士论文《纳西东巴文文字单位与语言单位对应关系演变研究》而作的基础工作，后来邓章应在其基础上进行了全面整理，其后高春华、和学璋、苟开青提出了多条修订意见。但肯定仍存在较多错误，敬请同仁指出。

一、1—10卷

（一）第1卷

1.《祭天·远祖回归记》，P3—64，鲁甸地区新主村。

2.《祭天·奠酒》，P65—86，宝鸣大地区大东。

3.《祭天·献饭·点洒灵药》，P87—118，鲁甸地区塔城，构土罗涛，57岁，1939年。

4.《祭天·用牛许愿作来年祭牲》，P119—158，宝鸣大地区宝山，欧嘎宙。

5.《祭天·用鸡许愿作来年祭牲》，P159—192，宝鸣大地区大东，郑兴。

6.《祭天·祭无人祭祀的天》，P193—220，丽江地区不详，中间有三页（P202—204）为宝鸣大地区鸣音乡和即贵补写。

7.《祭祀绝户家的天·献牲献饭》，P221—258，鲁甸地区鲁甸村，和乌尤，33岁，1932年。

8.《祭祖·迎接回归享祭的祖先》，P259—298，鲁甸地区新主村，和开祥，1994年9月21日。

9.《祭祖·献饭》，P299—336，宝鸣大地区宝山，A1。

10.《祭祖·献饭》P337—368，宝鸣大地区宝山，A1。

11、《祭祖·春季祭祖·讲述猛恩鬼的来历》，P369—389，丽江地区不详。

（二）第2卷

12.《迎素神·除秽》，P1—16，宝鸣大地区鸣音，和即贵。

13.《迎素神·竖神石·倒祭粮·点神灯》，P17—48，鲁甸地区鲁甸村，东其，1941年5月18日。

14.《迎素神·烧天香》，P49—107，宝鸣大地区鸣音，和即贵。

15.《迎素神·送里多·敬酒》，P108—140，宝鸣大地区大东。

16.《大祭素神·献牲》，P141—184，鲁甸地区不详，美扭补里山，东高，30岁。

17.《大祭素神·为素神献饭》，P185—238，宝鸣大地区鸣音，和即贵。

18.《大祭素神·点洒神药·抹圣油·拉福分》，P239—270，宝鸣大地区鸣音，和即贵。

19.《大祭素神·与素神拴结》，P271—288，宝鸣大地区鸣音，和即贵。

20.《迎素神·立素神桩·往素神篓内放物·拴流缨》，P289—304，丽江地区南山，恒柯督。

21.《迎素神·办喜事说吉利话》，P305—320，鲁甸地区鲁甸村，和乌尤，封皮为和即贵写。

22.《迎素神·素米故》，P321—379，鲁甸地区鲁甸村，和乌尤，封皮为和即贵写，6月25日。

（三）第3卷

23.《祭村寨神仪式·除秽·除秽的来历》，P1—22，宝鸣大地区鸣音，和即贵。

24.《祭村寨神仪式·烧天香》，P23—66，宝鸣大地区大东，和士诚。

25.《祭村寨神仪式·迎请村寨神》，P67—104，宝鸣大地区大东，和存恩。

26.《祭村寨神仪式·献牲》，P105—172，宝鸣大地区宝山，吾木村，欧嘎宙的大伯，铁年五月初五。

27.《祭村寨神仪式·献饭》P173—188，宝鸣大地区大东，和存恩。

28.《祭村寨神仪式·竖村寨标·用鸡许作来年祭牲之愿》，P189—220，宝鸣大地区大东，和存恩。

29.《祭村寨神仪式·规程》，P221—266，宝鸣大地区鸣音，和即贵。

30.《祭祀谷神仪式·迎谷神》，P267—290，宝鸣大地区鸣音。

31.《祭星仪式·祭星》，P291—336，宝鸣大地区鸣音，和即贵。

32.《祭猎神仪式·献牲·献饭》，P337—360，宝鸣大地区鸣音。

33.《祭猎神仪式·祭猎神》，P361—379，宝鸣大地区大东，和士诚，83岁，1992。

（四）第4卷

34.《祭胜利神仪式·烧天香》，P1—22，宝鸣大地区鸣音，和即贵。

35.《祭胜利神仪式·迎请胜利神·追述先祖》，P23—72，丽江地区南山，恒柯督。

36.《祭胜利神仪式·迎请胜利神·献饭》，P73—138，丽江地区不详，封皮为和即贵写。

37.《祭胜利神仪式·索求福分》，P139—152，宝鸣大地区宝山，吾木村，吾嘎寇，

81 岁。

38.《祭胜利神仪式·在屋顶上祭胜利神》，P153—180，宝鸣大地区不详，疑为宝山或大东。

39.《祭胜利神仪式·在高处祭胜利神》，P181—210，鲁甸地区鲁甸村，和乌尤。

40.《祭畜神仪式·追述远祖回归的故事》，P211—246，宝鸣大地区大东。

41.《祭畜神仪式·献牲》，P247—304，鲁甸地区鲁甸村，和乌尤，28—40 岁间。

42.《祭畜神仪式·献牲》，P305—354，鲁甸地区鲁甸村，东其。

43.《求仁仪式·献牲·仁的出处来历》，P355—388，鲁甸地区鲁甸村，东其。

44.《求仁仪式·献饭·施药及祭祀规矩》，P390—420，鲁甸地区不详，经典来源于朵伍。

45.《祭景崩仪式·祭景神和崩神》，P421—450，宝鸣大地区不详。

（五）第 5 卷

46.《祭署·仪式概说》，P1—92，宝鸣大地区大东，和士诚，79 岁，1988 年。

47.《祭署·设置神坛·撒神粮·卷尾》，P93—120，宝鸣大地区大东，温泉村，郑兴。

48.《祭署·请署歇息·唤醒署》，P121—136，宝鸣大地区大东，温泉村，郑兴。

49.《祭署·迎请尼补劳端神》，P137—156，鲁甸地区鲁甸村，工补都之，来源于东其。

50.《祭署·署的来历》，P157—182，鲁甸地区不详。

51.《祭署·请署》，P183—208，宝鸣大地区大东，温泉村，郑兴。

52.《祭署·请署酋降临》，P209—260，鲁甸地区新主村，和世俊。

53.《祭署·点燃神火灯》，P261—280，宝鸣大地区不详。

54.《祭署·送刹道面偶》，P281—294，丽江地区不详，莫若注。

55.《祭署·烧天香（上、下）》，P295—304，鲁甸地区不详。

（六）第 6 卷

56.《祭署·开坛经》，P1—48，宝鸣大地区大东，温泉村，东知之孙，57 岁。

57.《祭署·卢神的起源》，P49—86，宝鸣大地区大东，和士诚，83 岁，1992 年。

58.《祭署·送署酋守门者》，P87—118，鲁甸地区鲁甸村，东其。

59.《祭署·迎接佐玛祖先上卷、中卷》，P119—152，鲁甸地区鲁甸村[①]，拖支，

---

① 拖支现属维西县，但邻近鲁甸村，我们将其归属在鲁甸地区鲁甸村。

东里。

60.《祭署·迎接佐玛祖先尾卷》，P153—180，鲁甸地区新主村，和文质。

61.《祭署·求雨上卷》，P181—222，丽江地区坝区，多尤青。

62.《祭署·用白山羊白绵羊白鸡尝还欠署的债》，P223—240，丽江地区不详。

63.《祭署·都沙敖吐的故事》，P241—274，丽江地区南山，恒柯督。

64.《祭署·普蚩乌路的故事》，P275—300，丽江地区坝区，大研镇，东发。

65.《祭署·神鹏与署争斗的的故事》，P301—332，丽江地区不详。

66.《祭署·把署猛鬼分开》，P333—355，宝鸣大地区不详，东注。

（七）第7卷

67.《祭署·俺双金套姆和董若阿夸争斗的故事》，P1—24，丽江地区不详。

68.《祭署·蚩堆三子的故事》，P25—46，鲁甸地区鲁甸村，东其。

69.《祭署·梅生都迪与古鲁古久的故事》，P47—66，丽江地区不详。

70.《祭署·妥构古汝和美利董主的故事》，P67—98，鲁甸地区不详。

71.《祭署·祭署的六个故事》，P99—144，丽江地区不详。

72.《祭署·鸡的来历》，P145—176，丽江地区不详。

73.《祭署·沈爪构姆与署争斗的故事》，P177—198，丽江地区不详。

74.《祭署·崇忍利恩的故事》，P199—216，宝鸣大地区宝山，窝姆知此村，与26《祭村寨神仪式·献牲》为一人所写。

75.《祭署·纽莎套姆和纽莎三兄弟到人类家中》，P217—236，鲁甸地区新主村，和文质。

76.《高祭署·高勒趣招父魂·请署·崇忍潘迪的故事》，P237—286，宝鸣大地区宝地区大东，与45第4卷《祭景崩仪式》为一人所写。

（八）第8卷

77.《祭署·崇忍利恩·红眼仄若的故事》，P1—24，鲁甸地区鲁甸村，东其。

78.《祭署·美利恒孜与桑汝尼麻的故事》，P25—50，丽江地区不详。

79.《祭署·杀猛鬼、恩鬼的故事》，P51—66，鲁甸地区新主村，和文质抄肖松肖端的经书。

80.《祭署·送傻署》，P67—94，鲁甸地区不详。

81.《祭署·东巴什罗开署寨之门·让署给主人家赐予福泽·保福保佑》，P95—116，丽江地区不详，羊年。

82.《祭署·建署塔》，P117—144，丽江地区不详。

83.《祭署·白"梭刷"的来历·药的来历》，P145—170，丽江地区不详，鼠年。

84.《祭署·拉朗拉镇的故事》，P171—192，鲁甸地区新主村，和世俊。

85.《祭署·给署供品·给署献活鸡·放五彩鸡》，P173—236，鲁甸地区新主村，和文质抄和世俊的经书。

86.《祭署·迎接四尊久补神·开署门》，P237—246，鲁甸地区新主村，和文质抄肖松肖端的经书。

（九）第9卷

87.《祭署·给署许愿·给署施药·偿署债》，P1—43，鲁甸地区鲁甸村，和乌尤，28—40岁间。

88.《祭署·招魂经》，P44—70，鲁甸地区鲁甸村，东其。

89.《祭署·不争斗·又和好》，P71—86，丽江地区不详。

90.《祭署·求福泽与子嗣》，P87—112，丽江地区不详。

91.《祭署·给署献活鸡·开署门》，P113—146，鲁甸地区新主村，和文质抄肖松肖端经书。

92.《祭署·木牌的出处与崇忍潘迪找药的故事》，P147—178，鲁甸地区鲁甸村，东其。

93.《祭署·给仄许愿·给娆许愿》，P179—216，鲁甸地区鲁甸村，和乌尤，28—40岁间。

94.《祭署·立标志树·诵开坛经》，P217—264，宝鸣大地区大东，东知之孙，龙年，64岁。

95.《祭署·送神》，P265—280，鲁甸地区新主村，中村，多使。

96.《除秽和祭署仪式规程》，P281—291，宝鸣大地区大东。

（十）第10卷

97.《延寿仪式·迎请许冉五方大神、东巴、刹道》，P1—18，鲁甸地区新主村，和世俊。

98.《延寿仪式·迎净水》，P19—48，鲁甸地区新主村，和世俊。

99.《延寿仪式·迎请拉姆女神·中卷》，P49—78，丽江地区南山，太安乡。

100.《延寿仪式·压冷凑鬼·迎请祖先》，P79—120，丽江地区南山，太安乡。

101.《延寿仪式·请三代祖先战神·末卷》，P121—150，丽江地区南山，太安乡。

102.《延寿仪式·搭白帐篷·设神坛·请神并供养神》，P151—234，鲁甸地区新主村，和世俊。

103.《延寿仪式·设神坛·神箭的来历》，P235—268，丽江地区南山，太安乡。

二、11—20 卷

（十一）第 11 卷

104.《延寿仪式·请神降临首卷中卷》，P1—18，鲁甸地区新主村，和世俊。

105.《神为穷家招富强》，P19—46，丽江地区东山金山，桑勒。

106.《延寿仪式·迎请三百六十尊战神·压所有的鬼》，P47—86，丽江地区南山。

107.《延寿仪式·杀绵羊牺牲·诵白水黑水经咒》，P87—94，鲁甸地区新主村，和世俊。

108.《延寿仪式·献牲·献圣灵药·求福泽》，P95—128，鲁甸地区新主村，和世俊，52 岁，1911 年。

109.《延寿仪式·看拴白羊的绳以占卜》，P129—150，鲁甸地区新主村，和世俊。

110.《延寿仪式·绵羊牺牲的来历·解绵羊之梦》，P151—178，鲁甸地区新主村，和世俊。

111.《延寿仪式·有绵羊作拉朗纳昌占卜》，P179—214，丽江地区坝区，东仔纯，48 岁。

112.《延寿仪式·用威风的白绵羊占卜·愿一切吉祥·迎请优麻战神》，P215—238，鲁甸地区新主村，和世俊。

（十二）第 12 卷

113.《延寿仪式·大祭署·建署的白塔》，P1—42，鲁甸地区新主村，和文质，27 岁，1933 年。

114.《延寿仪式·寻找散失的战神·迎请优麻神摧毁九个仇寨》，P43—116，鲁甸地区新主村，和世俊。

115.《延寿仪式·供养优麻战神》，P117—170，鲁甸地区新主村，和世俊。

116.《延寿仪式·九颗华神石的出处来历》，P171—214，丽江地区坝区，白沙，B2。

117.《延寿仪式·华神的出处来历》，P215—258，鲁甸地区新主村，和世俊。

118.《延寿仪式·崇忍利恩的故事·向华神献牲》，P259—290，丽江地区南山，太安乡高迪垛，天宝。

（十三）第 13 卷

119.《向战神献饭·供养战神》，P1—24，鲁甸地区不详。

120.《延寿仪式·向祖先战神献饭·供养祖先战神》，P25—54，鲁甸地区新主村，和世俊。

121.《延寿仪式·迎请依端拉姆女神（中卷）》，P55—88，鲁甸地区新主村，和世俊。

122.《烧白色梭刷火把除秽·请十三位依端拉姆女神·女神念咒洗秽》，P89—108，鲁甸地区新主村，和世俊。

123.《延寿仪式·居那若罗神山与含依巴达神树的出处来历》，P109—144，鲁甸地区新主村，和世俊。

124.《延寿仪式·砍翠柏天梯的梯级》，P145—166，鲁甸地区新主村，和世俊。

125.《延寿仪式·请景补天神开天门·迎请神》，P167—198，鲁甸地区新主村，和世俊。

126.《延寿仪式·东巴弟子求威灵（上卷）》，P199—230，鲁甸地区新主村，和世俊。

127.《延寿仪式·东巴弟子寻求本领（中卷）》，P231—274，鲁甸地区新主村，和世俊。

128.《延寿仪式·东巴弟子寻求本领（末卷）》，P275—293，鲁甸地区新主村，和世俊。

（十四）第 14 卷

129.《延寿仪式·架银桥和金桥·开松石路和墨玉路》，P1—36，鲁甸地区新主村，和世俊。

130.《延寿仪式·迎请华神及诸神·挂龙幡·竖"督"树》，P37—68，鲁甸地区新主村，和世俊。

131.《延寿仪式·迎请华神·迎请巩劳构补神》，P69—112，鲁甸地区新主村，和文质。

132.《延寿仪式·嘎神神山的出处·请素神、嘎神、俄神·招子嗣福泽及富强》，P113—172，丽江地区不详。

133.《延寿仪式·招生儿育女的素神·请玖补神锁仓门》，P173—208，鲁甸地区鲁甸村，和云章。

134.《延寿仪式·向诸神的威灵献饭》，P209—250，丽江地区南山，太安乡。

135.《延寿仪式·求富强之威灵·招富强》，P251—276，鲁甸地区新主村，和世俊。

136.《延寿仪式·建翠柏纳召及白塔》，P277—308，鲁甸地区新主村，和世俊。

137.《延寿仪式·圣灵药的出处·向三进六十尊战神献药》，P309—334，丽江地区南山，太安乡。

138.《延寿仪式·供养神·用翠柏天梯接寿岁（下卷）》，P335—356，鲁甸地区新主村，和世俊。

（十五）第 15 卷

139.《延寿仪式·送祖先战神到上方》，P1—38，丽江地区南山，太安乡。

140.《延寿仪式·甘露圣灵药的来历·迎圣灵药》，P39—66，鲁甸地区新主村，和世俊。

141.《延寿仪式·送龙》，P67—94，鲁甸地区新主村，和世俊。

142.《延寿仪式·请本丹战神·送神》，P95—112，丽江地区南山，太安乡，东余，1939 年。

143.《延寿仪式·把美汝柯兴柯罗降下的臭鬼和支鬼抵上去》，P113—134，鲁甸地区新主村，和世俊。

144.《延寿仪式·求寿求岁·求华神石华神水》，P135—170，丽江地区不详。

145.《延寿仪式·接寿岁·供养神并送神》，P171—220，鲁甸地区新主村，和世俊。

146.《延寿仪式·求大神威》，P221—292，丽江地区不详，1922 年。

147.《延寿仪式·仪式规程·是卢神所说的》，P293—307，鲁甸地区新主村，和世俊。

（十六）第 16 卷

148.《小祭风》，P1—28，丽江地区不详。

149.《祭风·开坛经》，P29—50，丽江地区不详。

150.《祭风·毒鬼仄鬼的出处和来历·偿还鬼债》，P51—80，丽江地区坝区，大研镇，东阿。

151.《祭云鬼和风鬼·送牲·偿还鬼债》，P81—112，丽江地区不详。

152.《祭风·为祭木取名》，P113—134，丽江地区不详，和旭。

153.《小祭风·娆鬼的来历·祭祀和吾神》，P135—176，丽江地区不详。

154.《祈求福泽·祭风招魂·鬼的来历·首卷》，P177—204，鲁甸地区新主村，和文质，32 岁，1938 年。

155.《祈求福泽·祭风招魂·鬼的来历·卷末》，P205—249，鲁甸地区新主村，和文质。

（十七）第 17 卷

156.《祭风·白色娆鬼、毒鬼、仄鬼出世》，P1—40，丽江地区不详，1887 年。

157.《祭毒鬼、仄鬼·呆鬼的出世·驮秃角黑鹿》，P41—68，宝鸣大地区大东，郑兴。

158.《祭毒鬼、仄鬼、云鬼、风鬼·超度吊死者、殉情者·送冥马》，P69—120，宝鸣大地区大东，封面、122—127 为郑兴所写，71—121 为一个东巴所写。

159.《小祭风·安置壬鬼·卷首·卷中·卷末》，P129—172，宝鸣大地区大东。

160.《祭风·分出壬鬼·卷首》，P173—232，宝鸣大地区大东，郑兴。

161.《小祭风·割楚鬼绳索·分出壬鬼》，P233—282，宝鸣大地区大东，温泉村，A2。

162.《小祭风·施食》，P283—322，鲁甸地区新主村，杨向芝，44 岁。

（十八）第 18 卷

163.《祭风·给鬼开门·木牌的产生》，P1—30，丽江地区坝区，大研镇，英蚩。

164.《祭风·求助于十八个乌普初吉，镇压千千万万楚鬼尤鬼》，P31—50，宝鸣大地区大东，温泉村，A2。

165.《祭风·迎请刹依威德战神镇压鬼》，P51—78，丽江地区坝区，大研镇，和凤书。

166.《祭风·迎请卡冉纽究神·众神降临》，P79—104，宝鸣大地区不详。

167.《祭云鬼、风鬼、毒鬼、仄鬼·加神威灵》，P105—142，宝鸣大地区大东，温泉村。

168.《祭景神、崩神和中间柏神》，P143—170，宝鸣大地区鸣音。

169.《祭毒鬼、仄鬼、云鬼、风鬼·交鬼食》，P171—196，宝鸣大地区大东，东知之孙，69 岁。

170.《祈求福泽·祭呆鬼和仄鬼》，P197—242，鲁甸地区新主村，和文质。

（十九）第 19 卷

171.《祭风·超度董族吊死者·卷首》，P1—36，宝鸣大地区鸣音，和即贵。

172.《祭风·超度董族吊死者·卷末》，P37—66，丽江地区坝区，大研镇，和凤书。

173.《杀猛鬼恩鬼》，P67—104，丽江地区不详。

174.《迎请优麻战神·优麻的出处来历》，P105—134，宝鸣大地区不详，宝山或大东。

175.《祭风·除鬼》，P135—188，宝鸣大地区宝山，乌孜嘎，1931 年 7 月。

176.《小祭风·除九种灾祸》，P189—228，宝鸣大地区不详。

177.《顶灾经·祭端鬼和痓鬼》，P229—268，丽江地区南山，太安乡，纽督。

178.《高勒趣招魂·除丹鬼》，P269—287，宝鸣大地区大东，和存恩，牛年。

（二十）第 20 卷

179.《祭祀毒鬼仄鬼·点呆鬼名》，P1—22，宝鸣大地区鸣音，东卢。

180.《小祭风·请呆鬼·偿还呆鬼债》，P23—52，丽江地区不详，达萨坞萨地。

181.《祭毒鬼·仄鬼·分割村寨和山岭》，P53—74，宝鸣大地区鸣音，东卢。

182.《祭神·祭风神娘娘》，P75—90，丽江地区不详。

183.《小祭风·施吃食份额》，P91—128，宝鸣大地区不详，45 岁。

184.《祭云鬼和风鬼·给星鬼娆鬼毒鬼仄鬼施食》，P129—166，宝鸣非地区大东，郑兴。

185.《祭毒鬼·仄鬼·送木牌和鸡用山羊给各代的鬼交食份抛面偶》，P167—208，宝鸣大地区大东，郑兴。

186.《送木牌和鸡交给仄鬼吃喝的份额》，P209—251，宝鸣大地区鸣音。

三、21—30 卷

（二十一）第 21 卷

187.《抛卡吕面偶》，P1—18，丽江地区南山，太安乡，东卢，1933 年。

188.《祭风·招回凶死者的魂魄》，P19—38，丽江地区坝区，中村（龙蟠忠义村），①和林。

189.《祭风·将署和龙送回住地》，P39—62，宝鸣大地区不详，铁年。

190.《顶灾经》，P63—118，鲁甸地区鲁甸村，和乌尤。

191.《祭云鬼和风鬼·结尾经》，P119—148，鲁甸地区鲁甸村，和乌尤，47 岁，

---

① 中村为龙蟠忠义村，和林为和华亭，由和学璋指出。

1946 年。

192.《祭风·说难道易》，P147—196，宝鸣大地区不详，疑似宝山。

193.《小祭风·木牌画稿·祭祀规程》，P197—224，鲁甸地区鲁甸村，伍恩。

194.《祭风·木牌画稿·仪式规程》，P225—248，宝鸣大地区不详。

195.《祭云鬼风鬼毒鬼仄鬼·木牌画稿·祭祀规程》，P249—262，宝鸣大地区大东，郑兴。

（二十二）第 22 卷

196.《禳垛鬼大仪式·禳垛鬼祭仪概述经》，P1—190，宝鸣大地区大东，和士诚，79 岁，1988 年。

197.《禳垛鬼大仪式·设神座献祭粮经》，P191—216，宝鸣大地区大东，和士诚。

198.《禳垛鬼大仪式·给卢神沈神除秽经》，P217—266，鲁甸地区不详。

199.《禳垛鬼大仪式·请求神灵帮助经》，P267—316，宝鸣大地区鸣音，东卢。

200.《禳垛鬼大仪式·烧天香》，P317—369，宝鸣大地区宝山，吾母村。

（二十三）第 23 卷

201.《禳垛鬼大仪式·垛鬼铎鬼来历经》，P1—42，丽江地区坝区，大研镇，东发，70 岁。

202.《禳垛鬼大仪式·举行祭仪陈述因由经》，P43—106，宝鸣大地区不详，大东或宝山。

203.《禳垛鬼大仪式·请卢神沈神起身经和求神赐威力附体经》，P107—164，宝鸣大地区宝山。

204.《禳垛鬼大仪式·点油灯作供养经》，P165—206，宝鸣大地区大东，东知之孙，68 岁。

205.《禳垛鬼大仪式·迎请九个妥格大神》，P207—231，丽江地区南山，恒柯督。

（二十四）第 24 卷

206.《禳垛鬼大仪式·驱鬼经上册》，P1—54，丽江地区坝区，大研镇，东发。

207.《禳垛鬼大仪式·驱鬼经中册、下册》，P55—106，丽江地区坝区，大研镇，东发，土龙年。

208.《禳垛鬼大仪式·驱丹鬼经》，P107—128，宝鸣大地区大东。

209.《禳垛鬼仪式·人类起源和迁徙的来历》，P129—196，宝鸣大地区大东，和士诚，83 岁，1992 年。

210.《禳垛鬼仪式·白蝙蝠求取祭祀占卜经》，P197—260，鲁甸地区鲁甸村，和乌尤，29岁，1928年。

（二十五）第25卷

211.《禳垛鬼仪式·给优麻神烧天香作供养经》，P1—50，丽江地区坝区，中村（龙蟠忠义村），和林。

212.《禳垛鬼大仪式·用十二种牲畜祭祀的来历》，P51—116，鲁甸地区鲁甸村，欧什格钮坞，东腾灿。

213.《禳垛鬼仪式·寻找洗手除秽水经》，P117—128，宝鸣大地区大东，和士诚。

214.《禳垛鬼仪式·给鬼施放和递交牺牲经》，P129—156，丽江地区东山，龙山乡，东吐，22岁，1911年。

215.《禳垛鬼仪式·董术战争》，P157—234，宝鸣大地区宝山，绵羊年八月。按：第224—233页应为另一人写。

（二十六）第26卷

216.《禳垛鬼大仪式·哈桑战争》，P1—58，宝鸣大地区大东，东嘎，土龙年八月初四。

217.《禳垛鬼仪式·施放余劳丁端的替身》，P59—80，丽江地区坝区，初柯督，40岁。

218.《禳垛鬼仪式·端和铀争斗、施放沈爪构姆的替身》，P81—104，鲁甸地区不详。

219.《禳垛鬼仪式·端和铀争斗、施放董若依古庚空的替身》，P105—136，丽江地区坝区，大研镇，东发，70岁。

220.《禳垛鬼仪式·寿首阿姆神与牟寿牟姆鬼、崇忍利恩与丹美久保的故事》，P137—164，丽江地区坝区，白沙，B2。

221.《禳垛鬼仪式·九个天神和七个地神的故事》，P165—196，鲁甸地区不详。

222.《禳垛鬼仪式·施放岛周欧吾的替身》，P197—212，鲁甸地区新主村，和文质。

223.《禳垛鬼仪式·崇忍利恩与愣启斯普的故事》，P213—244，丽江地区不详。

224.《禳滚垛鬼仪式·哈拉古补与桑衬化姆的故事》，P245—270，丽江地区不详。

225.《禳垛鬼仪式·高勒趣、哈若尼恩、哈拉古补施放替身经》，P271—313，丽江地区坝区，初柯督。

（二十七）第 27 卷

226.《禳垛鬼仪式·禳祭祀主人本命所在的巴格方位里的鬼》，P1—32，丽江地区不详。

227.《禳垛鬼仪式·镇压属相相克的灾祸鬼》，P33—86，宝鸣大地区鸣音，构若。

228.《禳垛鬼仪式·施放作为替身的九个普梭木偶和绵羊、猪、鸡》，P87-132，鲁甸地区新主村，和世俊。

229.《禳垛鬼仪式·施放作替身的七个蒙梭木偶》，P133—170，鲁甸地区新主村，和世俊。

230.《禳垛鬼仪式·用小松树作为替身的来历经》，P171—190，宝鸣大地区大东，和士诚。

231.《禳垛鬼仪式·叙述灾祸的出处来历经上册》，P191—234，丽江地区不详。

232.《禳垛鬼仪式·排除疾病凶灾、解除鬼怪缠绳、分开人与鬼》，P235—260，宝鸣大地区大东，和士诚。

233.《禳垛鬼仪式·烧嘎巴火把驱鬼经》，P261—288，鲁甸地区新主村，疑是和世俊或和文质。

234.《禳垛鬼仪式·十八个琪神的来历经》，P289—302，鲁甸地区新主村，疑是和世俊或和文质。

（二十八）第 28 卷

235.《禳垛鬼仪式·迎请刹依威德神》，P1—28，丽江地区坝区，白沙，B2。

236.《禳垛鬼仪式·用牛作替身，偿还若罗山东面的鬼债》，P29—66，丽江地区不详，1911 年 5 月 25 日。

237.《禳垛鬼大仪式·用牛作替身，偿还若罗山南面的鬼债》，P67—120，丽江地区不详，B4。

238.《禳垛鬼大仪式·用牛作替身，偿还若罗山西面的鬼债》，P121—166，丽江地区不详，B4。

239.《禳垛鬼大仪式·若罗山北面属水的革洛人哈布赤补的故事》，P167—210，宝鸣大地区宝山，恩露埔。

240.《禳垛鬼仪式·迎请端格神和优麻神，捣毁术鬼寨和摧毁术鬼地，给嘎劳神洗秽》，P211—280，宝鸣大地区宝山，恩露埔。

241.《禳垛鬼大仪式·向东巴什罗寻求镇鬼的本领》，P281—326，宝鸣大地区鸣音，东卢。

242.《禳垛鬼仪式·分清神鬼与杀牲施鬼经》，P327—354，宝鸣大地区大东，和士诚。

243.《禳垛鬼仪式·铠甲的出处来历》，P355—379，宝鸣大地区大东，和士诚。

（二十九）第 29 卷

244.《禳垛鬼仪式·施放展巴四兄弟的替身》，P1—22，丽江地区坝区，初柯督。

245.《禳垛鬼仪式·崩俄崇忍的故事》，P23—50，宝鸣大地区大东和士诚，83 岁，1992 年。

246.《禳垛鬼仪式·施放用柳人做的崇忍潘迪的替身》，P51—72，鲁甸地区不详。

247.《禳垛鬼仪式·大施鬼食经》，P73—102，宝鸣大地区大东。

248.《禳垛鬼大仪式·都沙敖吐扔出施给纽格敦乌的皮口袋和扔多玛面偶》，P103—186，宝鸣大地区宝山。

249.《禳垛鬼仪式·捕仇敌魂埋仇敌魂》，P187—208，宝鸣大地区大东，和士诚。

250.《禳垛鬼仪式·用柳枝男偶像作替身关死门经》，P209—240，丽江地区坝区，大研镇，东康，木牛年 8 月 29 日，属虎的一天。

251.《禳垛鬼大仪式·打开史支金补鬼的柜子招魂经》，P241—312，宝鸣大地区大东，构涛。

252.《禳垛鬼仪式·考补余登吐口水，偿还垛苏抠古麻的债》，P313—337，丽江地区不详。

（三十）第 30 卷

253.《禳垛鬼仪式·驱送铎鬼经》，P1—20，丽江地区不详。

254.《禳垛魁仪式·祭莎劳古补，解生死结》，P21—82，丽江地区不详。

255.《禳垛魁仪式·驱赶梭那柯恭鬼》，P83—108，宝鸣大地区不详。

256.《禳垛鬼仪式·驱送垛鬼铎鬼，禳垛鬼仪式结尾经》，P109—150，丽江地区坝区，大研镇，和御琴？。

257.《禳垛鬼大仪式·招魂经》，P151—203，丽江地区坝区，大研镇，和凤书。

四、31—40 卷

（三十一）第 31 卷

258.《禳垛鬼大仪式·乌格神与乌麻鬼争斗，送乌格大神经》，P1—48，丽江地区不详。

259.《禳垛鬼仪式·送大神经》，P49—88，宝鸣大地区大东，东知之孙，68 岁。

260.《禳垛鬼仪式·小祭素神经》，P89—116，宝鸣大地区大东和士诚，84 岁，1993 年。

261.《禳垛鬼仪式·安垛鬼和唤醒垛鬼经》，P117—152，鲁甸地区不详。

262.《河谷地区祭鬼仪式·开天辟地的经书》，P153—234，宝鸣大地区宝山，东涛。

（三十二）第 32 卷

263.《禳垛鬼仪式·董神与术鬼的故事，扔嘎巴火把》，P1—22，宝鸣大地区不详。

264.《禳垛鬼仪式·董若阿路与术主的女儿牟道庚饶拿姆的故事》，P23—54，宝鸣大地区不详。

265.《禳垛鬼仪式·施放卢神沈神的替身》，P55—72，丽江地区不详。

266.《禳垛鬼仪式·把枕头作为替身扔出去的经书》，P73—110，丽江地区不详。

267.《禳垛鬼仪式·解结绳·丢弃面偶》，P111—126，丽江地区不详。

268.《禳垛鬼仪式·送走余补劳舍》，P127—152，丽江地区不详。

269.《禳垛鬼仪式·给垛鬼还债·让驮灾母马丢弃灾难》，P153—178，鲁甸地区新主村，和世俊。

270.《禳垛鬼仪式·给木偶衣服·上卷下卷·关死门》，P179—202，丽江地区南山，恒柯督。

271.《禳垛鬼仪式·请猴子·接狐狸》，P203—210，丽江地区坝区，五台村。

272.《禳垛鬼仪式·招祖先之魂·招活人的灵魂》，P211—235，鲁甸地区新主村，和世俊。①

（三十三）第 33 卷

273.《禳垛鬼仪式·慰抚猴子狐狸·放替身》，P1—48，鲁甸地区新主村，和文质。

274.《禳垛鬼仪式·慰抚猴子狐狸·给饭·送猴子狐狸》，P49—104，鲁甸地区新主村，和世俊。

275.《禳垛鬼仪式·慰抚猴子狐狸·关死门》，P105—118，丽江地区不详。

276.《禳垛鬼仪式·地面开裂、关地缝古籍·上卷》，P119—148，鲁甸地区新主村，

---

① 原来我们判断为鲁甸地区不详，和学璋同学根据送魂路线进一步判定为鲁甸地区新主村，从经书送魂路线地名看，跟和世俊的经书的站点基本吻合，所以应该也是师徒传承人中的一个写的。

和文质。

277.《禳垛鬼仪式•堵塞地缝•后卷》，P149—170，鲁甸地区新主村，和文质，24岁，1930年，阳铁马年农历二月初七日属兔的那天。

278.《禳垛鬼仪式•送走醋西吉命》，P171—206，丽江地区坝区，大研镇，和凤书。

279.《禳垛鬼仪式•用猪作替生•丢弃鳌鱼鬼》，P207—240，丽江地区坝区，东芳，鸡年九月七日。

280.《禳垛鬼仪式•枚生督迪、美梅古迪打猎，丢弃灾袋》，P241—260，鲁甸地区不详。

281.《禳垛鬼仪式•迎接莫毕精如神、优麻神》，P261—351，宝鸣大地区不详。

（三十四）第 34 卷

282.《禳垛鬼仪式•召唤呆鬼》，P1—16，丽江地区不详。

283.《禳垛鬼仪式•请格空神》，P17—46，丽江地区坝区，五台村。

284.《禳垛鬼仪式•丢弃格空面偶》，P47—70，丽江地区不详。

285.《禳垛鬼仪式•请本丹神•送走灾难》，P71—90，丽江地区不详，1877 年 3月 11 日。

286.《丽江县大东乡禳垛鬼大仪式规程》，P91—182，宝鸣大地区大东，和士诚，78 岁，1987 年。

287.《丽江县金山乡贵峰村禳垛鬼大仪式规程》，P183—198，丽江地区东山，金山乡。

288.《丽江县鲁甸乡禳垛鬼小仪式规程》，P199—213，鲁甸地区不详。

（三十五）第 35 卷

289.《退送是非灾祸•开坛经•为卢神沈神除秽》，P1—40，宝鸣大地区鸣音，和即贵。

290.《退送是非灾祸•请神降临•卢神起驾》，P41—72，鲁甸地区不详。

291.《退送是非灾祸•为卢沈二神洗秽•砍杀仇鬼》，P73—158，丽江地区坝区。

292.《退送是非灾祸•祭送口舌是非鬼》，P159—184，鲁甸地区鲁甸村，和乌尤抄写东鲁的经书。

293.《退送是非灾祸•献猪鸡牺牲》，P185—200，丽江地区不详。

294.《退送是非灾祸•献牲经》，P201—232，鲁甸地区鲁甸村，和云章。

295.《退送是非灾祸·灾祸的产生与传播·景鬼与瓦鬼的出处及祭送》，P233—264，鲁甸地区新主村，疑是和世俊或和文质。

296.《退送是非灾祸·端鬼的来历·上卷》，P265—288，宝鸣大地区大东，郑兴。

297.《退送是非灾祸·求福泽》，P289—326，宝鸣大地区不详。

298.《退送是非灾祸·创世纪》，P327—402，丽江地区不详，B3。

（三十六）第 36 卷

299.《退送是非灾祸·当尤争斗》，P1—24，丽江地区不详，B3。

300.《退送是非灾祸·盘神禅神与毒鬼仄鬼的斗争》，P25—64，丽江地区不详，B3。

301.《退送是非灾祸·董争术斗》，P65—96，鲁甸地区鲁甸村，和乌尤，28—40岁间。

302.《退送是非灾祸·哈族与斯族的故事》，P97—132，丽江地区不详，B3。

303.《退送是非灾祸·崇忍利恩与衬恒褒白传略》，P133—162，丽江地区不详，B3。

304.《退送是非灾祸·揉巴四兄弟事略》，P163—186，丽江地区南山，恒柯督。

305.《退送是非灾祸·都沙敖吐传》，P187—238，宝鸣大地区不详。

306.《退送是非灾祸·崇忍利恩与楞启斯普的故事》，P239—256，丽江地区不详。

307.《退送是非灾祸·镇压毒药与祸端·请日月·引水》，P257—307，宝鸣大地区不详。

308.《退送是非灾祸·抛放雄罗面偶》，P309—331，丽江地区不详。

（三十七）第 37 卷

309.《退送是非灾祸·捉拿仇鬼·煮杀瓦鬼》，P1—34，丽江地区坝区，大研镇，东发。

310.《退送是非灾祸·把毒水抛向仇人·请优麻战神镇压瓦鬼》，P35—72，鲁甸地区鲁甸村，东其。

311.《退送是非灾祸·求水经》，P73—110，丽江地区不详。

312.《退送是非灾祸·启神的出处来历·抛送考吕面偶》，P111—138，鲁甸地区鲁甸村，和乌尤，28—40 岁间。

313.《退送是非灾祸·抛送灾祸经》，P139—158，丽江地区不详。

314.《退送是非灾祸·分清黑石与白石》，P159—232，丽江地区不详，B3。

315.《退送是非灾祸·祈求福泽经》，P233—268，宝鸣大地区不详。

316.《退送是非灾祸·祭祀仇鬼·镇压仇魂》，P269—300，丽江地区南山，恒柯督。

317.《退送是非灾祸·捉拿仇鬼·煮杀灾祸鬼》，P301—332，丽江地区坝区，大研镇，东发。

318.《退送是非灾祸·煮杀是非灾祸》，P333—384，丽江地区不详，B3。

（三十八）第 38 卷

319.《退送是非灾祸·十八个威毕仲金启当的来历》，P1—18，宝鸣大地区鸣音，和即贵。

320.《退送是非灾祸·麻登大神赶鬼》，P19—44，丽江地区坝区，五台牡少坞，东开。

321.《退送是非灾祸·为优麻战神烧天香·消灭千千万万的鬼怪》，P45—62，宝鸣大地区大东，东知之孙，49 岁。

322.《退送是非灾祸·迎请什罗大祭司》，P63—124，宝鸣大地区不详。

323.《退送是非灾祸·迎请莫毕精如大神》，P125—238，丽江地区不详。

324.《退送是非灾祸·白刃利刀镇压扣古鬼》，P239—250，丽江地区不详。

325.《退送是非灾祸·驱鬼经卷首》，P251—294，鲁甸地区鲁甸村，和乌尤，30岁，1929 年。

326.《退送是非灾祸·赶鬼（上卷）》，P295—336，丽江地区不详，马年十月。

327.《退送是非灾祸·驱除垛鬼铎鬼等九方仇鬼》，P337—414，宝鸣大地区不详。

328.《退送中非灾祸·送神经》，P415—434，丽江地区不详。

329.《退送足非灾祸·辞送是非灾祸鬼》，P435—486，丽江地区不详，B3。

（三十九）第 39 卷

330.《除秽·烧天香》，P1—38，丽江地区坝区，大研镇，东发。

331.《除秽·撒神粮·点燃神灯》，P39—54，丽江地区不详。

332.《除秽·迎请卢神》，P55—86，丽江地区坝区，白沙，B1。①

333.《除秽·请神降威灵经》，P87—112，鲁甸地区新主村，和文质抄肖松肖端经书。

334.《除秽·秽的来历》，P113—138，鲁甸地区新主村，和文质抄肖松肖端经书。

---

① 此条原判定为和御琴，后根据高春华《〈全集〉中白沙乡经书的判定及系联》（2015 出土文献研究与比较文字学全国博士生论坛论文）修订。

335. 《除秽·除秽的来历》，P139—154，鲁甸地区不详。

336. 《除秽·古事记》，P155—227，宝鸣大地区不详。

（四十）第 40 卷

337. 《除秽·白蝙蝠取经记》，P1—38，鲁甸地区新主村，和文质，26 岁，1932 年。

338. 《除秽·系宝物的利箭的来历》，P39—64，丽江地区不详。

339. 《除秽·用黑梭刷火把除秽·上卷》，P65—124，鲁甸地区不详。

340. 《除秽·用黑梭刷火把除秽·下卷》，P125—174，鲁甸地区不详。

341. 《除秽·咒白水黑水》，P175—212，丽江地区不详。

342. 《除秽·分开秽门和神门》，P213—252，宝鸣大地区大东。

五、41—50 卷

（四十一）第 41 卷

343. 《除秽·董术争战》，P1—36，丽江地区不详。

344. 《除秽·天女纳卡依端的故事》，P37—60，宝鸣大地区不详。

345. 《除秽·刹道斯汝的故事·为署引路·为署架桥》，P61—96，宝鸣大地区大东，郑兴。

346. 《除秽·为崇忍利恩除秽》，P97—120，鲁甸地区不详。

347. 《除秽·恩恒尼汝、高勒高趣的故事》，P121—142，丽江地区南山，恒柯督。

348. 《除秽·高勒趣和金命金兹的故事·精恒吉鲁的故事》，P143—170，鲁甸地区新主村，和瑞发。

349. 《除秽·枚生督迪的故事》，P171—200，丽江地区不详。

350. 《绕雪山九转除秽·崇仁居古都的故事》，P201—222，丽江地区坝区，和御琴？

351. 《除秽·为天女那生普麻除秽》，P223—248，鲁甸地区新主村，和瑞发，1926 年 3 月 29 日，火虎年。

352. 《为东巴什罗除秽》，P249—266，丽江地区南山，恒柯督，1849 年。

（四十二）第 42 卷

353. 《除秽·尤拉丁端、套拉金姆的故事·美利董主、茨爪金姆的故事》，P1—36，丽江地区坝区，大研镇，东发。

354.《除秽·崇忍利恩、衬恒褒白、岛宙超饶、沙劳萨趣的故事》，P37—72，宝鸣大地区不详。

355.《除秽·斯巴金补的故事》，P73—86，鲁甸地区鲁甸村，和乌尤，28—40 岁间。

356.《除秽·都沙敖突的故事》，P87—106，鲁甸地区鲁甸村，东其。

357.《除秽·妞沙套姆的故事》，P107—122，鲁甸地区鲁甸村，东其。

358.《除秽·为天神九兄弟、拉命七姐妹烧梭刷火把》，P123—138，鲁甸地区新主村，和文质。

359.《除秽·为天神九兄弟、地神七兄弟除秽》，P139—154，鲁甸地区不详。

360.《除秽·为尤巫梭爪除秽》，P155—180，鲁甸地区不详。

361.《除秽·为妥构固汝除秽·包乌搓巴的故事》，P181—210，鲁甸地区新主村，和瑞发。

362.《除秽·九个故事》，P211—256，丽江地区坝区，大研镇，东发，66 岁，狗年 11 月 18 日。

363.《除秽·用梭刷火把来除秽》，P257—294，鲁甸地区不详。

（四十三）第 43 卷

364.《除秽·用益世丁子净壶的净水洗去秽》，P1—18，鲁甸地区不详。

365.《除秽·用犏牛、牛、羊除秽（上）》，P19—46，鲁甸地区鲁甸村，和乌尤，28—40 岁间。

366.《除秽·用犏牛、牛、山羊除秽（中）》，P47—72，鲁甸地区鲁甸村，和乌尤，28—40 岁间

367.《除秽·用犏牛、牛、山羊除秽（下）》，P73—90，鲁甸地区鲁甸村，和乌尤，28—40 岁间

368.《除秽·退送灾祸·解结·下接送秽鬼》，P91—112，鲁甸地区新主村，和文质抄写休松休端的经书。

369.《除秽·抛冷凑面偶》，P113—134，丽江地区不详。

370.《除秽·秽驮于米纳打纳马（上）》，P135—182，丽江地区不详。

371.《除秽·白梭刷火把的来历》，P183—206，鲁甸地区鲁甸村，东其。

372.《除秽·顶灾》，P207—234，宝鸣大地区大东。

373.《除秽·迎请佐体优麻神》，P235—265，鲁甸地区鲁甸村，东其。

（四十四）第 44 卷

374.《除秽·分清黑白》，P1—40，丽江地区不详。

375.《除秽·优麻神砍倒黑秽树》，P41—60，鲁甸地区鲁甸村，东其。

376.《除秽·清除秽鬼·上卷》，P61—92，丽江地区不详。

377.《除秽·清除秽鬼中卷·下卷·把当鬼分开》，P93—114，鲁甸地区鲁甸村，东其。

378.《除秽·结束经·退送秽鬼》，P115—138，鲁甸地区新主村，和文质抄肖松肖端经书。

379.《除秽·为人类退送秽鬼》，P139—154，丽江地区南山，恒柯督。

380.《除秽·偿还秽债·清除秽鬼·后接清除秽鬼之规程》，P155—178，丽江地区不详。

381.《除秽·仪式概说》，P179—256，宝鸣大地区大东，和士诚。

382.《除秽·用山羊除秽》，P257—286，丽江地区不详。

383.《除秽之规程》，P287—326，宝鸣大地区大东，和士诚。

（四十五）第 45 卷

384.《压呆鬼·开坛经》，P1—42，宝鸣大地区大东，郑兴。

385.《祭呆鬼·请呆鬼·偿还呆鬼债》，P43—62，丽江地区不详。

386.《压呆鬼·请朗久敬久神》，P63—118，丽江地区坝区，大研镇，东发。

387.《压呆鬼·祭凶死者·射杀呆鬼猪》，P119—138，丽江地区坝区，白沙，B1。

388.《压呆鬼·请妥构神》，P139—164，宝鸣大地区不详。

389.《压呆鬼·启的产生》，P165—178，宝鸣大地区鸣音，和即贵。

390.《压呆鬼·请神》，P179—200，丽江地区坝区，生笔四尤。

391.《压呆鬼·摧毁九个仇鬼寨》，P201—212，宝鸣大地区大东。

392.《请呆鬼·偿还呆鬼债·接呆鬼气》，P213—246，鲁甸地区鲁甸村，和乌尤，28—40 岁间。

393.《祭呆鬼·法杖产生（下）》，P247—276，鲁甸地区鲁甸村，和乌尤，28—40 岁间。

（四十六）第 46 卷

394.《驱呆鬼·请优麻神》，P1—44，丽江地区坝区，白沙，B1。

395.《祭呆鬼·迎请刹依威德神·杀死米麻沈登鬼·杀死呆鬼》，P45—78，丽江地区坝区，白沙，B1。

396.《祭呆鬼·崇忍利恩的故事》，P79—88，丽江地区不详。

397.《压呆鬼·请朗久敬久神·下卷》，P89—134，宝鸣大地区不详。

398.《祭呆鬼仪式·超度凶死者·制作亡灵木偶》，P135—172，丽江地区坝区，白沙，B2。

399.《祭呆鬼·把死者的灵魂从猛鬼处招回》，P173—188，丽江地区坝区，大研镇，和御琴？

400.《驱呆鬼·捉拿肯孜呆尤鬼》，P189—210，丽江地区坝区，白沙，B2。

401.《祭呆鬼·把本丹神领回到上面》，P211—228，丽江地区不详。

402.《送走鬼·下卷》，P229—272，丽江地区不详。

403.《驱史鬼·鬼的来历》，P273—309，丽江地区不详。

（四十七）第 47 卷

404.《祭端鬼·神赐威力》，P1—38，丽江地区坝区，大研镇，朵拉。

405.《请神压端鬼·端鬼的来历》，P39—66，丽江地区南山，太安乡，1720 年或 1780 年，铁鼠年 6 月 15 日属狗。

406.《驱端鬼·寻求祭祀占卜书》，P67—120，丽江地区坝区，大研镇，朵拉。

407.《祭端鬼》，P121—138，宝鸣大地区大东。

408.《祭端鬼·驱端鬼·献牲》，P139—162，丽江地区坝区，大研镇，东发。

409.《祭端鬼·端鬼的出处来历·把十八个端鬼压下去》，P163—190，丽江地区坝区，大研镇，东发。

410.《撵端鬼·启出处》，P191—216，丽江地区坝区，大研镇，朵拉。

411.《祭端鬼·驱端鬼（上）》，P217—244，鲁甸地区不详。

412.《祭端鬼仪式规程（中）》，P245—272，丽江地区不详，1849 年 7 月。

413.《祭端鬼·驱端鬼（下）》，P273—309，丽江地区不详。

（四十八）第 48 卷

414.《驱赶作祟于九种牲畜的端鬼》，P1—26，丽江地区不详。

415.《祭端鬼·请精如神驱端鬼（上卷）》，P27—82，丽江地区坝区，大研镇，朵拉。

416.《祭端鬼·请莫毕精如·后卷》，P83—148，丽江地区坝区，大研镇，朵拉，羊年。

417. 《祭端鬼·请东巴什罗》，P149—194，丽江地区坝区，大研镇，朵拉。

418. 《送端鬼·后半部分是仪式规程》，P195—204，鲁甸地区新主村，和世俊。

419. 《祭端鬼仪式规程》，P205—218，丽江地区不详。

420. 《驱端鬼和尤鬼》，P219—246，宝鸣大地区不详。

421. 《抠古鬼的产生·开坛经·驱抠古鬼》，P247—268，宝鸣大地区不详。

422. 《祭臭鲁鬼·臭鲁鬼的产生和来历》，P269—284，丽江地区不详。

423. 《驱抠古鬼·点神灯》，P285—300，丽江地区不详。

（四十九）第 49 卷

424. 《抠古鬼的出处》，P1—12，宝鸣大地区不详。

425. 《抠古鬼、呆鬼、臭鬼的来历》，P13—44，丽江地区不详

426. 《分开妥罗鬼·用鸡还鬼债·招魂》，P45—70，宝鸣大地区大东，郑兴。

427. 《抠古鬼的产生·灾祸的出处·请仇鬼罩仇鬼·铎鬼的产生·木偶和面偶的产生》，P71—106，宝鸣大地区大东。

428. 《祭嫩毒鬼·把嫩毒鬼驱到居那若罗山的四方》，P107—130，宝鸣大地区大东。

429. 《抛面偶·祭抠古鬼》，P131—152，宝鸣大地区大东，东知之孙，蛇年 2 月 28 日。

430. 《放替身·送火鬼、臭鬼和替罗鬼》，P153—194，宝鸣大地区不详。

431. 《戈布鬼来作祟》，P195—210，宝鸣大地区鸣音，和即贵。

432. 《祭替罗鬼·公鸡的来历》，P211—242，鲁甸地区阿时主村，和瑞发。

433. 《驱走抠古鬼》，P243—258，丽江地区不详。

（五十）第 50 卷

434. 《驱抠古鬼·请东巴什罗》，P1—44，丽江地区不详。

435. 《驱抠古鬼·下卷》，P45—78，丽江地区不详，1805 年 4 月 18 日。

436. 《请端格神·杀抠古鬼》，P79—108，鲁甸地区新主村，和开祥重抄。

437. 《请端格神·请本丹神·本丹水的出处和来历》，P109—140，丽江地区坝区，盘栋威中村（龙蟠忠义村），和林。

438. 《烧上天香·请本丹神下来》，P141—160，宝鸣大地区大东。

439. 《祭抠古鬼·请本丹神》，P161—192，宝鸣大地区不详。

440. 《请东巴什罗·设置本丹神灶》，P193—222，丽江地区不详。

441.《送走抠古鬼》，P223—248，宝鸣大地区大东。

442.《送走火鬼·压替罗鬼》，P249—290，鲁甸地区不详，经书来自于依支崩敦，东吾，和四杨涂斥。

443.《除鬼的产生》，P291—309，丽江地区不详。

六、51—60卷

（五十一）第51卷

444.《祭猛鬼利恩鬼·为董神和沈神除秽·开坛经》，P1—38，宝鸣大地区大东，郑兴。

445.《祭水猛鬼和水恩鬼·水猛鬼与水恩鬼的出处来历》，P39—72，宝鸣大地区鸣音，和即贵。

446.《祭水猛鬼和水恩鬼·祭端鬼·顶灾》，P73—110，宝鸣大地区鸣音，和即贵。

447.《祭猛鬼和恩鬼·献牲·杀鸡》，P111—124，宝鸣大地区大东，和存恩，牛年的农历三月。

448.《祭猛鬼和恩鬼·驱鬼·上卷·遣送丹鬼》，P125—148，宝鸣大地区鸣音，和即贵。

449.《祭猛鬼和恩鬼·驱鬼·中、下卷·遣送丹鬼》，P149—174，宝鸣大地区大东，郑兴。

450.《祭固鬼和鲁鬼·祭猛鬼和恩鬼·高勒趣招父魂》，P175—212，宝鸣大地区大东，郑兴。

451.《祭猛鬼和恩鬼·找猛鬼和赶猛鬼》，P213—230，宝鸣大地区大东，和士诚，82岁，1991年。

452.《祭猛鬼和恩鬼·结尾经》，P231—250，宝鸣大地区大东，和存恩，牛年。

（五十二）第52卷

453.《祭蛇鬼》，P1—28，宝鸣大地区不详。

454.《蛇鬼的出处来历》，P29—56，宝鸣大地区大东，东塔。

455.《送蛇鬼》，P57—72，丽江地区不详。

456.《祭豹鬼虎鬼·祭蛇鬼》，P73—108，丽江地区不详。

457.《请豹鬼·送豹鬼》，P109—122，丽江地区不详。

458.《送豹鬼虎鬼·祭猛鬼恩鬼·祭端鬼·送蛇鬼·送铎鬼》，P123—158，丽江地区坝区，拉秋吾，东迪。

459.《祭凸鬼鲁鬼和利鬼》，P159—180，鲁甸地区新主村，和瑞发。

460.《祭凸鬼猛鬼·开坛经·还债·献牲》，P181—238，丽江地区不详。

461.《景仄景娆·祭好争·祭木号高拉·祭凸鬼还凸鬼债·祭灶神》，P239—260，丽江地区不详。

462.《送喜神白虎神》，P261—289，丽江地区不详。

（五十三）第 53 卷

463.《关死门仪式·规程及画稿》，P1—18，丽江地区坝区，白沙，B1。

464.《关死门仪式·开坛经》，P19—60，丽江地区坝区，白沙。①

465.《关死门仪式·排除署干扰·规程》，P61—96，丽江地区不详。

466.《关死门仪式·人类的起源》，P97—154，丽江地区坝区，白沙。②

467.《关死门仪式·九位天神和七位地神的传说》，P155—202，丽江地区不详，兔年的正月 25 日。

468.《关死门仪式·都沙敖吐、崇忍利恩、高勒趣三个的传说》，P203—232，丽江地区坝区，白沙。③

469.《关死门仪式·给牲》，P233—254，丽江地区坝区，白沙。④与《关死门仪式·开坛经》为同一作者。

470.《关死门仪式·给牦牛洒法水关死门》，P255—270，丽江地区坝区，白沙。⑤

471.《关死门仪式·献饭，招魂》，P271—314，丽江地区不详。

472.《关死门仪式·送猴子狐狸面偶经》，P315—328，丽江地区坝区，白沙。⑥

473.《关死门仪式·超度穿戴麻布衣的亡灵木身》，P329—374，丽江地区坝区，

---

① 此条原判定为宝鸣大地区不详，后根据高春华《〈全集〉中白沙乡经书的判定及系联》（2015出土文献研究与比较文字学全国博士生论坛论文）修订。

② 此条原判定为丽江地区不详，后根据高春华《〈全集〉中白沙乡经书的判定及系联》（2015出土文献研究与比较文字学全国博士生论坛论文）修订。

③ 此条原判定为丽江地区不详，后根据高春华《〈全集〉中白沙乡经书的判定及系联》（2015出土文献研究与比较文字学全国博士生论坛论文）修订。

④ 此条原判定为丽江地区不详，后根据高春华《〈全集〉中白沙乡经书的判定及系联》（2015出土文献研究与比较文字学全国博士生论坛论文）修订。

⑤ 此条原判定为丽江地区不详，后根据高春华《〈全集〉中白沙乡经书的判定及系联》（2015出土文献研究与比较文字学全国博士生论坛论文）修订。

⑥ 此条原判定为丽江地区不详，后根据高春华《〈全集〉中白沙乡经书的判定及系联》（2015出土文献研究与比较文字学全国博士生论坛论文）修订。

白沙。①

（五十四）第 54 卷

474.《关死门仪式·把死灵从娆鬼手中赎回》，P1—46，鲁甸地区鲁甸村，和乌尤，35 岁，1934 年。

475.《关死门仪式·给美利董主、崇忍利恩解生死冤结》，P47—90，鲁甸地区鲁甸村，和乌尤，28—40 岁间。

476.《关死门仪式·解生死冤结·超度沙劳老翁》，P91—128，丽江地区坝区，大研镇，和凤书。

477.《关死门仪式·赶鬼上集》，P129—168，丽江地区坝区，白沙。②

478.《关死门仪式·赶鬼下集·送丹鬼》，P169—196，丽江地区坝区，白沙。③

479.《关死门仪式·结尾经》，P197—244，鲁甸地区鲁甸村，和乌尤，35 岁，1934 年。

480.《驱妥罗能特鬼仪式·搭神坛·竖神石》，P245—268，宝鸣大地区鸣音，恩垛华。

481.《驱妥罗能特鬼仪式·开坛经》，P269—308，宝鸣大地区鸣音，恩垛华。

482.《驱妥罗能特鬼仪式·迎请朗久、敬久战神》，P309—344，宝鸣大地区不详。

483.《驱妥罗能特鬼仪式·迎端格战神》，P345—368，宝鸣大地区不详。

484.《驱妥罗能特鬼仪式·驱鬼送鬼》，P369—394，宝鸣大地区鸣音，恩垛华，1947 年 3 月 25 日，闰二月。

（五十五）第 55 卷

485.《超度死者·卢神起程，向神求威力》，P1—32，鲁甸地区不详，阴水羊年。

486.《超度死者·杀猛鬼和恩鬼，高勒趣招父魂》，P33—72，宝鸣大地区大东。

487.《超度死者·献给死者猪和鸡》，P73—92，宝鸣大地区大东。

488.《治丧·钉"古顺"》，P93—112，丽江地区不详。

489.《超度死者·献牦牛和马》，P113—128，丽江地区不详。

---

① 此条原判定为丽江地区不详，后根据高春华《〈全集〉中白沙乡经书的判定及系联》（2015 出土文献研究与比较文字学全国博士生论坛论文）修订。

② 此条原判定为丽江地区不详，后根据高春华《〈全集〉中白沙乡经书的判定及系联》（2015 出土文献研究与比较文字学全国博士生论坛论文）修订。

③ 此条原判定为丽江地区不详，后根据高春华《〈全集〉中白沙乡经书的判定及系联》（2015 出土文献研究与比较文字学全国博士生论坛论文）修订。

490.《超度死者·燃灯》，P129—158，丽江地区不详。

491.《超度死者·头目和祭司来燃灯》，P159—176，宝鸣大地区大东，东恩驷，猪年十月。

492.《超度死者·这是年轻死者之挽歌》，P177—206，鲁甸地区新主村，和开祥。

493.《开丧和超度死者·安慰死者之歌》，P207—272，宝鸣大地区鸣音。

494.《超度死者·小规模做献冥马仪式》，P273—298，鲁甸地区不详。

（五十六）第 56 卷

495.《开丧和超度死者·杀牲献牲》，P1—44，鲁甸地区鲁甸村，达铺里。

496.《开丧和超度死者·遗留福泽》，P45—66，宝鸣大地区大东。

497.《超度死者·献肉汤·上卷》，P67—104，宝鸣大地区不详。

498.《超度死者·献肉汤·下卷》，P105—140，宝鸣大地区不详。

499.《超度死者·人类迁徙的来历·上卷》，P141—172，丽江地区坝区，大研镇，东发。

500.《超度死者·人类迁徙的来历·下卷》，P173—206，丽江地区坝区，大研镇，东发。

501.《超度死者·执法杖·上卷》，P207—268，宝鸣大地区不详。

502.《超度死者·执法杖·中卷》，P269—356，宝鸣大地区不详。

503.《开丧和超度死者·送死者的挽歌》，P357—392，鲁甸地区鲁甸村，和云章。

（五十七）第 57 卷

504.《超度死者·忘掉惊慌》，P1—52，丽江地区不详。

505.《超度死者·收种庄稼，给死者献饭》，P53—80，丽江地区不详。

506.《超度死者·献供品》，P81—102，鲁甸地区鲁甸村和乌尤，28—40 岁间。

507.《开丧·隆重地举行献冥马仪式》，P103—164，丽江地区坝区，白沙。①

508.《超度死者·三十三支法杖和服装的出处来历》，P165—202，丽江地区不详。

509.《超度死者·破土》，P203—226，鲁甸地区不详。

510.《超度女能者·超度产褥期死亡的妇女·末卷》，P227—242，丽江地区不详。

511.《关死门·赶鬼·上卷》，P243—278，丽江地区不详。

512.《超度死者·把走的马送去上面》，P279—294，宝鸣大地区大东。

---

① 此条原判定为宝鸣大地区不详，后根据高春华《〈全集〉中白沙乡经书的判定及系联》（2015 出土文献研究与比较文字学全国博士生论坛论文）修订。

513.《关死门·用牦牛关死门》，P295—318，丽江地区不详。

（五十八）第58卷

514.《超度死者·在居那若罗山的四周招死者之魂》，P1—28，丽江地区南山，恒柯督。

515.《超度死者·驱除死祸》，P29—50，丽江地区不详，1891年。

516.《开丧·挎獐皮口袋》，P51—80，鲁甸地区东阳和乌尤，28—40岁间。

517.《开神路·上卷》，P81—102，丽江地区坝区，白沙，B2。

518.《开神路·达树的来历》，P103—140，丽江地区坝区，大研镇。[①]

519.《开神路·末卷》，P141—178，丽江地区不详。

520.《超度死者·生离死别，送死者》，P179—210，鲁甸地区鲁甸村，和乌尤。

521.《超度死者·窝姆打庚》，P211—228，丽江地区不详。

522.《超度死者·寻找纺织品》，P229—284，宝鸣大地区不详。

523.《开丧·用面偶吸附灾祸，驱赶灾祸》，P285—318，鲁甸地区不详，东称，16岁，1931年。

（五十九）第59卷

524.《超度死者·擀制白羊毛服装》，P1—26，丽江地区坝区，束河。

525.《超度死者·抛头和角骷髅》，P27—50，宝鸣大地区不详。

526.《超度死者·服装及白羊毛穗子的来历。在那刹坞门前，讲述三样醇酒的来历》，P51—72，丽江地区南山，太安乡，东卢，59岁。

527.《关死门·安慰死者之歌》，P73—116，丽江地区不详。

528.《超度死者·送死者，催促死者起程》，P117—156，丽江地区坝区，白沙太平村。[②]

529.《超度死者·退送口舌是非》，P157—184，鲁甸地区不详。

530.《超度死者·驱除不祥的厄运》，P185—240，宝鸣大地区鸣音。

531.《超度死者·烧天香》，P241—294，宝鸣大地区宝山。

532.《开丧·祭跟死者作祟的季鬼》，P295—316，鲁甸地区鲁甸村，和云章。

---

① 原判定为丽江地区不详，根据苟开青《浅析纳西东巴文起首符号特征》（未刊稿）修订

② 此条原判定为丽江地区不详，后根据高春华《〈全集〉中白沙乡经书的判定及系联》（2015出土文献研究与比较文字学全国博士生论坛论文）修订。

（六十）第 60 卷

533.《超度死者·削造亡灵木身》，P1—52，宝鸣大地区宝山。

534.《超度死者·在孜劳大门口迎接亡灵木身和死者》，P53—76，鲁甸地区鲁甸村，和乌尤，28 岁以前。

535.《超度死者·药的来历和点药，杀牲，占风水，削造亡灵木身》，P77—134，丽江地区不详。

536.《开丧和超度死者·唤醒死者》，P135—152，宝鸣大地区不详。

537.《超度死者·铎鬼的出处来历》，P153—190，宝鸣大地区不详。

538.《关死者·招魂，接气》，P191—214，丽江地区不详。

539.《超度死者·用九种树枝除秽，报恩》，P215—258，鲁甸地区鲁甸村，和乌尤，28 岁，1927 年。

540.《超度死者·解厄》，P259—290，宝鸣大地区鸣音。

541.《超度死者·解厄，大厄小厄的祸患没有了》，P291—322，宝鸣大地区大东。

542.《超度死者·由舅父毁坏死者冥房，献冥食，关死门》，P323—366，宝鸣大地区不详，7 月 24 日。

七、61—70 卷

（六十一）第 61 卷

543.《超度夫和妻·亡灵木身睡在坛里，驱赶冷凑鬼》，P1—34，丽江地区坝区，下束河，东丹，30 岁，闰 3 月。

544.《超度夫和妻·献牲》，P35—100，丽江地区不详。

545.《超度夫和妻·抛"卡吕"面偶》，P101—124，丽江地区坝区，下束河，东丹。

546.《超度夫和妻·放陪伴鸡》，P125—144，宝鸣大地区不详。

547.《超度死者·寻找和复原死者的身体》，P145—178，鲁甸地区鲁甸村，和乌尤，28 岁以前。

548.《超度死者·先辈超度后辈》，P179—202，宝鸣大地区鸣音，和即贵。

549.《超度锐眼死者》，P203—244，丽江地区东山，斯勒。

550.《超度夫和妻·把罪过驮在马上·末卷》，P245—262，丽江地区不详。

551.《超度死者·绸衣的来历，洒药》，P263—282，鲁甸地区鲁甸村，和乌尤，28 岁以前。

552.《超度死者·崇忍潘迪找药》，P283—312，鲁甸地区鲁甸村，和乌尤，28岁以前。

（六十二）第62卷

553.《超度死者·死者跟着先祖们去登上面·抛白骨和黑炭》，P1—34，鲁甸地区鲁甸村，和乌尤，1925年。

554.《超度死者·献牲》，P35—90，丽江地区坝区，下束河，东丹。

555.《超度死者·寻找丧葬的来历》，P91—116，鲁甸地区鲁甸村，和云章。

556.《超度死者·用猪分开死者与活者》，P117—150，宝鸣大地区不详。

557.《超度死者·俄依高勒的九个儿子的故事》，P151—202，丽江地区不详。

558.《超度死者·竖天灯树·让青龙条幅飘荡》，P203—224，鲁甸地区鲁甸村，和云章。

559.《超度死者·讲述死者的业绩》，P225—260，宝鸣大地区大东，东纳的儿子东贡，56岁，猴年10月27日。

560.《超度死者·放陪伴的对偶·唤死者起程》，P261—288，宝鸣大地区大东，东知之孙，猴年。

561.《超度嘎瓦劳端工匠·超度能者》，P289—314，鲁甸地区维西，东恒。

562.《超度嘎瓦劳端工匠用的经书》，P315—347，丽江地区不详，1865年。

（六十三）第63卷

563.《超度死者·俄佑俄都命杀猛鬼的故事·上卷》，P1—56，宝鸣大地区宝山。

564.《超度死者·献冥食》，P57—86，鲁甸地区鲁甸村，和乌尤。

565.《超度死者·迎接亡灵木身和死者》，P87—116，宝鸣大地区大东。

566.《超度死者·关死门，结尾经》，P117—156，丽江地区坝区，白沙太平村。

567.《超度男能者·铺设神座》，P157—186，宝鸣大地区不详。

568.《超度能者·唤醒能者》，P187—206，宝鸣大地区大东。

569.《超度能者·许诺给能者用物，献药》，P207—220，丽江地区不详。

570.《超度男能者·合集，能者名声的来历》，P221—250，宝鸣大地区大东。

571.《超度能者·在若罗山四周招魂，超度季贝贤女，在巴格的八个方位招魂》，P251—270，丽江地区南山，恒柯督。

572.《超度能者·献马，驱赶冷凑鬼》，P271—292，鲁甸地区新主村，和瑞发。

（六十四）第 64 卷

573.《超度能者·迎接优麻神》，P1—16，宝鸣大地区不详

574.《超度能者·武器的来历》，P17—40，宝鸣大地区不详。

575.《超度能者·马的来历》，P41—102，鲁甸地区鲁甸村，和云章。

576.《超度男能者·摧毁九座督支黑坡，给男能者招魂》，P103—132，丽江地区坝区。

577.《超度女能者·给女能者招魂·九座督支黑坡上的木牌画规程》，P133—148，鲁甸地区鲁甸村，东布。

578.《超度男能者·给能者招魂，给能者献冥马》，P149—184，宝鸣大地区不详。

579.《超度女能者·铺设神座·招魂》，P185—202，宝鸣大地区大东。

580.《驱赶抠古鬼·迎接端格神》，P203—274，宝鸣大地区不详。

581.《超度死者·杀牲》，P275—298，宝鸣大地区鸣音。

582.《超度死者·烧里陶冥房及超度夫妻》，P299—306，丽江地区南山，恒柯督。

（六十五）第 65 卷

583.《超度男能者·虎的来历，分虎皮》，P1—38，丽江地区不详。

584.《超度能者·分虎皮》，P39—90，宝鸣大地区鸣音。

585.《超度女能者·末卷》，P91—114，宝鸣大地区大东，东恩驷的儿子，25 岁。

586.《超度女能者·三段》，P115—138，丽江地区不详。

587.《超度女能者·合集》，P139—184，宝鸣大地区不详。

588.《超度能者·仪式规程，送神》，P185—202，丽江地区不详。

589.《超度长寿者·超度茨爪金姆》，P203—230，鲁甸地区鲁甸村，和云章。

590.《超度美利董主·把美利董主和东巴什罗像神一样地送去上面》，P231—268，宝鸣大地区鸣音，东卢。

591.《超度金姆·为能者招魂，给能者献冥马》，P269—308，宝鸣大地区不详，67 岁。

592.《超度长寿者·砍树片》，P309—331，丽江地区不详。

（六十六）第 66 卷

593.《超度长寿者·超度美利董主和茨爪金姆》，P1—86，宝鸣大地区鸣音。

594.《超度长寿者·给茨爪金母燃长寿灯》，P87—124，鲁甸地区鲁甸村，和乌尤，28—40 岁间。

595.《超度长寿者•燃灯》，P125—148，鲁甸地区鲁甸村和乌尤，28 岁以前。

596.《超度长寿者•驱赶冷凑鬼》，P149—176，宝鸣大地区鸣音。

597.《超度长寿者•由马鹿寻找丢失了的董魂》，P177—280，宝鸣大地区宝山，东朗，1945 年，木鸡年 10 月 13 日。

598.《超度长寿者•米丹给补锅的来历》，P281—298，丽江地区不详。

599.《超度长寿者•火化男尸体》，P299—312，丽江地区不详。

600.《超度长寿者•送美利董主和马鹿》，P313—327，宝鸣大地区不详。

（六十七）第 67 卷

601.《超度死者•执法杖•后卷•鸡鸣唤死者》，P1—50，丽江地区不详。

602.《超度死者•超度放牧牦牛、马和绵羊的人，招魂》，P51—90，鲁甸地区新主村，和世俊。

603.《超度死者•超度放牧牦牛、绵羊和马的人》，P91—128，鲁甸地区新主村，和文质。

604.《超度放牧牦牛、马和绵羊的人•燃灯和迎接畜神》，P129—166，鲁甸地区新主村，和世俊。

605.《超度放牧牦牛、马和绵羊的人•美利董主、崇忍利恩和高勒高趣之传略》，P167—228，鲁甸地区新主村，和世俊。

606.《超度死者•迎接胜利者，献牦牛牺牲》，P229—244，宝鸣大地区不详。

607.《超度放牧牦牛马和绵羊的人•驱赶冷凑鬼，摧毁九座督支黑坡》，P245—280，鲁甸地区新主村，和世俊。

608.《超度死者•开神路•驱赶冷凑鬼》，P281—302，鲁甸地区鲁甸村，和乌尤，28 岁，1927 年。

609.《超度死者•开神路•破九座黑坡》，P303—319，鲁甸地区鲁甸村和乌尤，28 岁，1927 年。

（六十八）第 68 卷

610.《开神路•合集》，P1—86，宝鸣大地区鸣音，和即贵抄写乌构皋经书，铁年。

611.《开神路•金坤坷路的来历》，P87—118，鲁甸地区鲁甸村，和乌尤。

612.《开神路•中卷》，P119—148，丽江地区坝区，大研镇。

613.《开神路•拆里塔冥房》，P149—168，鲁甸地区鲁甸村，和乌尤，28 岁，1927 年。

614.《开神路·开塔古黑柜的门》，P169—184，丽江地区坝区，文笔村吉次牡。

615.《开神路·把死者领到有依端宝物的地方》，P185—200，鲁甸地区鲁甸村，和乌尤。

616.《超度死者·祭将归祖的死者，由舅父给死者领路，献饭，关死门》，P201—244，宝鸣大地区宝山。

617.《超度死者·用白牦牛和黑牦牛驱赶不祥的厄运》，P245—274，丽江地区不详。

618.《关死门·偿还娆鬼的欠债》，P275—304，丽江地区不详

619.《超度胜利者·竖胜利者天灯树、武官树、美德者树，插胜利旗，挂武官和美德者衣服》，P305—335，鲁甸地区新主村，和世俊，67岁，1926年。

（六十九）第69卷

620.《超度死者·请来舅父破崩人的九座村庄》，P1—36，鲁甸地区鲁甸村，太平塘。

621.《超度死者·生离死别》，P37—64，鲁甸地区鲁甸村和乌尤，20岁，1919年。

622.《超度死者·放陪伴鸡》，P65—84，丽江地区不详。

623.《超度胜利者·上卷》，P85—104，鲁甸地区新主村，和文质。

624.《超度胜利者·中卷》，P105—124，鲁甸地区鲁甸村，和云章抄和乌尤的经书。

625.《超度胜利者·末卷》，P125—144，丽江地区南山，恒柯督，东卢。

626.《超度胜利者·招魂》，P145—166，丽江地区不详。

627.《超度胜利者·锐眼督直守卫胜利者的村寨、大门和山坡，集中后送有威望的胜利者》，P167—200，鲁甸地区新主村，和文质。

628.《超度胜利者·董的伊世补佐东巴，点着火把寻找失踪了的胜利者》，P201—226，鲁甸地区新主村，和世俊，68岁，1927年。

629.《开丧和超度死者·半夜讲粮食的来源，鸡鸣时给狗喂早食，并献给死者供品》，P227—259，鲁甸地区新主村，和开祥，1994年正月。

（七十）第70卷

630.《超度胜利者·驱赶冷凑鬼，摧毁九座督支黑坡》，P1—30，鲁甸地区新主村，和世俊。

631.《超度胜利者·在胜利者门口招魂，在祭祀场地里招魂，迎接胜利者》，

P31—52，鲁甸地区新主村，和世俊。

632.《超度胜利者·中卷，末尾为规程》，P53—78，鲁甸地区新主村，和文质，20岁，1926年。

633.《超度胜利者·末卷，献饭，遗留福泽》，P79—112，鲁甸地区新主村，和文质。

634.《超度死者·放马和让马奔跑》，P113—162，丽江地区不详，许孙。

635.《超度死者·规程（之一）》，P163—182，宝鸣大地区大东。

636.《超度死者·规程（之二）》，P183—200，丽江地区不详。

637.《超度死者·规程（之三）》，P201—212，丽江地区不详。

638.《超度死者·规程·铎鬼的出处来历》，P213—228，丽江地区不详。

639.《超度胜利者·迎接优麻神·擒敌仇》，P229—247，鲁甸地区新主村，和文质，20岁，1926年。

八、第71—80卷

（七十一）第71卷

640.《超度什罗仪式·铺设神座》，P1—60，丽江地区不详。

641.《超度什罗仪式·为卢神沈神除秽》，P61—94，丽江地区南山，恒柯督，东卢。

642.《超度什罗仪式·烧天香》，P95—138，丽江地区南山，七河。

643.《超度什罗仪式·迎请盘神禅神》，P139—160，丽江地区坝区，大研镇，东发。

644.《超度什罗仪式·点灯火》，P161—173，丽江地区南山，七河。

（七十二）第72卷

645.《超度什罗仪式·迎请什罗·杀三百六十个鬼卒·杀固松玛》，P1—62，宝鸣大地区不详。

646.《超度什罗仪式·在居那若罗山四面招魂》，P63—90，丽江地区不详。

647.《超度什罗仪式·祈求神力·招死者的灵魂》，P91—110，鲁甸地区新主村，东才。

648.《超度什罗仪式·出外来历·遗福泽·赐威力》，P111—174，鲁甸地区新主村，东才。

649.《超度什罗仪式·还毒鬼之债》，P175—208，丽江地区坝区，局吉中村，东纳，44 岁，狗年正月初一。

650.《超度什罗仪式·送固松玛》，P209—245，宝鸣大地区不详，阿冷初，东恭。

（七十三）第 73 卷

651.《超度什罗仪式·在黑毒海旁用黑猪还毒鬼之债》，P1—20，丽江地区不详

652.《超度什罗仪式·竖督树的来历》，P21—50，鲁甸地区不详。

653.《超度什罗仪式·解脱过失·施水施食给冷凑鬼》，P51—68，鲁甸地区新主村，东雄。

654.《超度什罗仪式·开罗梭门·从海中招魂》，P69—92，宝鸣大地区不详。

655.《超度什罗仪式·刀子的出处来历》，P93—100，丽江地区不详。

656.《超度什罗仪式·寻找什罗灵魂·弟子协力攻破毒鬼黑海》，P101—118，鲁甸地区新主村，东才。

657.《超度什罗仪式·灵魂从血海里接上来·把本神送回去（下卷）》，P119—148，丽江地区不详。

658.《超度什罗仪式·送走斯姆朗登》，P149—180，丽江地区不详。

659.《超度什罗仪式·驱除是非过失引起的冷凑鬼》，P181—204，丽江地区不详。

660.《超度什罗仪式·在生牛皮上点灯火》，P205—216，鲁甸地区新主村，东雄。

661.《超度什罗仪式·解除过失》，P217—258，丽江地区不详，羊年七月狗日。

662.《超度什罗仪式·开辟神路·洒沥血水》，P259—298，鲁甸地区新主村，东雄。

663.《超度什罗仪式·接祖·除秽·粮食之来历》，P299—318，宝鸣大地区鸣音，和即贵。

664.《超度什罗仪式·寻仇·迎接本丹神》，P319—344，丽江地区不详。

665.《超度什罗仪式·格巴弟子点神灯》，P345—362，丽江地区不详。

666.《超度什罗仪式·求威力·赐福泽》，P363—376，鲁甸地区新主村，和世俊。

（七十四）第 74 卷

667.《超度什罗仪式·驱赶冷凑鬼》，P1—26，丽江地区不详。

668.《超度什罗仪式，用岩羊角解结》，P27—42，丽江地区南山，恒柯督。

669.《超度什罗仪式，开神路，越过九道黑坡》，P43—58，丽江地区不详。

670.《超度什罗仪式，打开柜子之门》，P59—86，丽江地区不详。

671.《超度什罗仪式，倾倒督树，把什罗从十八层地狱里接上来》，P87—116，

丽江地区不详。

672.《超度什罗仪式，开神路（上），法轮之出处》，P117—138，丽江地区坝区，东纳。

673.《超度什罗仪式，开神路（上）》，P139—172，丽江地区不详。

674.《超度什罗仪式，开神路（中）》，P173—200，丽江地区不详。

675.《超度什罗仪式，开神路（下）》，P201—230，丽江地区不详。

（七十五）第75卷

676.《超度什罗仪式·指引死者灵魂之路·后卷》，P1—16，鲁甸地区不详，和贵才。

677.《超度什罗仪式·施鬼食·射五方之鬼王》，P17—38，丽江地区不详。

678.《超度什罗仪式·火化后送什罗灵魂》，P39—58，丽江地区不详。

679.《超度什罗仪式·烧灵塔》，P59—86，丽江地区南山，恒柯督。

680.《超度什罗仪式·赐徒弟以威力》，P87—100，鲁甸地区不详。

681.《超度什罗仪式·什罗改名十二次》，P101—120，丽江地区南山，太安乡。

682.《超度什罗仪式·杀牲·用羊占卜算卦》，P121—148，宝鸣大地区不详。

683.《超度什罗仪式·宰杀牲畜·供奉尊贵的祖先》，P149—162，丽江地区不详。

684.《超度什罗仪式·隆重祭送常胜的死者》，P163—182，丽江地区不详。

685.《超度什罗仪式·规程》，P183—218，鲁甸地区新主村，和世俊，22岁，1881年。

（七十六）第76卷

686.《超度拉姆仪式·拉姆的来历·迎接神灵》，P1—20，丽江地区南山，恒柯督。

687.《超度拉姆仪式·为圣洁的神女拉姆除秽》，P21—42，鲁甸地区新主村，和世俊。

688.《超度拉姆仪式·茨拉金姆传略》，P43—70，鲁甸地区新主村，和世俊。

689.《超度拉姆仪式·东巴什罗配偶茨拉金姆·中卷》，P71—94，鲁甸地区新主村，东才，1950年或1890年，寅虎年正月16日。

690.《超度拉姆仪式·追忆生前·寻找灵魂》，P95—118，丽江地区坝区，大研镇，东发，66岁。

691.《超度拉姆仪式·接送圣洁尊贵的神女》，P119—142，鲁甸地区新主村，和世俊。

692.《超度拉姆仪式·用猪给毒鬼还债》，P143—170，宝鸣大地区鸣音，和即贵。

693.《超度拉姆仪式·丢弃冷凑面偶》，P171—190，鲁甸地区鲁甸村，和云章。

694.《超度拉姆（趣衣拉姆）仪式·送走大鹏面偶》，P191—229，丽江地区不详。

（七十七）第77卷

695.《超度拉姆仪式·丢弃卡里面偶》，P1—30，丽江地区南山太安乡，东贵。

696.《超度拉姆仪式·送走里朵》，P31—52，丽江地区坝区，东发。

697.《超度拉姆仪式·超度女能人·破除尼坞血海·丢弃过失》，P53—86，丽江地区不详。

698.《超度拉姆仪式·送拉姆·射杀毒鬼仄鬼》，P87—108，丽江地区南山，恒柯督。

699.《超度拉姆仪式·烧灵塔》，P109—130，丽江地区南山，太安乡，疑似东贵。

700.《超度拉姆仪式·规程》，P131—139，丽江地区不详。

（七十八）第78卷

701.《祭绝后鬼·绝后鬼的出处与来历》，P1—40，丽江地区不详。

702.《祭绝后鬼·绝后鬼的来历》，P41—62，丽江地区不详，达坞萨坞地。

703.《祭绝后鬼·上卷》，P63—90，丽江地区不详，达坞萨坞地。

704.《祭绝后鬼·中卷》，P91—114，丽江地区不详，达坞萨坞地。

705.《祭绝后鬼·后卷》，P115—142，宝鸣大地区大东，郑兴。

706.《祭绝后鬼·献牲经》，P143—166，丽江地区不详。

707.《祭绝后鬼·分绝户财产》，P167—198，丽江地区不详，达坞萨坞地。

708.《祭绝后鬼·除秽·分开绝后鬼、秽鬼与家神、活人的财产》，P199—226，宝鸣大地区大东，郑兴。

709.《祭绝后鬼·结尾经》，P227—248，丽江地区不详。

（七十九）第79卷

710.《祭祀云鬼、凤鬼、毒鬼、仄鬼设置神座·撒神粮》，P1—48，宝鸣大地区鸣音，东命。

711.《大祭风·给卢神沈神除秽·开坛经》，P49—80，宝鸣大地区鸣音，和即贵。

712.《大祭风·迎请大神》，P81—104，丽江地区坝区，大研镇，和凤书。

713.《大祭风·开坛经》，P105—156，丽江地区坝区，中村（龙蟠忠义村），和林。

714.《大祭风·十八支竹签的来历》，P157—174，丽江地区南山，太安乡。

715.《大祭风•迎请卢神》，P175—222，丽江地区坝区，大研镇，东发，71岁。

716.《大祭风•迎请卢神•求神威灵》，P223—276，宝鸣大地区宝山。

（八十）第80卷

717.《大祭风•创世纪》，P1—66，宝鸣大地区鸣音，和即贵。

718.《大祭风•寻找祭祀吊死者和情死者的办法》，P67—118，宝鸣大地区大东。

719.《大祭风•迎请卡冉纽究神》，P119—132，丽江地区不详。

720.《大祭风•迎接许冉•迎请众神》，P133—146，丽江地区不详。

721.《大祭风•迎请莫毕精如神•卷首》，P147—200，丽江地区不详。

722.《大祭风•迎请莫毕精如神•卷中》，P201—248，丽江地区坝区，大研镇，东发，71岁。

723.《大祭风•到十八层天上迎请莫毕精如神•卷末》，P249—276，丽江地区不详。

724.《大祭风•大祭仄鬼•卷首》，P277—313，鲁甸地区鲁甸村，和乌尤，40岁以后。

九、81—90卷

（八十一）第81卷

725.《大祭风•大祭仄鬼•卷末》，P1—48，鲁甸地区新主村，和开祥抄东史的经书。

726.《大祭风•抛卡吕面偶》，P49—74，丽江地区不详。

727.《大祭风•迎请刹依威德战神》，P75—102，丽江地区坝区，下束河，东李。

728.《大祭风•超度凶死者•为死者招魂•迎请朗久神》，P103—150，宝鸣大地区宝山，乌宙恒，43岁，鼠年6月20日。

729.《大祭风•十二种牺牲的出处来历》，P151—218，鲁甸地区鲁甸村，和乌尤，50岁，1949年。

730.《大祭风•用山羊、绵羊、猪、鸡给楚鬼献牲》，P219—260，鲁甸地区新主村，和开文，32岁。

731.《大祭风•祭毒鬼、仄鬼》，P261—310，宝鸣大地区不详

732.《大祭风•用鸡给凶死者接气》，P311—330，丽江地区南山，恒柯督。

733.《大祭风•鸡的出处和来历•用鸡偿还楚鬼的债•吊楚鬼鸡》，P331—360，宝鸣大地区大东，郑兴。

（八十二）第 82 卷

734.《大祭风•砍出白木片招吊死者殉情者之魂》，P1—24，鲁甸地区鲁甸村，和乌尤，40 岁以后。

735.《分清神和呆鬼•掷黑石白石》，P25—110，鲁甸地区维西。

736.《镇压呆鬼•迎请罗巴涛构及其仪式规程》，P111—150，鲁甸地区新主村。

737.《大祭风•迎接祖先》，P151—180，丽江地区坝区，中村（龙蟠忠义村），和林。

738.《大祭风•招回祖先的魂魄•把祖先和楚鬼分开》，P181—200，丽江地区坝区，中村（龙蟠忠义村），和林。

739.《割断楚鬼绳索•将楚鬼和壬鬼分开》，P201—262，宝鸣大地区不详

740.《大祭风•超度吊死和殉情的男女给人们双双献牲》，P263—273，丽江地区南山，太安乡，东卢。

（八十三）第 83 卷

741.《超度楚鬼•寻找器物》，P1—46，宝鸣大地区大东，1895 年。

742.《祭风•超度吊死者•情死衣的来历》，P47—72，鲁甸地区不详。

743.《大祭风•超度吊死者•分割吊死者和呆鬼的财物》，P73—106，丽江地区坝区，大研镇，东发。

744.《大祭风•鲁般鲁饶》，P107—202，宝鸣大地区宝山。

745.《祭风•给战神献饭》，P203—232，丽江地区南山，恒柯督。

746.《大祭风•施药》，P233—244，宝鸣大地区大东。

747.《大祭风•美利董主的故事•上卷》，P245—271，鲁甸地区鲁甸村，和乌尤，40 岁以后。

（八十四）第 84 卷

748.《大祭风•襄除年厄》，P1—60，鲁甸地区鲁甸村，和乌尤，34 岁，1933 年。

749.《迎请格空大神》，P61—84，丽江地区不详。

750.《迎请优麻战神，优麻降临，宰杀白绵羊，用绵羊的各个部位卜吉凶》，P85—112，丽江地区不详。

751.《祭风•迎请盘神、禅神•迎请东巴什罗》，P113—136，丽江地区不详。

752.《超度吊死者迎请端格神•煮本丹神水》，P137—162，丽江地区不详。

753.《大祭风•镇压呆鬼•迎请神》，P163—210，丽江地区坝区，大研镇，东发。

754. 《超度壬鬼·卷末》，P211—232，丽江地区南山，太安乡，东卢，60岁。

755. 《大祭风·驮呆鬼的达耿金布马·卷首》，P233—252，丽江地区南山，太安乡，恒柯督。

756. 《大祭风·超度吊死情死者·说苦道乐》，P253—303，鲁甸地区鲁甸村，和乌尤，40岁以后。

（八十五）第 85 卷

757. 《大祭风·悬狗镇压呆鬼·招魂·狗的出处来历》，P1—34，丽江地区坝区，下束河，东李。

758. 《唤醒神灵·撒神粮》，P35—52，丽江地区南山，太安乡，东卢，9 月 27 日。

759. 《大祭风·开楚鬼尤鬼之门》，P53—72，鲁甸地区鲁甸村，和乌尤，40岁以后。

760. 《大祭风·为祭木取名》，P73—94，丽江地区南山，太安乡。

761. 《大祭风·超度吊死或殉情者·产生各种鬼的故事》，P95—160，鲁甸地区鲁甸村，和乌尤，40岁以后。

762. 《大祭风·祭祀楚鬼尤鬼·退送鬼魂卷首》，P161—188，丽江地区坝区，中村（龙蟠忠义村），和林。

763. 《大祭风·退送鬼魂卷末》，P189—214，丽江地区南山，恒柯督。

764. 《大祭风·请鬼安鬼》，P215—241，鲁甸地区鲁甸村，和乌尤，40岁以后。

（八十六）第 86 卷

765. 《退送九十个楚鬼和尤鬼》，P1—52，宝鸣大地区宝山。

766. 《大祭风·给寇寇朵居毒鬼送牲》，P53—80，丽江地区南山，恒柯督。

767. 《大祭风·分出壬鬼》，P81—176，宝鸣大地区宝山。

768. 《大祭风·祭吊死鬼、情死鬼、云鬼、风鬼·施食》，P177—214，鲁甸地区鲁甸村，和乌尤，40岁以后。

769. 《大祭风·粮食的来历》，P215—252，宝鸣大地区鸣音，和即贵。

770. 《祭楚鬼、尤鬼、云鬼、风鬼·施楚鬼、尤鬼食》，P253—282，宝鸣大地区大东，郑兴。

771. 《大祭风·超度董族的吊死者·卷首》，P283—310，丽江地区坝区，大研镇，和芳，20岁，1907 年。

772. 《大祭风·超度董族的吊死者·卷末》，P311—342，丽江地区不详。

773.《大祭风·给吊死者献冥马》，P343—378，鲁甸地区鲁甸村，和乌尤，40 岁以后。

（八十七）第 87 卷

774.《分开吊死者和活人》，P1—22，丽江地区坝区，大研镇，和凤书。

775.《大祭风·给死者换寿岁》，P23—44，宝鸣大地区鸣音，和即贵。

776.《大祭风·抛冷凑面偶》，P45—66，丽江地区坝区，白沙，B2。

777.《大祭风·吊死鬼与情死鬼木牌之来历》，P67—86，丽江地区不详。

778.《大祭风·偿还鬼债》，P87—108，鲁甸地区鲁甸村，和乌尤，40 岁以后。

779.《大祭风·射呆鬼猪》，P109—152，丽江地区南山，恒柯督。

780.《大祭风·细说死事》，P153—200，宝鸣大地区鸣音，和即贵。

781.《大祭风·迎请罗巴涛格大神》，P201—225，丽江地区坝区，大研镇，和凤书，1903 年 12 月 24 日。

（八十八）第 88 卷

782.《迎请优麻战神》，P1—52，丽江地区不详。

783.《大祭风·焚烧壬鬼鬼巢·鸡的出处来历·赶走壬鬼和楚鬼》，P53—80，鲁甸地区鲁甸村，和乌尤，40 岁以后。

784.《大祭风·迎清优麻神·砍倒壬鬼树·焚烧壬鬼巢》，P81—112，鲁甸地区鲁甸村，和乌尤，28—40 岁间。

785.《大祭风·超度董族吊死者卷末·优麻战神砍卡拉尤鬼树》，P113—134，丽江地区不详。

786.《大祭风·施楚鬼尤鬼食·拆楚鬼尤鬼房》，P135—178，宝鸣大地区鸣音，和即贵。

787.《大祭风·招回本丹神兵》，P179—202，丽江地区坝区，大研镇，和凤书，30 岁，1907 年。

788.《大祭风·用白鹇鸟偿还署债·给署除秽》，P203—226，丽江地区不详。

789.《祭云鬼、凤鬼、楚鬼、尤鬼、毒鬼、仄鬼·施署财》，P227—258，宝鸣大地区大东，郑兴。

（八十九）第 89 卷

790.《超度吊死和殉情者·饶星飞奔将面偶抛到仇地去》，P1—14，宝鸣大地区鸣音，和即贵。

791. 《祭祀呆鬼仄鬼》，P15—50，鲁甸地区鲁甸村，和乌尤。

792. 《大祭风·镇压呆鬼佬鬼·送神》，P51—96，宝鸣大地区大东，郑兴。

793. 《祭朵神和吾神·献牲献饭》，P97—130，鲁甸地区鲁甸村，和乌尤。

794. 《大祭风·祭绝嗣者》，P131—168，丽江地区南山，太安乡，东卢。

795. 《祭景神崩神·献牲·献饭》，P169—194，鲁甸地区鲁甸村，和乌尤，28—40岁间。

796. 《祭乌刹命·送木牌送鸡》，P195—220，宝鸣大地区大东，东知之孙，69岁。

797. 《大祭风·超度男女殉情者·制作木身》，P221—246，鲁甸地区鲁甸村，和乌尤，40岁以后。

（九十）第 90 卷

798. 《大祭风·超度新近死去的殉情者·上卷》，P1—28，丽江地区不详。

799. 《大祭风·超度新近死去的殉情者·末卷》，P29—54，丽江地区坝区，白沙，B2。

800. 《大祭风·超度刚去世的吊死者·把牺牲交给他们》，P55—88，鲁甸地区鲁甸村，和开文。

801. 《给病人招魂》，P89—106，丽江地区南山，太安乡。

802. 《祭风·木牌羊鸡的出处和来历·偿还毒鬼仄鬼债》，P107—138，宝鸣大地区大东，和纳和，52岁。

803. 《祭毒鬼仄鬼·分天地·哈斯争战》，P139—186，丽江地区不详。

804. 《大祭风·顶灾·鸡和猪的来历·偿还端鬼鬼债·施鬼食》，P187—214，宝鸣大地区大东，郑兴。

805. 《大祭风·俄佑九兄弟的故事》，P215—256，丽江地区不详。

十、第 91—100 卷

（九十一）第 91 卷

806. 《大祭风·超度董族吊死者·卷首·俄佑九兄弟寻找处理父亲后事的规矩》，P1—42，丽江地区坝区，下束河，东纳。

807. 《大祭风·为死者寻找伴侣》，P43—56，丽江地区南山，太安乡，东卢，63岁。

808. 《大祭风·超度吊死者情死者·让木身过溜》，P57—108，鲁甸地区鲁甸村，和乌尤，40 岁以后。

809.《大祭风·超度楚鬼尤鬼结尾经》，P109—144，鲁甸地区鲁甸村，和乌尤，40 岁以后。

810.《大祭风·推脱罪责》，P145—158，宝鸣大地区大东，郑兴。

811.《大祭风·送神》，P159—180，丽江地区不详。

812.《招集本丹战神·送神》，P181—204，鲁甸地区鲁甸村，和乌尤，28—40 岁间。

813.《大祭风·木牌画画稿》，P205—236，丽江地区南山，太安乡，东余，47 岁，1913 年 7 月 17 日蛇时。

814.《大祭风·祭寇寇朵居毒鬼的仪式规程》，P237—246，丽江地区不详。

815.《大祭风仪式中各种设置物的做法及仪式规程》，P247—264，宝鸣大地区大东，郑兴。

（九十二）第 92 卷

816.《大地上卜卦之书》，P1—16，丽江地区不详。

817.《以儿女生辰及母亲怀孕岁数等占卜》，P17—40，丽江地区不详。

818.《以日子占凶吉》，P41—62，丽江地区不详。

819.《用米吾九宫、鲁扎、巴格图占卜》，P63—98，丽江地区不详。

820.《以死者死亡的时、日、月、星占亡灵的动向·算重丧·算入棺、发灵时该回避的人》，P99—142，鲁甸地区鲁甸村，和乌尤。

821.《用巴格八方的色彩占卜·占穷运和楣运》，P143—172，丽江地区不详。

822.《用巴格八方的黑白等色占卜》，P173—186，丽江地区不详。

823.《以下雨、春雷、地震、日月蚀占卜决庄稼丰歉》，P187—212，丽江地区坝区，大研镇，东发。

824.《以前占卜中用图占卜的卦辞》，P213—246，丽江地区不详。

825.《用巴格图占卜》，P247—271，丽江地区不详。

（九十三）第 93 卷

826.《用巴格占卜·算穷运霉运·用本命年算凶占》，P1—30，丽江地区不详。

827.《用巴格占卜·占梦卦辞》，P31—64，丽江地区不详。

828.《占梦之书》，P65—84，宝鸣大地区大东。

829.《用五个贝占卜》，P85—126，丽江地区坝区，鼠年的正月 16 日。

830.《用"敏威"九宫占男女结合为一家的凶吉》，P127—170，丽江地区不详。

831.《以异常现象占卜》，P171—198，丽江地区不详，67岁。

832.《以失物之时间作卦·占病因》，P199—224，丽江地区坝区。

833.《以生病之月份占卜》，P225—238，丽江地区不详。

834.《炙羊肩甲骨卦》，P239—248，丽江地区不详，伟余。

835.《看病经书》，P249—272，丽江地区不详，27岁，鼠火铁的一天。

（九十四）第 94 卷

836.《用发病日时之属相及日子占卜》，P1—22，丽江地区不详。

837.《用十三个贝占卜的卦辞》，P23—44，丽江地区不详。

838.《用十三个贝占卜》，P45—68，丽江地区不详。

839.《占卜请神》，P69—84，丽江地区不详。

840.《用天干地支及"米吾"九宫占卜》，P85—168，丽江地区不详。

841.《占星·看日子·看天狗降临日》，P169—206，宝鸣大地区大东。

842.《以来打卦的时日之属相占卜》，P207—228，宝鸣大地区大东。

（九十五）第 95 卷

843.《用巴格图·米吾图·饶早图占卜》，P1—28，丽江地区不详。

844.《用六十花甲图作卦》，P29—72，丽江地区不详。

845.《以母亲的岁数及巴格上的方位占孩子的一生》，P73—118，丽江地区不详。

846.《择建大门日子·看日子的书》，P119—150，丽江地区不详。

847.《算饶星》，P151—186，宝鸣大地区不详。

848.《用鲁补占婚》，P187—220，丽江地区不详。

849.《用神粮及宽叶杜鹃枝叶占卜》，P221—252，丽江地区不详。

850.《看天狗降临的书》，P253—262，丽江地区不详。

851.《赐名·赐裤裙·算二十八宿当值日》，P263—277，宝鸣大地区不详。

（九十六）第 96 卷

852.《算六十花甲年的月大月小》，P1—48，丽江地区不详。

853.《占异象卦辞》，P49—78，宝鸣大地区不详，达恒督盘岩刷肯，东昌，1889年。

854.《以出生之日与年占口福与凶吉》，P79—108，丽江地区不详。

855.《以土神吃什么占凶吉》，P109—150，宝鸣大地区不详。

856.《看月中忌日·择建门日子·占喜神·算"厅拜"》，P151—180，宝鸣大地区不详。

857.《择取名·母亲满月洗头及婴儿剃胎发之日子》，P181—196，丽江地区不详。

858.《以花甲的五行等推算孩子的凶吉》，P197—237，宝鸣大地区鸣音，东命，40岁，1949年，土牛年3月10日。

（九十七）第97卷

859.《记神的寿岁》，P1—32，丽江地区不详。

860.《用干肩胛骨和鲜肩胛骨作卦》，P33—68，丽江地区不详。

861.《看卦辞之书·时占属相占月占》，P69—104，宝鸣大地区鸣音，[①]东命，63岁，火年。

862.《看日子占卜》，P105—128，宝鸣大地区不详，东恒，兔年四月初二。

863.《以第一声春雷占卜·用两个贝占卜·寻物打卦》，P129—154，丽江地区不详，猪年。

864.《抽线卦·用黑石白石占卜》，P155—186，丽江地区不详。

865.《吕卡爪尼卦辞》，P187—202，丽江地区不详。

866.《用六十干支等占卜·时占之书》，P203—244，丽江地区不详，铁蛇年。

867.《抽绳卦》，P245—304，宝鸣大地区大东，和士诚。

（九十八）第98卷

868.《用米吾九宫占福分·用鲁扎占卜》，P1—24，丽江地区不详。

869.《石土神·看天火·看属相·看血灾》，P25—54，丽江地区不详。

870.《看天火·看天狗·看新媳妇进门日子》，P55—74，丽江地区不详。

871.《以死者死亡之日的当值之宿占卜》，P75—90，丽江地区不详。

872.《用香炷打卦》，P91—114，丽江地区不详。

873.《佐拉卦图》，P115—128，丽江地区不详。

874.《用米吾九宫占婚》，P129—168，宝鸣大地区鸣音，和才命。

875.《运转米吾九宫·算三百六十天的米吾九宫》，P169—204，丽江地区不详。

876.《用鲁补占卜》，P205—226，丽江地区不详。

877.《用父子的鲁扎占卜》，P227—313，丽江地区不详，火狗年闰六月22日龙日。

---

① 原判定为宝鸣大地区不详，根据苟开青《浅析纳西东巴文起首符号特征》（未刊稿）修订。

（九十九）第 99 卷

878.《用六十干支占卜》，P1—90，宝鸣大地区鸣音，和长命。

879.《用第一声春雷占卜·以日月蚀及地震占卜·占放血日·占偷盗》，P91—110，宝鸣大地区不详。

880.《时占之书》，P111—120，丽江地区坝区。

881.《祭恒神吾神用两个海贝占卜的卦辞》，P121—142，宝鸣大地区大东，郑兴。

882.《以母亲生小孩之年龄及巴格上的方位占孩子一生的运数》，P143—180，丽江地区不详。

883.《占卜卦辞之书》，P181—222，丽江地区不详。

884.《用五行、十二生肖、鲁扎占婚》，P223—258，丽江地区不详。

885.《以异常现象占卜之书》，P259—300，丽江地区不详。

886.《用米吾九宫图占卜》，P301—320，丽江地区不详。

887.《以乌鸦叫声占卜》，P321—351，宝鸣大地区鸣音，和即贵。

（一百）第 100 卷

888.《神寿岁与舞谱》，P1—24，鲁甸地区新主村，和开祥抄和世俊的经书，阳木马年二月初四。

889.《舞蹈的来历（之一）》，P25—58，丽江地区不详。

890.《舞蹈的出处和来历（之二）》，P59—72，丽江地区南山，太安乡，东恒。

891.《舞蹈的出处和来历（之三）》，P73—82，鲁甸地区新主村，和开祥。

892.《超度什罗、送什罗、开神路上卷·油米村忍柯人的书》，P83—114，鲁甸地区新主村，和开祥。

893.《说出处》，P115—156，鲁甸地区新主村，和开祥，1997 年 6 月 10 日

894.《杂言》，P157—188，鲁甸地区新主村，和开祥。

895.《仪式规程及杂言》，P189—236，丽江地区南山，太安乡，东卢，马年 11 月 13 日，二十八星宿昴宿座那天。

896.《医药之书》，P237—254，宝鸣大地区鸣音，和即贵。

897.《民歌范本》，P255—305，宝鸣大地区大东，东知之孙，67 岁，羊年。

（白小丽，西南大学国际学院、西南大学民族古文字研究中心，bxl80@163.com）

（邓章应，西南大学汉语言文献研究所、西南大学民族古文字研究中心）

收稿日期：2015-1-8

比较文字学研究的重要创获

——《汉字与圣书字表词方式比较研究》评介

刘祖国

提　要：《汉字与圣书字表词方式比较研究》是第一部从文字学和文字史角度对汉字与圣书字进行系统比较的专著，其出版填补了比较文字学的相关空白，是对中西语言文字比较的一大贡献。全书视角独特，研究系统全面，讨论深入细致。作者富于探索和创新精神，出色地运用了比较的方法，发现了汉字与圣书字在表词方式方面的一系列差异，深化了学界对两种文字异同的认识，这些极具价值的结论将有效推动比较文字学的研究。

关键词：汉字；圣书字；表词方式；比较；评介

中国和古埃及都在人类文明早期独立发明了可以逐词记录语言的成熟文字。古埃及文字在使用了三千多年后因外族征服、文明断裂变为无人能懂的死文字，汉字则沿用至今。1822 年，法国学者商博良破译了古埃及圣书文字，从此西方对埃及语言文字的研究不断深入，然而，西方学者对古埃及文字和汉字的比较研究至今未见。在国内，自 20 世纪以来一些学者对汉字和古埃及圣书文字进行了比较研究，得出了一些初步的结论，这还远不够深入，亟待加强。陈永生博士的《汉字与圣书字表词方式比较研究》（人民出版社，2013 年，下文省称《研究》）在前人研究基础上，不断探索创新，锐意进取，首次对汉字和圣书字在表词方式上的异同进行了全面系统的研究，弥补了国内外理论研究的不足，是近年来有关研究工作的一项重要成果。全书优点很多，有不少独到之处值得称道，就其荦荦大者言之，约有如下数端。

第一，立意新颖，富有价值，填补空白。学界以往研究汉字和古埃及文字之异同时，或统一套用汉字传统的"六书"说，或采用不同的框架对两种文字各自分析（即分析汉字用"六书"，分析圣书文字用"三书"：意符、音符、定符）。"六书"说源自汉字，分析汉字当然具有很强的解释力。对于原始楔形文字和古埃及文字，"六书"说则具有较大的局限性。虽然已有个别学者发现这个问题，但始终未能建立一种新的比较框架。文字是用来记录语言的，成熟文字记录语言机制的核心是记录词的机制，也就是"表词方式"。作者独辟蹊径，立足于普通文字学的高度，紧紧抓住了"表词方式"这个核心，构建了一个全新的框架体系。在此基础上，分别从表意方式、表音方式和意音结合方式等方面对古埃及圣书字和古汉字进行比较，在国内外皆属首次。可以说，此书初步建立了一套从表词方式角度对汉字和古埃及文字进行比较的方法，在该领域取得了重大突破，填补了相关空白，这个框架体系对于此类研究具有重要的方法论意义。

第二，内容丰富，描写细致，胜义纷陈。词有音和义两个方面，古汉字和古埃及圣书字等自源意音文字（还包括苏美尔文字、玛雅文字等）都运用了三种基本的表词方式：（1）从词义方面着手制造文字的表意方式；（2）从词音方面着手制造文字的表音方式；（3）从词义和词音两方面同时着手制造文字的意音结合方式。而这三种基本表词方式的基础是基本字符的制造技术，即基本字符的生成方式。从本书的章节安排上看，《研究》很有特色，结构合理，层次清晰。全书除绪论、附录外，共分五章，其中以上三种基本表词方式作为重点内容。首先在绪论部分介绍了前人的研究概况及本书的目标、思路、方法和格局。第一章介绍古埃及文明及语言文字概况，包括古埃及的自然地理概貌、历史简介、语言概况、文字概况。第二章为基本字符生成方式的比较，从基本字符取象、基本字符"符号化方式"两大方面展开论述。第三章为表意方式的比较，接着从象形式表意、引申式表意、组合式表意、补充式表意四个方面具体展开。第四章为表音方式的比较，详细论述了两种文字音借方式的共同点和差异。第五章为意音结合方式的比较，探讨了意音结合方式的起源、类型、性质，并比较了意音结合方式的表词优势、发展阶段。最后为五个附录，包括圣书字字符取象表、圣书字音符表、圣书字词符表、圣书字义符表、古埃及文明与中国古文明时间参照简表，方便初学，亦有利于读者认识的加深。全书每一章每一节之后，都有个内容小结，体例严整统一。可见，作者在谋篇布局上应该是好好下了一番功夫的，读完全书，汉字与圣书字表词方式之异同清晰地显现在我们面前，相信不同类型的读者都会有所收获，受到启发。全书内容全面，多有创获，是目前为止最为全面系统的对汉字与古埃及文字进行的比较研究。

第三，资料丰赡，综述全面，立论坚实。书中引用了大量文字材料，借鉴了前人的研究成果，理清了过去的很多模糊认识，对各种分歧加以辨正，提出了一些颇具启发性的新观点。作者对前人之研究进行了全面而客观的述评，先后论及黎东方、黄尊生、周有光、李晓东、颜海英等先生的研究，高度评价了他们的成绩，如五位先生皆发现圣书文字有类似于汉字六书的结构原理，黎东方、黄尊生指出两种文字的演进过程都是先有假借后有形声，周有光发现两种文字都综合运用了表意和表音两种表词方式等，李晓东认为圣书文字是工笔性的而古汉字是写意性的，颜海英发现圣书文字中指事字、会意字寥寥无几，对前辈学者的成果比较重视，从而使研究具备了扎实的基础。同时，作者亦以发展的眼光，敏锐地指出了以往研究的不足，如在比较的材料上，对圣书文字事实的了解不够深入，出现了不少错误说解；在比较的内容上，多为浅层次的举例对照以说明"六书"，而很少站在普通文字学的高度，从自源意音文字发展规律的角度对两种文字作深入而系统的比较。特别值得称道的是，作者不但吸收了国内诸家研究之精华，还充分借鉴了国外最新成果，如 Rogers, H. *Writing Systems: a Linguistic Approach*. Blackwell Publishing, 2005. 再如 Baines, J. *Visual and Written Culture in Ancient Egypt*. Oxford: Oxford University Press, 2007. 这些充分反映了作者视野宏阔，能及时跟踪国内外学界发展的动态，古今中外相关研究尽收其中。同时，也凸显了作者较高的外语水平，精通外语对此项研究来说必不可少，保证了研究的高质量。

第四，善于反思，富于探索和创新精神，理论色彩浓厚。作者对学界的一些热点问题提出了自己的独立思考，善于在描写的基础上总结规律，显示了较高的理论水平，对一些研究尚不够深入的问题指明了今后努力的方向。作者充分借鉴吸收了学界已有研究成果，但又未尽信盲从，在辩证地指出前辈学者的成就和不足之后，大胆探索，小心求证。绪论在分析了以往比较研究存在的不足及"六书"框架的局限性后，提出了一种全新的设想，即在"表词方式"的框架下进行汉字和古埃及文字的全面比较。中国传统语言文字学研究呈现出重事实轻理论，重描写轻解释的倾向，然而，本书作者极具探索和创新精神，在客观描写的基础上，结合相关理论，尝试两种文字的特点和规律进行了深入的研究，使全书具有很强的理论色彩。例如第四章"表音方式的比较"，作者首先指出音借方式在古汉字与古埃及圣书字中普遍存在，接着分析了两种文字音借方式的共同点。最后，作者在充分挖掘语言文字事实的基础上，指出两种文字音借方式的差异，其根源在于两种语言特点的差异，即"古汉语词汇统一的单音节结构和词法变化的极强熔合性，使古汉字的音借方式表现出整体性特征，从而导致借音符数量多、构字量少；古埃及语词汇辅音结构的长短不一和词根词缀的易离析性，使圣书字的音借方式表现出分析性特征，从而导致借音符数量相对较少、构字量相对较多。"（124 页）这个结论来之不易，它是基于对诅楚文、石鼓文、《侯马盟书》、《包山楚简》、《中山王𩶍器文字编》、《郭店楚墓竹简》等多种古汉字的详细调查的，作者具备深厚的古文字学功底，对古汉字与古埃及圣书字之异同进行了深入细致的颇具前瞻性的理论思考。

　　第五，方法科学，严谨辩证，运用了多种语言文字学前沿理论。理论之外，亦重视研究方法，是《研究》的一个重要特点。比较是学术研究的基本方法之一，语言的比较可以发现语言现象的同中之异和异中之同。比较作为语言研究的一种有效手段，这个方法应该大力弘扬，全书出色地运用了比较的方法，对古汉字与古埃及圣书字之异同进行了全方位的立体比较，这是非常有意义的，有利于发现两种语言文字内部的一些深层内容。古汉字与古埃及圣书字的比较，应当说重在"求异"，但埃及文与汉字还是有不少相同点的，故而书中兼顾"求同"，这种处理方法严谨而辩证，有利于研究的深化。特别值得一提的是，作者比较关注相关的语言文字学前沿理论及学界热点，给读者不少启迪。"字素"是文字学领域的一种新兴理论，王元鹿先生《纳西东巴文字黑色字素论》（《华东师范大学学报（哲社版）》1986 年第 1 期）、李圃先生《说字素》（《语文研究》1993 年第 1 期）、张再兴《西周金文文字系统论》（华东师范大学出版社 2004 年）有系统论述。《研究》第二章第一节"基本字符取象的比较"就是参考张先生的西周金文字素取象表，考察了古汉字基本字符取象的情况。"范畴化"是人的思维对于客观事物的普遍本质的反映，认知语言学有两种范畴化途径：基于原型的范畴化和基于图式的范畴化。国内外学者多有论及，比较有影响的如 John R. Taylor. *Linguistic Categorization: Prototypes in Linguistic Theory*. Beijing: Foreign Language Teaching and Research Press, 2001. 汉语学界近年来非常重视范畴化理论，《研究》一书中 74—76 页采用此理论分析了古汉字字符和圣书字字符的范畴化表意，给人耳目一新之感。转喻和隐喻是认知语言学中的两个重要概念，中国社科院语言所沈家煊先生早年发表《转指和转喻》（《当代语言学》1999 年第 1 期），此文影响深远。《研究》一书中 76—83 页运用转喻和隐喻理论，探讨了古汉字字符和圣书字字符的隐喻式、转喻式表意。这都表明作者能够熟练运用当代语言学、文字学前沿理论分析问题，从而取得了超越前人的成绩。

任何事物都难以十全十美，无庸讳言，本书也存在着一些可商之处，但这些小疵不会掩其大醇。如书中有一些排校疏误，这里顺便指出，以便订正。45 页第四段第二行"叶玉森认为像伐木之斧；说文以为像人有规矩"，"说文"缺失书名号。另外，该书采用简体排版，个别段落繁简字混杂，如 86 页第三行许慎语"會意者，比類合誼，以見指撝"当改为简体字，87 页第二段"《顏氏家訓·雜藝》言：'北朝喪亂之餘，書跡鄙陋，加以專輒造字，猥拙甚於江南。乃以百念為憂，言反為變……更生為蘇，先人為老，如此非一，徧滿經傳。'"亦当正之。再者，书中 120 页脚注"何琳仪《战国文字通论》（订补），江苏教育出版社"，141 页脚注则作"何琳仪《战国文字通论（订补）》，江西教育出版社"，同一书名格式不一，又 141 页之出版社"江西"当为"江苏"之误。

汉字和古埃及文字同为古老的意音文字，它们的异同，以及这些异同的原因和基础，无论对于人类语言文字的研究还是人类文明历史的研究，都具有重要意义。《汉字与圣书字表词方式比较研究》为 2013 年度国家社科基金青年项目"汉字与古埃及文字比较研究"（13CYY047）成果之一，此书是学术界第一部专门从表词方式角度对汉字和圣书字进行比较的专著，具有开创意义。作者以深厚的学术功底解决了不少疑难问题，其研究的深度和广度都大大超越前人。对于普通文字学、埃及学、汉字形义学、汉字构形学等具有重要的理论意义，该成果对亚述学、历史学、考古学等学科也都具有重要参考价值。该书立论高远，视野开阔。无疑，这是一项站在理论前沿值得充分肯定的重要学术成果。

（刘祖国，山东大学文学与新闻传播学院，liuzuguo123@163.com）

收稿日期：2014-7-25

汉字理论研究的重要进展：字用研究

——读《古汉字发展论》

夏大兆

文字与语言是两个既独立又相互影响的系统，两者关系错综复杂。一般的文字学论著将文字的发展演变仅仅限定在形体、结构的发展演变上，而对语言系统给予文字的巨大影响作用关注较少。这无疑是不全面、不深刻的，也不能更深层次的揭示文字构形发展的本质规律。事实上，文字的构形与文字的运用是密切相关的。例如古汉字数据中普遍存在的"同声通假"现象，实质上是形声结构处于蓬勃发展阶段的产物，仅仅以传统的文字通假理论难以作出全面合理解释。[①]因此，在文字学的研究中，必须对文字的运用研究给予足够的重视，才能更好地揭示文字发展演变的规律。

对文字运用现象的研究，在中国源远流长。早在秦汉时期，就出现了一批杰出作品，如《尔雅》、《方言》（扬雄）、《释名》（刘熙）等。其后大儒郑玄更是打破今、古文经门户之见，遍注群经，其注经文字中对文字运用现象的揭示更是俯拾即是，如《仪礼•士冠礼》："旅占卒。"郑注："旅，众也。古文旅作胪也。"《仪礼•聘礼》："贾人西面坐，启椟，取圭垂缫。"郑注："今文缫作璪。"《周礼•地官•叙官》："泉府。"郑注："郑司农云：'故书泉或作钱。'"等等。[②]隋唐时期，陆德明撰《经典释文》，则把经

① 黄德宽：《同声通假：汉字构形与运用的矛盾统一》，载《当代中国文学学家文库：黄德宽卷：开启中华文明的管钥——汉字的释读与探索》，北京师范大学出版社 2011 年版。

② 杨天宇：《郑玄三礼注研究》，天津人民出版社 2007 年版。

籍中各种文字使用现象作了集中彙录。及至有清一代，小学家人才辈出，如戴震、段玉裁、朱骏声、王念孙等，他们在校读经籍、整理古代文献时，对文字的使用现象及其规律的揭示，更是达到了前所未有的高度。清末民初，受西学东渐与甲骨文发现影响，文字学开始成为一门独立的科学。随后唐兰、于省吾等学者在考释古文字时对文字的使用现象也给予一定的重视，其见解散见于各人著作之中。改革开放以来，出土文献大量发现，更是引发了学界研究热潮，裘锡圭[①]、周波[②]、陈斯鹏[③]等学者对其中的文字使用现象进行较好的研究。

对文字使用现象的研究可称为"字用"研究。王宁曾倡导设立汉字字用学，指出："汉字在使用过程中，随时发生着记录职能的变化。汉字字用学，就是汉字学中探讨汉字使用职能变化规律的分科。"[④]李运富认为"研究汉字的职能和使用是汉字学不可或缺的重要平面"，因此他提出建立科学系统的"汉字语用学"。[⑤]

近年来，黄德宽先生一直积极倡导"字用"研究，[⑥]最近出版的《古汉字发展论》[⑦]可说是系统体现其"字用"研究主张的力作。在该书的《前言》中，黄先生明确提出了考察汉字发展演变的三维视角：构形、形体、使用，他说："字用就是文字的使用，是文字记录语言功用的体现"，"无论传世文献还是出土文献，其保留的各种用字现象，都是汉字发展演变和用字习惯变化在不同时代文本中的历史记录，是探讨汉字发展演变的珍贵材料。对文本材料进行字用分析，一要考察汉字发展的某一时期或是某一阶段文字的实际使用情况，如使用文字的总数，不同字的使用频率及其分布等；二要分析这些字在使用过程中所反映的字际关系的调整变化，如异体、假借、同形、形近混用、同源通用等；三要观察文字符号随着词义的引申分化在使用层面的表现，如字词关系的调整、字的派生分化现象等；最后，还要重视观察文字书写过程中出现的各种现象，这也是文本字用分析的一个有意义的视角"[⑧]。其"字用"理论可简要概括为对用字情况、字际关系、字词关系、书写背景等的考察分析。

用字情况的调查分析是字用研究的核心问题之一。用字研究的目的在于以具体的

① 裘锡圭：《简帛古籍的用字方法是校读传世先秦秦汉古籍的重要根据》，载《中国出土古文献十讲》，复旦大学出版社 2004 年版。

② 周波：《战国时代各系文字间的用字差异现象研究》，复旦大学博士学位论文 2008 年。

③ 陈斯鹏：《楚系简帛中字形与音义关系研究》，中国社会科学出版社 2011 年版。

④ 王宁：《〈说文解字〉与汉字学》，河南人民出版社 1994 年版。

⑤ 李运富：《汉字语用学论纲》，《汉字汉语论稿》，学苑出版社 2008 年版。

⑥ 黄德宽先生先后指导了两本博士论文：张通海《楚系简帛文字字用研究》（安徽大学文学院博士论文 2009 年）、夏大兆《甲骨文字用研究》（安徽大学文学院博士论文 2014 年）。

⑦ 黄德宽等：《古汉字发展论》，中华书局 2014 年版。

⑧ 黄德宽等：《古汉字发展论》，中华书局 2014 年版，第 86、87 页。

量化结果来揭示使用层面上文字的真实面貌，是研究汉字的用量及整体应用状态的唯一途径，也是探寻汉字发展的演进规律及其趋势的重要手段。字数、字量、字频是从量上体现汉字的整体应用状态的三个重要因素，也是用字调查研究的主要切入点。就断代的汉字用字调查而言，字数指某历史时期、某地域使用的所有汉字之和。字量指某历史时期、某地域实际使用的单位汉字的总数。字频指某历史时期、某地域单位汉字的使用率。字数、字量、字频三个要素以具体的数据反映着某一历史时期、某一地域的汉字使用情况。

对于汉字和汉语而言，字和词不能完全对应，要想理清两者之间的关系，就得对汉字字形（字）和它们所代表的汉语中的语言成分（词）之间的关系作细致周密的考辨分析。汉语字词关系是一个动态的系统，在不同的时代和空间里，其表现就会不同。对于那些有出土文字数据与传世文献并存的时代，应该重点考察出土文字数据，因为它们未经后人转写传抄，反映了当时的用字实际。汉语字词关系的研究一直以来都十分薄弱，学者们不仅对汉语字词关系的研究关注较少，而且在运用材料上多倚重于传世文献和字书，对出土文献的重要性缺乏足够的认识。

"字际关系指的是形、音、义某一方面相关联的一组字之间的关系。异体字、繁简字、古今字、同源字、通假字、同形字等，都是从字际关系角度提出的概念。"[1] "字际关系"本质上是字词关系及其变化在用字层面的表现。

特定的书写条件造就了特定的文字形态。甲骨文主要是契刻而成，所以刚劲纤细；简帛文字是用毛笔写成，所以丰满流畅。不同的书写载体会形成不同的文字布局行款。故从书写的角度来探讨字用现象无疑是一个重要的观测点。

"字用"概念的提出，使我们对汉字发展的研究又多了一个重要的观测点，有助于我们更深入地考察汉字发展演变现象，科学地揭示汉字发展演变规律，其理论价值不言而喻。

除了对"字用研究"作上述理论阐释外，《古汉字发展论》一书还就"字用研究"作了一个很好的示范。全书按照商代文字、西周文字、春秋文字、战国文字、秦系文字五部分分别探讨了各部分文字的形体、结构、字用等特点，其中每一部分文字都辟有专节讨论其字用现象。

在《殷商文字字用考察》一节中，分别探讨了：①殷商文字字量、常用字、罕用字。殷商文字总字量数为 3904 个，其中已识字 1243 个，可以隶定并部分了解其字义

---

① 黄德宽：《关于古代汉字字际关系的确定》，载《当代中国文学学家文库：黄德宽卷：开启中华文明的管钥——汉字的释读与探索》，北京师范大学出版社 2011 年版。

的 1161 个。甲骨文常用字中假借字差不多有 90%，甲骨文的形声字虽然数量不多，但所体现出的构形与字音的结合及"形声化"趋势是非常明显的。②记录语言时体现的用字现象：一形多词、一词多形、一字分化。如卜与ʀ外ʟ、自与ʀ鼻ʟ、鼎与ʀ贞ʟ、矢与ʀ寅ʟ等属于一形多词，ʀ疾ʟ、ʀ登ʟ、ʀ五ʟ等一词用多字形，月与夕、士与王、女与母、立与位、禾与年等属于一字分化。甲骨文字的符号功能已发展到能逐词记录殷商语言，并能表现语言的语法规则和特点，是一种功能完善的文字符号系统。③殷商文字的书写：行款、合文、重文、误书。

在《西周文字的字用》一节中，分别探讨了：①西周文字的字量。单字总量大约3500 个，其中已识字 1483 个、可隶定字 478 个。西周传承自商代的文字共有 840 个，西周已识字中新增字为 643 个。②西周时期文字使用的情况。常用字多，罕用字少。只有少数字有"本用"，大多都是既有"本用"，又有"借用"，还有些字只见"借用"。西周文字亦存在着"一字多词"和"一词多形"现象。③西周文字的书写问题：合文、重文、误书、行款。

在《春秋文字的字用》一节中，分别探讨了：①春秋时期用字量的基本情况。所见单字有 1672 个，其中自殷商、西周传承而来的有 1047 个，春秋时期新见字 625 个。②春秋文字字词关系。一字记一词与一词只用一字记录的情况占多数，60%多的字词对应为本用对应，借用对应大约在 30%上下。大约 70%的词已经有了定型对应的字形，但字词对应关系依然处于动态调整与变化过程中。③春秋文字中的书写现象：合文、重文、误书、美饰。追求美饰是春秋文字书写中较为突出的现象。

在《战国文字的字用》一节中，分别探讨了：①战国文字的字量。共有单字总量6619 个，其中已识字 4018 个。沿用了大量的前代文字，也出现了大量的新增字。新增字中专用字较多，形声字占绝对优势。②战国文字中的字词关系。一字多形现象广泛存在，既与战国文字各区系用字差异有一定关系，又与字形书写的稳固性较弱相关。一字记多词，一词用多字在战国文字中呈现出非常复杂的现象。战国文字专用字的产生多源于文字的分化，分化派生使文字的记词功能趋向细化。③战国文字的书写有类同、趋简、讹错、美饰等现象。类同、趋简、讹错都是因为书写习惯而使字形产生的临时性改变。增添羡余符号是战国时期"以繁为美"的审美心理的具体体现。涂黑别义的现象是通过书写产生的一种因利乘便的别形方法。

在《秦系文字的字用》一节中，分别探讨了：①秦系文字的字量。据现有出土材料统计，春秋时期秦系文字共有单字 492 个，从战国到秦代，秦系文字用字总量共有3292 个。②秦系文字用字现象。秦文字总体上用字比战国文字规范，汉字系统内部关系逐步趋于定型，但也存在着一字多形、一字多用、一词多字等现象。③秦系文字的书写有重文、合文等现象，总体上延续商周传统。④秦系文字对西周文字的传承与发展。春秋时期是秦系文字对西周文字的继承与发展时期，春秋早中期秦文字与西周金文相同者仍占主导，但与西周金文不同者比例在上升。春秋晚期至战国早期开始出现一定数量反映自身风格的新字，这种情况在石鼓文中表现得尤其明显。与春秋其他区系文字比较，秦文字虽然不断演变发展，但其发展速度与演进程度远远低于其他区系文字，对西周金文进行了最大程度的保留，充分体现了秦系文字发展的稳定性和保守性。⑤战国秦系文字的发展。战国中晚期秦文字进入自我修正与创新时期。秦篆字体是春秋秦文字发展的延续，战国晚期篆书系统内部的发展和统治者制定的政策，最终使小篆成为古文字长期发展后的终结形态。

在以上每一部分的探讨过程中，书中都列举了大量翔实的古文字材料，并进行了细致精确的统计分析，论证充分，所得结论十分可信。

以上主要是从字用研究方面阐述了《古汉字发展论》一书的重要理论价值。此外，该书对古汉字形体发展的趋势、古汉字的动态构形方式以及汉字发展史的分期等问题都进行了深入地论证分析，见解深刻，颇具参考价值。可以预见，该书的出版，"字用"理论的提出与实践，必将极大地推动汉字研究的发展。

（夏大兆，安徽大学汉字发展与应用研究中心，xdzsyy@163.com）

收稿日期：2015-1-7

《普通文字学概要》书评

苟开青

世界各民族文字从字符形态看尽管各具特色，千差万别，但从相似论的观点看，其中均蕴藏着某些共同性质和规律。普通文字学的任务是揭示人类文字普遍规律。

普通文字学国外起步较早，而国内相对滞后。起初仅有少量的译介和引进，中期有一些学者提倡并积极从事汉字理论的研究。直至 20 世纪 90 年代，王元鹿先生编著了国内第一部普通文字学专著——《普通文字概论》（以下简称《概论》）。该书搭建了普通文字学的框架，对当时亟待解决的问题进行了探讨，有力的推动了国内普通文字学的发展。随着各具体文字研究的的不断发展，新材料的不断发现，新方法的不断运用，特别是研究视野的不断拓宽，文字学研究也发生着巨大变化。于是《普通文字学概要》（以下简称《概要》）应时而生。

一、《普通文字学概要》主要内容

邓章应先生《概要》（2013）是继其师王元鹿先生《概论》（1996）之后的国内第二部普通文字学概论性著作。著作反映了从 1996 年以后国内外对汉字、国内少数民族文字及国外文字研究的发展概貌与最新学术成果，系统探讨了人类文字的一般规律与共同特性。王元鹿先生在《概论》中将普通文字学的研究分为学科性质论（绪论）、文字本质论（第二章）、文字类型论（第三、四章）、文字发生论（第五章）、文字历

史形态论（第六、七、八章）、文字的传播论（第九章），共计九章。邓先生在《概要》
中对于普通文字学的研究范围与学科体系进行归纳总结，推陈出新。他将文字的演进
与流变、文字学资料与方法纳入其中，与文字与文字学、文字系统与文字单位、文字
的类型、文字的起源、文字的演进与流变、文字文字的传播与接触和文字学资料与方
法共计七编，对文字的性质、文字学的体系、文字的类型、文字系统、文字单位的性
质及构成、文字系统和文字单位的形成与演变、文字的接触与传播及文字学的资料与
方法进行了深入缜密的探讨。

　　值得一提是，正如邓章应先生在绪论当中提到的："普通文字学的研究需要具有
文字的'四观'：总体观、规律观、发展观及互动观。"作者在该书中对于普通文字学
研究体系的建构将这"四观"落到了实处。首先，文字的总体观像人的脊梁一样贯穿
全文，不管是在讨论文字的类型还是文字的起源抑或是其它，作者始终将文字作为一
个整体观察探究。例如在讨论各种文字类型的特征时，将文字分为原始文字、意音文
字及表音文字三大系统来进行细密考究。较之王元鹿先生的《概论》此处仅讨论汉字
的性质，是一种是积极进步的探索。其次，普通文字学的任务是揭示人类文字的一般
规律与共同性质，规律观是作者在《概要》中一直秉承的，不管是对文字哪一方面的
探讨，都为发现文字的一般规律而服务；发展观的实践在文字的演进与流变中发挥得
淋漓尽致；文字的传播与接触则是文字互动观的最好体现。

二、《普通文字学概要》主要贡献

　　《普通文字学概要》系统反映了近十八年来普通文字学研究的新成果，在《概论》
的基础上深耕开拓，既有对内容的拓展延伸及结构的部分调整，也有开拓创新。

　　（一）对普通文字学研究体系的新构建

　　由于之前普通文字学学科未受到学者们的重视，其研究体系的构建研究也略显薄
弱，即使有也是浅尝辄止。张玉金、夏中华《汉字学概论》认为："普通文字学的分
科至少包括文字共性学、功能学、结构学、类型学、起源学、发展学六个方面。"之
后王元鹿师《概论》中则分为九章，即学科性质论、文字本质论、文字类型论、文字
发生论、文字历史形态论、文字传播论。

　　邓章应先生的《概要》结合最新的学术成果，冲破了之前普通文字学研究体系的
桎梏，对文字理论进行深度挖掘，理论联系实际，吐故纳新，在王先生的基础上首次
将文字演进与流变、文字学资料与方法纳入文字学研究体系。文字演进与流变反映了

文字的发展变化，而文字资料是研究的基础，文字方法更是研究的向导指南，将两者纳入其中理所应当。

（二）对文字分类的新探索

因世界各民族文字特征各具特色，这就给文字的分类带来了极大困难。《概论》认为应从多角度、一次分类用一标准及分类标准与文字本质结合三方面来分类。邓章应先生将其精髓应用到了实际。他实事求是地全面地深刻考察各种文字的特点，联系具体实际，将文字从发生学、类型学、谱系学以及其它方面细分，尤其是谱系学角度的提出开拓了我们的视野，增加了文字学研究的宽度与广度，为学者们提供了一个崭新的视角。

（三）对异体字的创新性认识

过去关于异体字学者们几乎避而不谈，认为其"百害无一利"，更不愿把笔墨浪费在此，当然，就更不会注意它对文字发展的积极作用。《概要》革故鼎新，强调了异体字在文字发展演变过程中的巨大作用，认为正是异体字的不断产生、优选、淘汰，才推动了文字系统的不断向前发展。异体字的创新性认识能够更好地指导实践，促进了文字发展演变相关问题的深化研究。

（四）关于文字神话的新见解

之前由于文字神话的臆想性与夸张性，对于它，人们总是半信半疑或是全然不信，更不会意识到它对研究语言社会的价值。《概要》在探讨原始文字起源时，首次用它来启发文字历史的研究。作者看到了神话的虚妄成分同时也肯定了其中的科学合理成分。神话是先民们对于自然社会认识的精神反映，是文字历史的折射，它的演进发展体现了人类对文字产生认识的进步。因此，神话的科学认识对文字学发生学的研究有极大的参考价值。

（五）中外研究素材与材料的结合

《概要》所使用的文字材料与素材可谓是中外结合，兼容并包。各国各地文字各有特色，无不是源异而理同。不管是讨论文字类型或是文字演进与流变，作者旁征博引，广泛收集中外文字研究材料，力求得到科学的认识，据不完全统计，本书涉及到的少数民族文字及外国文字竟达 20 种之多。丰富多彩的材料为文字的研究提供了多种视角，占有材料的丰富性与能否得到科学的理性认识是密不可分的。

（六）系统性、整体性尤为突出

之前学者们将较多的注意力放在具体文字上，很少有学者能将所有文字作为一个系统进行探讨研究。文字一般规律的概括是建立在具体文字的研究上，通过归纳总结具体文字的共性得到理论认识，再用其指导具体文字的研究，这是一个不断循环上升的过程。较《概论》，《概要》文字的演进与流变不仅讨论了单个字符的演变情况，而且包含了文字系统的演变。探究文字起源及类型时，著作将文字分为三大系统作宏观考察，下设各种文字的具体探讨，结构安排合理，层层递进，抽丝剥茧，值得称道。

（七）新的研究手段丰富了文字学科体系——文字学新术语的创造

文字学新术语的创造与探讨也是著作的又一大亮点。著作中创造并使用了较多的文字学新术语，如："字符的可拆分度"、"文字的自我说明性"及"字符"。新术语的创造解决了部分文字学的相关问题，也许它们不是最为合理与成熟的，但不失为一种可贵的尝试，这一做法足以成为研究者们学习的范例。

三、著作不足之处

该书也存在一些不足之处，如在提及研究普通文字学的所需的文字观（P2）时，一则是文字的总体观，愚以为"系统观"或"整体观"较"总体观"似更好；二是著作提到文字的特点是具有自我说明性（P15），文字确实具有这一特性。但愚以为对于熟悉某种物体所表达的语言信息的任何人，只要是该种物体发出的信息，都具有自我说明性，不仅仅是文字。然而，我们也不得不承认，文字应该是所有事物当中自我说明性最强的，它表达的信息更加明确完善，所以此处若更改为"文字的自我说明性强"或其它相关说法似更好。三是对于文章当中某些术语命名尚存在值得商榷的地方，例如：邓章应先生将文字系统中的字符分成初造字与新造字（P78），初造字虽避免了学者之前纠结的孰先孰后的问题，但还是值得讨论的。

智者千虑，必有一失，有些小瑕疵也是在所难免的。作者也已经意识到了这些问题，正如邓章应先生在后记当中写道："本人在目前条件下写一部成熟的普通文字学概论著作难度极大，但学术是不断累积前进的，就现有条件写出一个草稿，为以后打一点基础也是必要的。也正因为此，从写后记的时候就想着修订的事。"

参考文献

[1]王元鹿：《普通文字学概论》，贵州人民出版社 1996 年版。

[2]邓章应：《西南少数民族原始文字的产生与发展》，人民出版社 2012 年版。

[3]邓章应：《普通文字学概要》，西南师范大学出版社 2013 年版。

[4]刘太杰，张玉来：《读<普通文字学概论>》，《古汉语研究》1998 年第 1 期。

[5]张玉金、夏中华：《汉字学概论》，广西教育出版社 2001 年。

[10]聂鸿音：《中国文字概略》，语文出版社 1998 年。

（苟开青，西南大学汉语言文献研究所、西南大学民族古文字研究中心，

1031168222@qq.com）

收稿日期：2015-3-20

《比较文字学研究》征稿函

比较文字学是文字学新兴的重要分支学科，为及时刊发最新成果，特编辑《比较文字学研究》集刊，广泛征集稿件。欢迎任何以文字学为主题的精深研究，多种文字材料的比较研究之外，带有理论分析的具体文字研究和在材料基础上的文字理论探讨，均在欢迎之列。《比较文字学研究》每年出版 2 辑，欢迎赐稿。

1. 投稿邮箱：dzhy77@163.com

2. 文章字数：本集刊以发表长文章为主，1 万字—10 万字。

3. 凡投寄本刊的作者，必须遵守新闻出版法律法规，不得一稿多投，文责自负。本刊实行专家匿名评审制度，一般在三月内告知审稿结果。

4. 其他事项

（1）所有稿件均敬请采用电子邮箱投稿，以附件形式发送 word 和 pdf 版。若涉及特殊字体，敬请将字体一便附上。邮件主题注明"姓名+文章名称"。我们按收稿先后，及时回复收到稿件通知，审稿后回复是否录用。如文稿中有特殊字体，随附字体文件，如有无法正常显示的文字或图表，须做成 jpg 格式图片插入文档的相应位置（保证图片清晰）。属于各级科研课题的论文请注明项目名称和编号。

（2）拟采用的稿件，本刊将根据实际情况，在不违背作者本意的情况下，可做适当修改。不同意修改者请在来稿时申明。

（3）本刊出版后，向作者赠送纸质版刊物两本，并提交 cnki，以供查询。

《比较文字学研究》稿件体例

一、文字可用中、英文，中文请用简体字行文。

二、纸张大小、页边距

纸张请选择 B5，页边距设置为：上：3.4cm；下：2.8cm；左：2.3cm；右 2.3cm；装订线：0.5cm。

稿件亦可不考虑纸张与边距，但文中若有通栏图片、表格或有上下行严格对齐需要的文章，请尽量按此纸张与边距设置。

三、具体体例

1.题目、基金项目及致谢

黑体二号字居中。

基金项目等对论文有关的说明及致谢，请以题目脚注方式标注。

2．作者信息

姓名，宋体小四号。置于题目下边。

工作单位，邮编，电子邮箱。宋体五号字，置于文末右对齐。如：

（×××，西南大学汉语言文献研究所，重庆，400715，×××@163.com）

3.提要与关键词

提要字数以 100—300 字为宜。关键词 3—6 个。"提要"与"关键词"为黑体五号，其余为宋体五号。

4.正文

正文宋体 5 号。

一级标题四号宋体居中，其余级标题格式同正文。

5．注释及参考文献

注释号以带圆圈的阿拉伯数字标于右上角，每页单独编号，注释内容置于页脚。

参考文献置于文末，以阿拉伯数字外加方括号（如"[1]"）标序。

6. 引用专书或论文，请依下列格式

（1）专书

作者：《书名》（古书的书名与篇、章、卷连用时，中间用间隔号"·"隔开），出版社及出版时间，页码。如：

周有光：《比较文字学初探》，语文出版社 1998 年版，第 60 页（或第 60—65 页）。

（2）文集（集刊）论文

作者：《论文题名》，载《文集名称》，出版社及出版年。如：

王元鹿：《比较文字学视界中的汉字发生研究》，载《华西语文学刊》（第五辑），四川文艺出版社 2011 年版。

（3）学位论文

作者：《论文题名》，××学校博（硕）士学位论文××××年。如：

陈永生：《甲骨文声符与圣书字音符的对比》，中国海洋大学硕士学位论文 2006 年。

（4）期刊论文

作者：《文章题名》，《期刊名》某年第某期。如：

喻遂生：《甲骨文、纳西东巴文的合文和形声字的起源》，《中央民族学院学报》1990 年第 1 期。

（5）报纸论文

作者：《文章题名》，《报纸名称》×年×月×日第几版。如：

黄德宽、邓章应：《比较文字学研究发现规律与差异》，《中国社会科学报》2014 年 8 月 4 日 A07 版。

（6）网络文章

作者：《论文题名》，网址名称，网络地址，引用年月日。如：

程少轩：《小议上博九〈卜书〉的"三族"和"三末"》，复旦网，http://www.gwz.fudan.edu.cn/SrcShow.asp?Src_ID=1995，2013 年 1 月 16 日。

责任编辑：马长虹

封面设计：周方亚

图书在版编目（CIP）数据

比较文字学研究.第 1 辑/西南大学汉语言文献研究所 编.－北京：人民出版社，2015.12
ISBN 978－7－01－015453－4

Ⅰ.①比…　Ⅱ.①西…　Ⅲ.①比较学-文字学-研究　Ⅳ.①H02

中国版本图书馆 CIP 数据核字（2015）第 260106 号

比较文字学研究

BIJIAO WENZIXUE YANJIU

第一辑

西南大学汉语言文献研究所　编

人民出版社 出版发行

（100706　北京市东城区隆福寺街 99 号）

北京中科印刷有限公司印刷　新华书店经销

2015 年 12 月第 1 版　2015 年 12 月北京第 1 次印刷

开本：787 毫米×1092 毫米 1/16　印张：17

字数：330 千字　印数：0,001-3,000 册

ISBN 978－7－01－015453－4　定价：58.00 元

邮购地址 100706　北京市东城区隆福寺街 99 号

人民东方图书销售中心　电话（010）65250042　65289539